U0149091

清史論集

（二十五）

莊吉發 著

文史哲學集成
文史哲出版社印行

國家圖書館出版品預行編目資料

清史論集 / 莊吉發著. -- 初版. -- 臺北市 : 文史哲,
民 86 –
冊; 公分. -- (文史哲學集成 ; 388–)
含參考書目
ISBN 957-549-110-6 (第一冊：平裝) .-- ISBN957-549-111-4(第二冊) .--ISBN957-549-166-1 (第三冊) . --ISBN 957-549-271-4 (第四冊) .-- ISBN957-549-272-2(第五冊) .--ISBN 957-549-325-7 (第六冊).--ISBN957-549-326-5 (第七冊) --ISBN 957-549-331-1(第八冊).--ISBN957-549-421-0(第九冊) .--ISBN957-549-422-9(第十冊) .--ISBN957-549-512-8(第十一冊)-- ISBN 957-549-513-6(第十二冊) .--ISBN957-549-551-9 (第十三冊).--ISBN957-549-576-4(第十四冊) -- ISBN957-549-605-1(第十五冊) .-- ISBN957-549- 671-x (第十六冊) ISBN 978-957-549-725-5(第十七冊) .--ISBN978-957-549-785-9(第十八冊) ISBN978-957-549-786-6 (第十九冊) ISBN978-957-549-912-9 (第二十冊) ISBN978-957-549-973-0 (第二十一冊：平裝) --ISBN978-986-314-035-1 (第二十二冊：平裝) --ISBN978-986-314-138-9 (第二十三冊：平裝) --ISBN978-986-314-257-7 (第二十四冊：平裝) --ISBN978-986-314-321-5 (第二十五冊：平裝)

1.清史 2.文集

627.007 105015439

文史哲學集成 688

清史論集（二十五）

著 者：莊 吉 發
出 版 者：文 史 哲 出 版 社
http:// www.lapen.com.tw
e-mail：lapen@ms74.hinet.net
登記證字號：行政院新聞局版臺業字五三三七號
發 行 人：彭 正 雄
發 行 所：文 史 哲 出 版 社
印 刷 者：文 史 哲 出 版 社
臺北市羅斯福路一段七十二巷四號
郵政劃撥：16180175 傳真 886-2-23965656
電話 886-2-23511028 886-2-23941774

實價新臺幣五〇〇元

2016 年（民一〇五）八月初版

ISBN 978-986-314-321-5 00688

出版說明

我國歷代以來，就是一個多民族的國家，各民族的社會、經濟及文化方面，雖然存在著多樣性及差異性的特徵，但各兄弟民族對我國歷史文化的締造，都有直接或間接的貢獻。滿族以非漢部族入主中原，建立清朝，參漢酌金，一方面接受儒家傳統的政治理念，一方面又具有滿族特有的統治方式，在多民族統一國家發展過程中有其重要的地位。在清朝長期的統治下，邊疆與內地逐漸打成一片，文治武功之盛，不僅堪與漢唐相比，同時在我國傳統社會、政治、經濟、文化的發展過程中亦處於承先啟後的發展階段。蕭一山先生著《清代通史》敘例中已指出原書所述，為清代社會的變遷，而非愛新覺羅一朝的興亡。換言之，所述為清國史，亦即清代的中國史，而非清室史。同書導言分析清朝享國長久的原因時，歸納為兩方面：一方面是君主多賢明；一方面是政策獲成功。《清史稿》十二朝本紀論贊，尤多溢美之辭。清朝政權被推翻以後，政治上的禁忌，雖然已經解除，但是反滿的情緒，仍然十分高昂，應否為清人修史，成為爭論的焦點。清朝政府的功過及是非論斷，人言嘖嘖。然而一朝掌故，文獻足徵，可為後世殷鑑，筆則筆，削則削，不可從闕，亦即孔子作《春秋》之意。孟森先生著《清代史》指出，「近日淺學之士，承革命時期之態度，對清或作仇敵之詞，既認為仇敵，即無代為修史之任務。若已認為應代修史，即認為現代所繼承之前代，尊重現代，必不厭薄於所繼承之前代，而後覺承統之有自。清一代武功文治，幅員人材，皆有可觀。明初代元，以胡俗為厭，天下既定，即表彰元世祖之治，惜其子孫不能遵守。後代於前代，評量政治之得失以為法戒，乃所以為史學。革命時之鼓煽種族以作敵愾之氣，乃軍旅之事，非學問之事也。故史學上之清史，自當占中國累朝史中較盛之一朝，不應故為貶抑，自失學者態度。」錢穆先生著《國史大綱》亦稱，我國為世界上歷史體裁最完備的國家，悠久、無間斷、詳密，就是我國歷史的三大特點。我國歷史所包地域最廣大，所含民族份子最複雜。因此，益形成其繁富。有清一代，能統一國土，能治理人民，能行使政權，能綿歷年歲，其文治武功，幅員人材，既有可觀，清代歷史確實有其地位，貶抑清代史，無異自形縮短中國歷史。《清史稿》的既修而復禁，反映清代史是非論定的紛歧。

歷史學並非單純史料的堆砌，也不僅是史事的整理。史學研究者和檔案工作者，都應當儘可能重視理論研究，但不能以論代史，無視原始檔案資料的存在，不尊重客觀的歷史事實。治古史之難，難於在會通，主要原因就是由於文獻不足；治清史之難，難在審辨，主要原因就是由於史料氾濫。有清一代，史料浩如煙海，私家收藏，固不待論，即官方歷史檔案，可謂汗牛充棟。近人討論纂修清代史，曾鑒於清史範圍既廣，其材料尤夥，若用紀、志、表、傳舊體裁，則卷帙必多，重見牴牾之病，勢必難免，而事蹟反不能備載，於是主張採用通史體裁，以期達到文省事增之目的。但是一方面由於海峽兩岸現藏清代滿漢文檔案資料，數量龐大，整理公佈，尚需時日；一方面由於清史專題研究，在質量上仍不夠深入。因此，纂修大型清代通史的條件，還不十分具備。近年以來因出席國際學術研討會，所發表的論文，多涉及清代的歷史人物、文獻檔案、滿洲語文、宗教信仰、族群關係、人口流動、地方吏治等範圍，俱屬專題研究，題為《清史論集》。雖然只是清史的片羽鱗爪，缺乏系統，不能成一家之言。然而每篇都充分利用原始資料，尊重客觀的歷史事實，認真撰寫，不作空論。所愧的是學養不足，研究仍不夠深入，錯謬疏漏，在所難免，尚祈讀者不吝教正。

本書由國立中正大學博士班林加豐同學、中國文化大學博士班簡意娟同學打字排版。駐臺北韓國代表部連寬志先生、國立臺灣師範大學碩士班趙冠中同學，國立臺灣大學碩士班孟人玉同學協助校對，在此一併致謝。

二〇一六年八月　**莊吉發**謹識

清史論集

(廿)

目　　次

跳神治病—薩滿信仰的故事

薩滿是滿洲語「ᠰᠠᠮᠠᠨ」（saman）的漢字音譯，意思是指一種能夠和魂靈溝通的巫人，具有超自然的能力，薩滿信仰就是指專門醫病、占卜、驅鬼以及擔任與民俗醫療相關社會功能的靈魂崇拜。典型的薩滿信仰出現於東北亞到西亞的遊牧社會，而以北亞的草原族群裡表現最為完整。自從蒙古人普遍皈依西藏佛教，維吾爾人改宗回教以後，呼倫貝爾、貝加爾湖及東北亞通古斯人聚居的地區，仍舊盛行薩滿信仰，其中索倫人、達呼爾人、鄂倫春人、塔塔爾人及赫哲人等迷信薩滿尤甚，探討薩滿信仰是了解北亞遊牧社會民俗的主要途徑。

薩滿畫像

薩滿信仰盛行的地區，相信人和動物都有靈魂的存在。人類有三個靈魂：第一個是生命的靈魂，它和人的生命同始終，當人死了以後，這個靈魂立即離開肉體；第二個是思想靈魂，它能暫時離開肉體，到遠處和別的魂靈接觸，人在睡覺的時候，就是這個靈魂的暫時離開；第三個是轉生的靈魂，它有創造來生的力量，人死了以後，即刻離開肉體，等著轉生。他們利用這三個靈魂來解釋許多人生的現象，人的睡眠是思想靈魂的暫時離去；患精神病的人，是因為失去了思想的靈魂；身體強壯的婦女不懷孕生育，是因為沒有轉生的靈魂；人類的疾病是因人在夢寐之際，魂靈脫離軀體，若被鬼魔捕去，久而不放，則其人必死。薩滿能上昇天界，進入冥府，找回人的靈魂，使其附體還陽，薩滿信仰的社會功能是不可忽視的。

成為薩滿，必須經過領神的儀式

薩滿不是世襲的，也沒有特定職業的限制，薩滿的產生完全是憑神的選擇而來附身的。一個人成為薩滿，必須經過領神的儀式。在松花江下游的赫哲族裡流傳著一個故事：在葛門村有一個男孩，名叫克木土罕，當他十二歲時，因曾祖父的薩滿神作祟，而身患重病；有一天的半夜，克木土罕的母親忽然看見一個白髮蒼蒼的老翁對他說道：「吉爾佳氏，你祇有一子，病勢甚重，可速請薩滿療治。」克木土罕的母親正要開口詢問，老翁已不見了。次日黎明，克木土罕的母親懇求東村的額卡哈薩滿治病。額卡哈薩滿降神作法，使克木土罕領了曾祖父的薩滿神，又親自傳授神術，經過領神的授神儀式後，克木土罕始成為新的薩滿，從此身強體壯，常替村民療治疾病。

薩滿信仰是屬於一種原始的多神崇拜，在天蒼蒼、地茫茫的北亞大草原上，人類對於自然界每一種事物，都以為有神主司，舉凡水火風雨及飛禽走獸，都各具靈異。因此，薩滿所領的神也不限於一種。其中愛米神是輔助薩滿和靈異世界交通的神祇；布克春和薩拉卡這兩種神是專司保護薩滿以抵抗惡魔鬼怪的神祇；額其和神是專司驅逐猛獸的神祇；鳩神是領路神，薩滿作法時，即由鳩神領路尋找愛米神；牙莫使神是專司預知吉凶禍福的神祇；鷹神是薩滿過陰時進入冥府的領路神，各有專司，薩滿信仰就是一種對於自然崇拜的泛靈論的原始信仰的總稱。

圖一：通古斯人的鹿角薩滿神帽

薩滿降神作法的儀式

薩滿降神作法時必須穿戴神帽、神衣、神裙、腰鈴，此外又有神鼓、神刀、神鞭等神具。缺乏這些，薩滿就無所施其神術。神帽代表薩滿的品级和派別，神鼓被視為薩滿的神駒。薩滿口誦祝詞，手擊神鼓，腰繫神鈴，身穿怪異服裝，札立（jari）助唱神歌，音調配合，舞之蹈之，薩滿受到自我暗示或刺激後，即產生人格及精神意識的變化，身體開始顫抖，神靈附體，鼓聲和舞步越來越快，薩滿達到忘我境界，魂靈出竅，藉著神鼓或「世界之樹」上昇天界，亦可進入冥府。在古代草原社會裡，薩滿就是介於人的世界和神鬼世界的橋樑，魂靈出竅，作法過陰的本事，是一種超自然的力量，薩滿就是介於人世問題和超自然解決方法的仲裁。易言之，薩滿就是在相信泛靈論環境中的通神之人，薩滿藉助於禱祝、占卜、念咒等神術，得知靈異的現象。薩滿降神作法的儀式，是屬於一種原始的跳神儀式。薩滿進入一種催眠狀態後，開始喋喋不休地傳達神諭，代神說話。薩滿所領的牙莫使神即將靈異世界的秘密告知薩滿，所以薩滿能知過去、現在、未來，能醫治人們生理及心理的各種疾病。

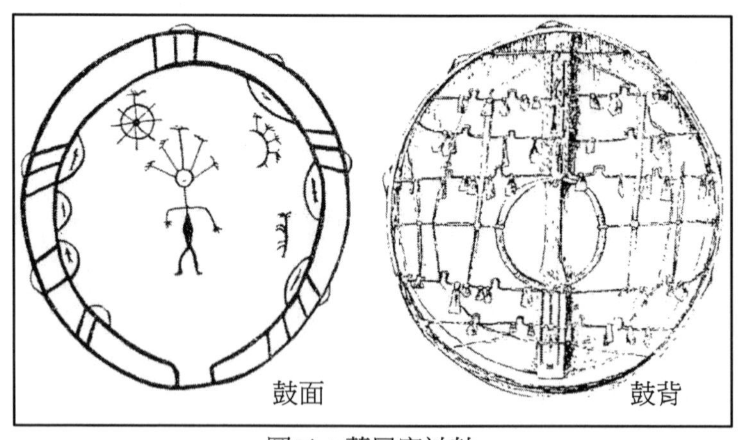

圖二：葉尼塞神鼓

薩滿治病的步驟

薩滿治病時，先要探溯病源，大致可以分為三個步驟：第一步，薩滿先將個人所領的神依次點名，逐一細加探詢，是否病人有開罪之處，例如因言語不敬，觸犯神怒；或因曾經有事許願，事後忘記還願，神靈乃降災於人，使人罹病。薩滿如果說中病源時，病人的雙肩即刻抖動，薩滿乃以中間人自居，向神靈禱祝求情，並以雞、豬、羊、牛、馬致祭。薩滿如未說中病源，乃作第二步的探病手續，開始探問病人家廟各神，病人是否有過侵犯之處？如果病人雙肩不抖動，薩滿乃作第三步的探病手續，即探問病人是否擾及南北各山的鬼怪，以致其靈魂為鬼怪妖魔所攝去，如果確定病人中魔後，薩滿即作法收魂治病。

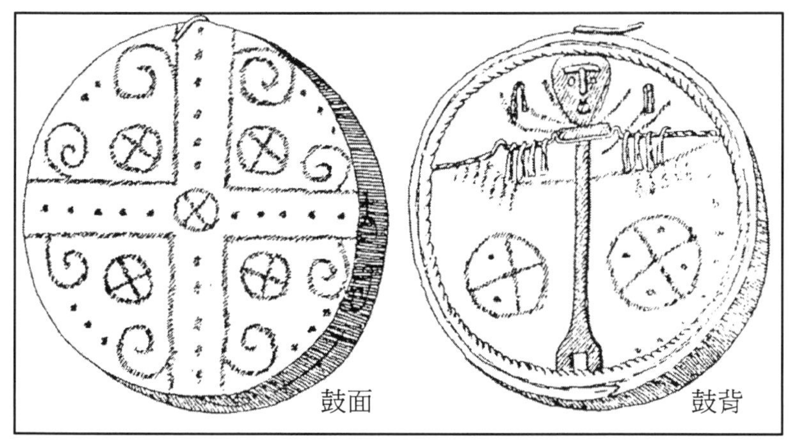

圖三：阿爾泰神鼓

消災驅祟，調治疾病

吉爾吉斯的薩滿能以神術屈服邪惡的魔鬼，與纏附病人的惡魔鬥法，與病人相對而坐，且歌且嚷，魂靈出竅，追逐惡魔，奔馳於廣大的原野上，回來後鞭打病人，揮舞著刀劍，終於打敗惡魔，病人就痊癒了。赫哲族傳說中的克木土罕成了一個新薩滿，他所領的薩滿神非常靈驗，常常為村中病人消災驅祟，調治疾病。當克木土罕薩滿十九歲時，有一天偶然到葛門村以西四十里的蘭尹村閒遊時，村中適有一人因妖魔作祟而生病。病人家屬懇求救治，但克木土罕薩滿的神具都在家中，他開始默誦神歌，所有神具都飛來落在院中，克木土罕薩滿穿戴整齊，擺設刀山陣及火山陣，與妖魔比武，當病人上了刀山，想要再上火山時，克木土罕薩滿用布拉符，將病人劈為兩段。原來他劈死的是一隻黑熊精假扮了病人的模樣，躺在家中床上，真正的病人卻躺在很遠的荒郊野外，已經奄奄一息了，眾人按照克木土罕的指示，找到了病人，把病人抬回家後，因不再受到妖魔的作祟，便日漸恢復健康。火療法是民俗醫療中常用的方法之一，遊牧社會的人們相信手指頭腫痛生膿是因惡魔附著所引起的，為了要使惡魔離去，於是使用炭火燒烤指頭，當膿腫的指頭「噗嘶」一聲破裂時，病人即露出笑容，相信惡魔已經離開了指頭，不久以後就可復原了。布里雅特人的社會裡，也盛行使用火療法，他們相信可以用火祓除身體上的汙穢，薩滿一隻腳站在地面的石板上，另一隻腳揉擦燒紅的道具，然後把燙熱的腳在病人的患部往來數次的擦揉，不久就痊癒了。

相傳成吉思汗曾請薩滿與上天往來，窩闊台汗也曾因患病而請薩滿占卜，薩滿告知其疾病是因金國山川之神為祟所致，窩闊台汗許以人口、財寶，請薩滿禳解，但山川神靈不肯接受，病情更加嚴重，《龍沙紀略》一書記載薩滿降神作法的情景說：

> 降神之巫曰薩麻，帽如兜鍪，緣擔五色繒絲，長蔽面。繒外懸二小鏡，如兩目狀，著絳布裙。鼓息闐然，立節而舞。其法之最異者，能舞鳥於室，飛鏡驅祟，又能以鏡治疾，偏體摩之，遇病則陷肉不可拔，一振盪之，骨節皆鳴，而

病去矣。

「薩麻」即薩滿的同音異譯，鳥神聽命於薩滿，薩滿舞鳥於室，與役鬼的神術相近。邪祟畏懼明鏡，以鏡驅祟治病，久為薩滿所普遍使用。赫哲族的婦女年逾三十而不生育者，即認為自己缺少轉生的靈魂，須請薩滿找魂。舉行跳鹿神的儀式時，神隊在歸途中，求子的婦女躲在薩滿的背後，在神帽或神裙的飄帶上挽一結，不讓薩滿知道，薩滿到家後查問挽結的人，求子的婦女叩頭許願。薩滿擊鼓向神禱告，尋找胎兒的魂靈，求子的夫婦在約定的日期到薩滿家取胎魂，薩滿作法，使胎魂附體。這種求子的儀式，赫哲人稱為「捉雀」，他們相信嬰兒夭折後，胎魂變為雀，捉雀即捉魂，胎魂附體後，婦女始能懷孕生育。

圖四：薩滿執鼓

魂靈出竅的法術，是薩滿信仰的特質

薩滿信仰是一種複合的宗教現象，包括對魂靈及祖先的崇拜，對玉皇大帝的信仰，以及對諸天與冥府的宇宙觀，所以薩滿都是醫治病人及護送魂靈的術士，集醫師、卜人、幻人、解夢人於一身。薩滿靈魂出竅的法術，是薩滿信仰的特質，也是薩滿信仰與其他巫術相異的地方。其特有表現，可以從通古斯族或東胡族流傳的故事裡找到最具體的例子，其中《尼山薩滿傳》（*nišan saman i bithe*）就是以北亞草原族群的薩滿觀念為基礎，用滿文書寫的一部文學作品，其所述薩滿收魂治病的過程最為完整。

故事的大意是說：在從前明朝的時候，有一個叫做羅洛的村子，住着巴勒杜巴彥員外夫婦，中年時，生了一子，養到十五歲時，到橫浪山打圍途中得怪病死了。員外夫婦日行善事，救濟貧困，修造寺廟，向神祈求子嗣。員外五十歲時，果然生了一子，因老年得子，所以命名為色爾古代費揚古。十五歲時，出外打圍，突然得了怪病，全身忽冷忽熱，頭昏病倒。奴僕們還沒來得及把他抬回家之前，他已牙關咬緊，眼睛直瞪，氣絕身死了，員外夫婦萬分悲痛，趕辦喪事。黃昏時分，有一位彎腰駝背的老翁來指點員外去找薩滿救治其子，話才說完，老翁突然坐上五彩的雲端消失了。員外好不容易地走到尼西海河岸懇求尼山薩滿救治愛子，尼山薩滿洗了眼臉，擺設香案，右手拿神鼓，左手盤繞鼓推，口中唸唸有詞，開始作法，神靈附身，尼山薩滿說出色爾古代費揚古打圍時，捕捉了許多野獸，閻羅王差遣鬼卒捉去了他的魂。員外又再三哀求尼山薩滿救活其子，願以家產的一半酬謝。尼山薩滿吩咐員外預備一隻和色爾古代費揚古同一天生的猛犬，一隻養了三年的公雞，以及醬、冥紙等物。尼山薩滿把神祇和神具分裝三車，自己坐在八個少年抬的轎子上，到了員外的家，由納哩費揚古充當札立，助唱神歌。尼山薩滿穿上怪異的衣服、女裙、腰鈴，頭戴九雀神帽，衣服及神帽上佩掛的銅鏡是使惡魔不敢攻擊。尼山薩滿穿戴整齊後，唸著「和格亞格」的咒語，請出了石窟裡的神祇，從背後附在尼山薩滿的身體上，忽然牙關咬緊，昏迷跌倒，納哩費揚古扶她躺下，尼山薩滿開始過陰了。

尼山薩滿的魂靈出竅後，跟隨在眾神的後面，進入冥府，首先到達一條大河，把守渡口的是一個兇惡老者，眼睛眇一目，鼻歪耳聾，腳瘸手鱉，用半片槳划著半片的獨木舟。尼山薩滿表明身分後，兇惡老者讓她渡河上岸，尼山薩滿酬以三塊醬、三把冥紙。後來到了紅河岸，不見渡船，尼山薩滿把神鼓拋到河中，變成一條船，她站在上面，就像旋風似地渡過了對岸，照例留給河主三塊醬、三把冥紙，然後進入冥府第一關。把守關口的是鐵鬼和血鬼，尼山薩滿說明來意，並留下名簽、三塊醬、三把冥紙後才放她通過。經過第二關時，也照例留下名簽、工錢。第三關是閻羅王的舅舅蒙古爾代看守，尼山薩滿責怪他不該把壽限未到的孩子捉到冥府。

蒙古爾代解釋說是閻羅王見色爾古代費揚古箭術高超，把他捉到冥府做養子。尼山薩滿逕往王城，因城牆高厚，由大鶴神把正在城裡玩耍的色爾古代費揚古抓出來，閻羅王很生氣，派蒙古爾代去追趕。因尼山薩滿法力高強，蒙古爾代請求多給賞賜，並且說在冥府沒有打圍的猛犬，黑夜沒有報曉的公雞。尼山薩滿把帶來的雞犬都給了蒙古爾代，並且要求增加色爾古代費揚古的壽命，經過一番討價還價後答應增加到九十歲，始離開冥府。返途中遇到尼山薩滿死去多年的丈夫，因屍骨已經腐爛，不能救治。後來又到子孫娘娘廟，這裡是萬物轉生的地方，子孫娘娘告訴尼山薩滿，她的前世也在廟裡，輪到轉生時，不肯投胎，子孫娘娘哄著她，讓她戴神帽，繫神鈴，穿異服，手握神鼓，像跳神似地玩著去轉生當薩滿。

尼山薩滿四處參觀，看見黑霧朦朧的酆都城，眾鬼哀號，惡犬村裡野狗扯吃人肉，明鏡山、暗鏡峰分別善惡刑賞。其刑罰十分嚴酷；打罵父母的逆子用油鍋烹煮；徒弟辱罵師傅者拴在柱上射箭懲罰；妻子對丈夫粗暴者處以碎割之刑；謾罵丈夫的妻子割斷舌頭；婦女嫁二夫者以小鋸切開身體；有夫之婦姦淫者以斧砍肉；道士強暴婦女者以鐵叉扎刺；煮飯洗米漏棄米粒者以石磨壓身；出入時用力摔碰房門者雙手釘在門板上；斜眼藐視老人者鈎出眼珠；做盜賊者以鐵棍責打；醫師治死病人者割開肚皮；居官行賄者以魚鈎鈎肉；種種刑罰，犯過者絕不姑息。尼山薩滿最後從原路返回羅洛村，納哩費揚古用香薰了她的鼻子，使她醒過來，把收回的魂放入色爾古代費揚古的軀殼裡，一會兒，色爾古代費揚古就活過來了，好像睡了一大覺，做了很長的夢，尼山薩滿完成了一次收魂治病的工作。

相傳薩滿的祖先曾在冥府充當閻羅王的侍從，所以薩滿可以出入冥府。薩滿信仰的迷信色彩雖很濃厚，但其魂靈出竅後的精神異狀，或反常因素，不論是習慣性的人格解離，或神靈附體，都使宗教心理學家及宗教歷史學者在探討薩滿信仰的問題時感到極大的興趣。

圖五：滿族薩滿跳舞模樣

圖六：滿族薩滿耍鼓模樣

圖七：滿族薩滿迎神模樣

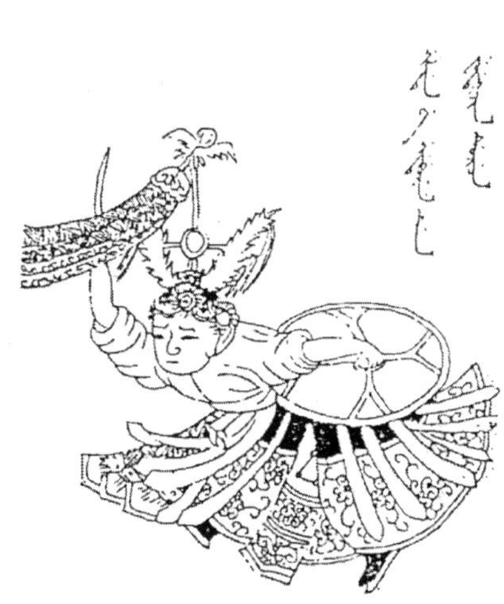

圖八：滿族薩滿跳老虎神模樣

附錄一 海參崴本《尼山薩滿傳》滿文手稿譯漢

在從前明朝的時候，有個羅洛村，村莊裡住著一位名叫巴勒杜・巴彥的員外，家計非常富裕，使喚的奴僕、馬騾等，數也數不完。到了中年時，生了一子，養到十五歲時，有一天，帶著家裡的奴僕們前往橫浪山去打圍，途中得病死了。從此，員外夫婦因無子嗣而焦急，只做善事，修造寺廟，拜佛求恩，向神祈禱，拿了芸香，到處燒香，又幫助窮人，扶助孤兒，救護寡婦。因行善彰著，所以上天憐憫，五十歲時，好不容易地養了個兒子，非常歡喜，就把名字命名為五十歲時所生的色爾古岱・費揚古，愛如東珠，不讓他遠離視線地養著。這個孩子到了五歲時，看來聰明伶俐，言語明白，因此，就聘請了師傅，在家裡教書，又教習武藝，步射馬箭。

日月倏忽，疾如射箭，到十五歲時，忽然有一天，色爾古岱・費揚古見了他的父母，請求說：「我想出去打一次圍，試試看我所學的步射馬箭，不知父親的意思如何？」父親說：「在你的上面原來有一個哥哥，十五歲時到橫浪山去打圍身亡了，我想還是不去了吧！」色爾古岱・費揚古說：「人生在世，生為男子漢，何處不可行走？能永遠守著家嗎？生死都逃不出各自帶來的命運。」員外沒法子，只得允諾了，囑咐說：「若是想要出去打圍，就帶著阿哈勒濟、巴哈勒濟等去吧，日子不要待久，謹慎而行，趕緊回來，你不要辜負我的牽掛之心。」色爾古岱・費揚古回答說：「是」，就喚來阿哈勒濟等交待說：「我們明天要出去打圍，去整頓人員、馬匹、馬鞍等，預備兵器、弓、箭等，把帳篷裝在車上，把隼鷹、虎斑狗好好地餵飽預備著。」阿哈勒濟、巴哈勒濟說聲「是」，就趕緊預備去了。第二天，色爾古岱・費揚古向父母叩頭，行了辭別禮，就騎上了白馬，帶著阿哈勒濟等人，架著隼鷹，牽著虎斑狗，眾奴僕們背著撒袋、弓叉、弓、箭，編列前後隊伍，車馬緊隨行走，很是熱鬧。村莊老少都沒有不出房門來看的，都是口中嘖嘖誇讚。因為眾獵人策馬走的很急速，一會兒就到了著名的打圍的山，馬上支起了帳篷，刨坑安鍋，留下伙夫做飯。

色爾古岱・費揚古帶領著眾奴僕們，吩咐阿哈勒濟、巴哈勒濟等人撒圍，想要沿山行圍，於是就撒了圍，射箭的射箭，還有槍扎的槍扎，拋鷹嗾犬，使之追逐，凡所射的每個鳥獸等沒有不獲得的。正在興致勃勃的行圍時，色爾古岱・費揚古突然渾身冰冷，忽然又發燒，頭昏不適，所以就叫來阿哈勒濟、巴哈勒濟等說：「我們趕緊把圍收了，我的身體不舒服。」他這樣一說，眾人都驚慌了，趕緊收了圍，來到帳篷，讓傻阿哥進去。點着了火，本想要讓他烤火，使汗發出來。可是，因發燒時出了大汗，身體不能承受，所以不能烤火，而叫奴僕們砍了山木，做成了轎子，讓傻阿哥躺在轎裡。奴僕們輪流抬著，向家裡飛也似地奔走。色爾古岱・費揚古哭著說：「看來我的身體病情很重，怎麼能到達家裡呢？算來到不了，阿哈勒濟、巴哈勒濟你們兄弟內哪一個誰也可以，趕緊到家裡去給我的父母送一個信息，把我的話，替我明白的轉告給父母吧！我自己未能報答父母慈養之恩，原想在老人家到了百年之後穿孝送終，誰知天要亡我，不料我的壽限已到，因此，已經不能見面了。眼看著就要短命而死，不要讓我的父母過度悲傷，保養老身要緊，這都是命中註定的啊！請節哀吧！替我明白的轉告吧！」還想要說話時，口已不能張開，牙關緊閉，說不出話了。下頦抬起啾著嘴，眼睛直瞪，氣息已絕了。阿哈勒濟、巴哈勒濟和眾奴僕們圍著轎子哭泣的聲音，山谷都響應。後來，阿哈勒濟停止哭泣，向眾人說：「傻阿哥既已去世了，再哭也不能救活了，帶著屍體起程要緊。巴哈勒濟你自己領著大家把傻阿哥的屍體好好地抬著慢慢地來，我自己帶著十個騎馬的人先回去，給我們的員外老爺報信，在家裡預備給傻阿哥送終的物品等。」

阿哈勒濟帶領著眾人騎上馬飛也似地向家裡急馳，轉瞬之間到了家門口，下馬進入屋裡，跪倒在員外老爺面前，只顧號啕大哭，什麼話都說不出來。員外老爺著急，罵道：「這個奴才，你怎麼了？打圍去了，為什麼哭著回來？或是你的傻阿哥有什麼要緊的事差你前來？為什麼哭著不說話呢？」接連地追問時，阿哈勒濟不回答，還是哭泣。員外老爺生氣地罵道：「這個無賴奴才，為什麼不告訴我，只是哭泣呢？光哭就完事了嗎？」於是停止了哭泣，叩了個頭說：「傻阿哥在路上生病身亡了，我自己先回來送信。」員外沒留神，問道：「是什麼東西沒有了？」阿哈勒濟回答說：「不是，是傻阿哥身亡了。」員外一聽了這話，頭頂上猶如雷鳴，叫了一聲「愛兒呀！」，就仰面摔倒了。老太太急忙出來問阿哈勒濟是怎麼回事？稟告說：「員外老爺聽到稟告傻阿哥死了的消息後，就昏倒了。」老太太聽了，眼前好像劃過一道閃電而麻木了，叫了一聲「媽的兒呀！」也發了昏正好橫倒在老爺的身上，使喚的眾人驚慌不已，將他們扶起來，這才甦醒過來。全家人聽到了這個消息，都一齊哭起來。村莊的眾人聽到哭聲，都齊集過來。正在哎呀啊唷紛紛號啕大哭時，巴哈勒濟哭著進來，向員外老爺叩頭，稟告傻阿哥的屍體運到了。員外夫婦同村莊的眾人一齊來到門外，把傻阿哥的屍體迎進屋裡，放在床上，眾人環繞在四周，哭泣的聲音，連天地都震動了。哭了一場後，眾人勸道：「巴彥老兄，你們老爺、老太太為什麼這樣地哭泣呢？既然已經死了，有哭活過來的道理嗎？應該預備入殮所用的棺材等物。」員外夫婦這才止住哭泣，說道：「你們的話很有道理，雖然是這樣，可是心裡實在難過，我那可愛聰明的兒子既然已經死了啊，還愛惜什麼呢？如今還能為那一個孩子的生活而留下產業呢？」說完就喚來阿哈勒濟、巴哈勒濟等吩咐說：「這些奴才只會張著嘴哭泣，給你的傻阿哥預備頭七的祭品、乘騎的馬匹、庫房等，不要吝惜。」阿哈勒濟、巴哈勒濟等停止了哭泣，遵照吩咐，給傻阿哥騎的花色花騸馬十匹，火色紅騸馬十匹，金色銀合騸馬十匹，快速黎花騸馬十匹，白色白騸馬十匹，墨色黑騸馬十匹，都預備好了後，員外吩咐說：「給三十匹馬背上皮包、蟒緞、衣服等，其餘的馬馱載撒袋、弓箭等，雪白青騸馬披上紅鞍，吊上緹胸，佩上鍍金轡等，套上全套，在前引路。」又喚來牧長們，告訴他們說：「從牛群中取來十頭牛，從羊群中取來六十隻羊，從豬群中取來七十隻豬，把這些都殺了預備著！」牧長、阿哈勒濟等回答說：「是」，就各自預備去了。員外又叫來使喚的丫頭阿蘭珠、莎蘭珠等，告訴他們說：「你們二人把村莊裡幫工的婦女們找來，現在趕緊預備白麵餑餑七十桌，饊子餑餑六十桌，搓條餑餑五十桌，蕎麥搓條餑餑四十桌，燒酒十甕，鵝十對，鴨二十對，雞三十對，五樣果品，每樣各二桌，若有遲誤，你們都要責打。」眾人都回答「是」，就各自分頭預備去了。不久，眾人呼呼喊喊地一隊又一隊把東西抬到院子裡，堆放得滿滿的，看起來像山峰一樣高，幾種肉堆積如山，燒酒像海似的裝著，水果、餑餑一桌接一桌地排列著，庫房滿滿地擺放了金銀紙等，眾人澆酒哭泣。員外在一旁哭著說：「父親的阿哥啊喇！五十歲時啊喇！所生的啊喇！色爾古岱・費揚古啊喇！我見了你時啊喇！十分歡喜啊喇！這麼多的馬匹啊喇！牛羊牧群啊喇！誰來掌管啊喇！阿哥的儀表大方啊喇！聰明啊喇！原想多倚靠啊喇！乘騎的騸馬啊喇！哪個阿哥來騎啊喇！奴僕婢女啊喇！雖然有啊喇！哪個主子使喚啊喇！隼鷹啊喇！雖然有啊喇！哪個孩子架托啊喇！虎斑犬啊喇！雖然有啊喇！哪些孩子牽拉啊喇！」正在嗚咽哭泣時，母親又哭著說道：「母親聰明的阿哥啊喇！母親我的啊喇！嗣子啊喇！為善事啊喇！行善祈求啊喇！祈求福佑啊喇！五十歲時啊喇！生了聰明啊喇！清明的阿哥啊喇！雙手敏捷啊喇！矯健的阿哥啊喇！體格俊秀啊喇！健美的阿哥啊喇！讀書的啊喇！聲音柔和啊喇！母親聰明的阿哥啊喇！如今跟那個孩子啊喇！倚靠過日子啊喇！對眾奴僕仁慈啊喇！大方的阿哥啊喇！體格容貌啊喇！俊秀的阿哥啊喇！容顏性情啊喇！猶如潘安啊喇！美貌的阿哥啊喇！母親在街上啊喇！閒走時啊喇！如同鷹似地啊喇！把母親聲音啊喇！找尋聽聞啊喇！在山谷行走時啊喇！叮噹的鈴聲啊喇！母親俊秀的阿哥啊喇！如今母親我啊喇！還有哪一個阿哥啊喇！可以看顧啊喇！可以慈愛啊喇！」仰面跌倒後口吐泡沫，俯身跌倒時流著口水，把鼻涕擤到木盆裡，把眼淚流到雅拉河裡。正在哭泣時，門口來了一個羅鍋腰，快要死的彎著腰走路的老爺爺，唱道：「德揚庫德揚庫！守門的德揚庫德揚庫，老兄們請聽德揚庫德揚庫！向你的主人德揚庫德揚庫！請去稟告德揚庫德揚庫！在門的外面德揚庫德揚庫！快要死的老人德揚庫德揚庫！請說來了德揚庫德揚庫！請說要見一見德揚庫德揚庫！說來了德揚庫德揚庫！區區心意德揚庫德揚庫！要燒紙錢德揚庫德揚庫！」這樣相求時，守門的人進去轉告巴勒杜·巴彥，員外說道:「多麼可憐，快讓他進來，讓他吃些給傻阿哥祭拜像山一樣高的肉和餑餑吧，給他喝像海一樣多的燒酒吧！」守門人跑去叫那老爺爺進來。那老爺爺進來後不看這些祭肉、餑餑、燒酒等物，一直走過去，到了靠近傻阿哥的棺材前站立，用手扶著棺材，跺著腳高聲哭道:「阿哥的寶貝嗳喲哎呀！怎麼幾個嗳喲哎呀！壽命短嗳喲哎呀！聽說嗳喲哎呀！生來聰明嗳喲哎呀！老奴才我嗳喲哎呀！曾經高興過嗳喲哎呀！聽說嗳喲哎呀！把有智慧的阿哥嗳喲哎呀！養了嗳喲哎呀！聽到聲名嗳喲哎呀！愚蠢的奴才我嗳喲哎呀！曾經指望嗳喲哎呀！有才德的嗳喲哎呀！生了阿哥嗳喲哎呀！庸劣的奴才我嗳喲哎呀！曾經信靠嗳喲哎呀！有福祿的嗳喲哎呀！聽說阿哥嗳喲哎呀！曾經驚奇嗳喲哎呀！阿哥怎麼死了呢嗳喲哎呀！」旁邊的人們看見他拍打手掌心頓足死命地痛哭著，都流著眼淚。員外見了，起了惻隱之心，就把自己身上穿的緞袍脫下給了那老人。那老人接過衣服披在身上，在棺材頭的地方挺直地站立著，一下環顧了屋子，大聲嘆息一下，一下責怪說道:「巴彥老兄，你就這樣眼看著你的兒子色爾古岱·費揚古離你而去嗎？什麼地方有本事出群的薩滿，請來救傻阿哥吧！」員外說道:「在哪兒有好薩滿呢？在我們這個村莊裡有三、四個薩滿都是哄飯吃的薩滿，只是上供一點燒酒、一隻雞、一些餑餑等供物，預備糜子飯祭祀的薩滿啊！不但救不活別人，連他自己哪一天什麼時候死都不知道。懇求老爺爺倘若知道哪裡有本事出群的薩滿，請給我指點一下吧！」老爺爺說道：「巴彥老兄，你怎麼不知道呢？離這裡不遠，住在尼西海河邊，有一個名叫塔旺的女薩滿，這個薩滿本事很大，能把死人救活，為什麼不去請她呢？若是那個薩滿來的話，不但是一個色爾古岱·費揚古，就是十個色爾古岱，也能救活過來啊！你們趕快去請吧！」說完，就從容不迫地走出了大門，坐上五彩雲霞昇空而去了。守門人看了趕緊進入屋裡告訴了員外。巴勒杜·巴彥高興地說道：「一定是神來給我指點的。」說完，就向空中叩拜。急忙騎了銀蹄絡皮騸馬，帶領了家奴，跑了不久，到了尼西海河邊。看到東邊盡頭有一家小廂房，巴勒杜·巴彥看見外面有一個年輕的格格把洗過的衣服掛曬在木杆上。巴勒杜·巴彥上前請問說：「格格，尼山薩滿的家住在哪兒？請告訴我吧！」那個女人笑盈盈地指著說道：「住在西邊盡頭。」員外聽了這話，騎上馬跑到那裡看見院子裡有一個人正在吸煙，急忙下了馬，上前請問說：「不是好老哥嗎？尼山薩滿的家究竟是哪一個呢？懇請直告吧！」那人說道：「你為什麼神色那樣驚慌呢？」員外說道：「我有緊急的事情請教哥哥，如蒙憐愛，就請告訴我吧！」那人便說道：「你剛才在東邊問的掛曬衣服的那個女人就是薩滿，老兄被哄騙錯過了啊！請那個薩滿時，要好好地恭敬地懇求，不可和別的薩滿相比，這個薩滿很喜歡被人奉承恭維的。」巴勒杜·巴彥向那個人道了謝，騎上了馬又跑到東邊盡頭，下了馬，進了屋裡，看見南面炕上坐著一個頭髮全白的老太太，在竈門口地方有一個年輕的女人正在抽煙。員外以為這個坐在炕上的老太太一定是薩滿，就跪在地上請求。老太太說道：「我不是薩滿，老兄你弄錯了，站在竈門口的我的媳婦就是薩滿。」巴勒杜·巴彥就站起來向這位格格跪下求著說道：「薩滿格格，大名鼎鼎，名副其實，在二十個薩滿以外，四十個薩滿以上，特來請求給我看命數加以指點吧！無奈煩勞格格，惻然憐愛，以副聲名吧！」那女人笑著說道：「我不瞞巴彥老兄，我自己因初學不久，看命數恐怕不正確，不要耽誤事情，找別的有才德的薩滿，早早地去給他看吧！不要耽擱了。」巴勒杜・巴彥流著眼淚，連連叩頭，再三請求。薩滿說道：「既然是初次來的，就給你看一次吧！若是別人，必然不看的。」說完，洗了臉眼，擺設香案，把大圓碁石拋到水裡，屋子中間放著板凳。薩滿自己右手拿了手鼓，左手盤繞榆木鼓槌，坐在座位上，敲著手鼓，開始喋喋地請著，以美妙的聲音唱著「火巴格」，高聲反覆喊著「德揚庫」，喋喋地請著，使神附在自己身上。巴勒杜・巴彥跪在地上聽著，尼山薩滿開始喋喋地指示神靈的話說道：「額伊庫勒也庫勒！這姓巴勒杜的額伊庫勒也庫勒！龍年生的額伊庫勒也庫勒！男人你聽額伊庫勒也庫勒！朝覲帝君額伊庫勒也庫勒！來的阿哥額伊庫勒也庫勒！明白地聽著額伊庫勒也庫勒，倘若不是額伊庫勒也庫勒！就說不是吧額伊庫勒也庫勒！若是假的額伊庫勒也庫勒！就說假的吧額伊庫勒也庫勒！假薩滿會哄人額伊庫勒也庫勒！告訴你們吧額伊庫勒也庫勒！二十五歲額伊庫勒也庫勒！一個男孩額伊庫勒也庫勒！曾經養了額伊庫勒也庫勒！到了十五歲時額伊庫勒也庫勒！橫浪山額伊庫勒也庫勒！到山裡額伊庫勒也庫勒！打圍去了額伊庫勒也庫勒！在那山上額伊庫勒也庫勒！庫穆路鬼額伊庫勒也庫勒！把你孩子的額伊庫勒也庫勒！魂額伊庫勒也庫勒！捉食了額伊庫勒也庫勒！他的身體額伊庫勒也庫勒！得了病額伊庫勒也庫勒！死了額伊庫勒也庫勒！自此以後孩子額伊庫勒也庫勒！沒養了額伊庫勒也庫勒！五十歲上額伊庫勒也庫勒！一個男孩額伊庫勒也庫勒！看見養了額伊庫勒也庫勒！因為五十歲時額伊庫勒也庫勒！生的額伊庫勒也庫勒！所以把名字叫做色爾古岱額伊庫勒也庫勒！費揚古額伊庫勒也庫勒！這樣命名額伊庫勒也庫勒！睿名騰起額伊庫勒也庫勒！出了大名額伊庫勒也庫勒！到了十五歲時額伊庫勒也庫勒！在南山上額伊庫勒也庫勒！把許多的野獸額伊庫勒也庫勒！殺了之故額伊庫勒也庫勒！閻王爺聽了額伊庫勒也庫勒！差遣了鬼額伊庫勒也庫勒！捉了魂額伊庫勒也庫勒！帶走了啊額伊庫勒也庫勒！難於使他活過來額伊庫勒也庫勒！苦於救助額伊庫勒也庫勒！說的是就說是額伊庫勒也庫勒！說的不是就說不是額伊庫勒也庫勒！」巴勒杜・巴彥連連叩頭說道：「神祇告訴的，神歌指示的全都對了。」說完，薩滿拿了一炷香向上一舉，便清醒了過來，收拾了手鼓、鼓槌等東西。巴勒杜・巴彥一再跪在地上哭著說道：「蒙薩滿格格憐愛，看的都合事實。既然相合，就可憐可憐，請勞駕到寒舍去救助我犬子的生命吧！得到了生命時，豈有忘記祭神的道理嗎？」尼山薩滿問道：「你家裡有和這個孩子同日生的狗，還有三年的公鷄、醬等東西，大概會有吧！」巴勒杜・巴彥說：「確實是有的，看的正確啊！眞是靈異的神薩滿啊！如果可以的話，我現在就想搬動大的器具，把沉重的器物馱回去，只求救活我孩子的小命。」尼山薩滿笑著說：「區區無能的薩滿怎麼能辦得到呢？耗費銀財於枉然之事，用盡工錢於無益之處，去找別的有能力的薩滿們吧！我是剛剛學的薩滿，尚未得到要領，新學的薩滿，尚未得到火候，能知道什麼呢？」巴勒杜・巴彥跪在地上，叩頭慟哭地哀求說：「薩滿格格如果救活我孩子的命，就把金、銀、閃緞、蟒緞、騸馬、牛、羊等牧群，分給一半，以報答恩情。」這樣說了以後，尼山薩滿沒法子，說道：「巴彥老兄起來吧！我只是去看一趟，如果僥倖，也不要高興；若有差失，也不要抱怨，這些話聽明白了嗎？」巴勒杜・巴彥非常高興，翻身起來，接著裝煙致謝。然後出房門騎了馬回家，立即叫來阿哈勒濟、巴哈勒濟等說道：「趕緊預備轎、車、馬等去接薩滿吧！」立刻都預備齊全了。阿哈勒濟、巴哈勒濟等帶著眾人去迎接薩滿。行走不久，就到了尼西海河邊尼山薩滿的家裡，見了薩滿，請了安，將神櫃等分裝三車，薩滿坐在轎子上，八個少年抬著飛也似地行走，轉瞬之間來到了員外的家裡。巴勒杜・巴彥迎入屋內，將神櫃擺在大炕的中央，洗了臉眼，點了香，叩了三次頭之後，薩滿洗了臉，預備了飯，吃完後，用濕毛巾擦了臉，預備手鼓，對神喋喋地請著，擊打手鼓、大鼓時，同一村裡所有的三、四個薩滿們隨著擊打手鼓，因為都不合音調，所以尼山薩滿說道：「像這樣不齊，怎麼去追魂呢？」員外回答說：「在我們這一個莊屯裡，確實已無有能力的人了，若有向來跟隨薩滿格格的為首札立，即請賜告，好派人去接來吧！」尼山薩滿說道：「在我們村裡住著一個父母七十歲時生的納哩費揚古，這人非常能夠合調，對手鼓、神歌等都很熟練。倘若這人來的話，實在不擔心順當了。」員外就叫阿哈勒濟騎了一匹馬，牽著一匹馬，趕緊去接納哩費揚古阿哥。不久，來到，下了馬，巴勒杜・巴彥迎入屋裡。尼山薩滿見了笑著說道：「給神祇效力的尊貴老兄來啦！有神助才德的阿哥，納哩費揚古老弟札立你自己聽著，給格格我好好地配合音調相助，已經是老搭檔了，打手鼓、大鼓，就全靠札立老弟了。要是不能的話，就用浸濕的騷鼠皮蒙蓋的皮鼓槌打你的大腿；要是神鼓不能配合喋喋神語時，就用濕的郁李木鼓槌打屁股。」說完後，納哩費揚古笑著說：「高強的薩滿，怪異的尼山，兄弟我知道了，不需多指教了。」說完，坐在炕上，預備茶飯完了就打鼓合著。於是尼山薩滿身上穿繫了怪異的衣服、腰鈴、女裙，頭上戴了九雀神帽，細長的腰身好像垂柳般地顫動著，音調宛如陽春曲般地吟唱著，大聲地搖動，高聲地叫喊，柔合的聲音擺動著，細細的聲音懇求著，喋喋地祈求說道：「火格亞格！從石窟火格亞格！離開來吧火格亞格！在死國裡火格亞格！去碰碰運氣火格亞格！在凶界裡火格亞格！去取回生命火格亞格！把失落的魂靈火格亞格！去拾起來火格亞格！可以信靠的札立火格亞格！請引導帶去吧火格亞格！實心努力火格亞格！解救回來時火格亞格！在鼻子的周圍火格亞格！二十擔火格亞格！潑水火格亞格！在臉頰周圍火格亞格！四十桶火格亞格！倒水火格亞格！」說完便困乏地昏倒了。札立納哩費揚古迎上去扶她躺下，收拾了腰鈴、女裙等，拴了鷄和狗，擺放了醬和紙等東西。他自己挨著薩滿坐下，唱著調遣引導神祇神詞的納哩費揚古拿了手鼓喋喋地開始唱起他的神歌說：「青格勒濟因格勒濟！把燈蠟青格勒濟因格勒濟！熄暗吧青格勒濟因格勒濟！在今天晚上青格勒濟因格勒濟！為了巴雅喇氏的火格亞格！趕緊下來吧火格亞格！」念著時，薩滿降神了，神祇從背後進入緊緊地附體。突然咬著牙齒，喋喋地唱道：「火格亞格！在旁邊站立的火格亞格！為首的札立火格亞格！挨著站立的火格亞格！大札立火格亞格！站在附近的火格亞格！柔軟的札立火格亞格！站在周圍的火格亞格！聰明的札立火格亞格！把薄薄的耳朵火格亞格！打開聽吧火格亞格！把厚厚的耳朵火格亞格！垂下來聽吧火格亞格！把公鷄火格亞格！在頭的地方火格亞格！拴了預備著火格亞格！把虎斑狗火格亞格！在腳的跟前火格亞格！絆了預備著火格亞格！把一百塊的火格亞格！老醬火格亞格！放在旁邊吧火格亞格！將一百把的火格亞格！白欒紙火格亞格！捆了預備著火格亞格！到幽冥的地方火格亞格！去追拿魂靈青格勒濟因格勒濟！色爾古岱・費揚古的青格勒濟因格勒濟！為魂靈青格勒濟因格勒濟！俯伏在濕地上青格勒濟因格勒濟！在幽冥的地方青格勒濟因格勒濟！追趕魂靈青格勒濟因格勒濟！在凶界青格勒濟因格勒濟！去取回命青格勒濟因格勒濟！把失落的魂青格勒濟因格勒濟！去捧回來青格勒濟因格勒濟！對鬼有力青格勒濟因格勒濟！對妖魔在行青格勒濟因格勒濟！在天下青格勒濟因格勒濟！曾有名聲青格勒濟因格勒濟！在各國青格勒濟因格勒濟！曾有名氣青格勒濟因格勒濟！」唱完了，這時，尼山薩滿牽著雞和狗，扛著醬、紙，各種神祇跟隨在周圍，往死國去找閻王爺。獸神跑著，鳥神飛著，蛇蟒蠕動著，像旋風似的行走，來到了一條河的岸邊，向周圍一看，並無渡口，而且又看不見渡河獨木舟，正在著急著東張西望的時候，對岸那邊有一個人撐著獨木舟走著，尼山薩滿看見了喊著說道：「火巴格野巴格！渡口撐船的火巴格野巴格！瘸腿阿哥火巴格野巴格！請聽取吧火巴格野巴格！把薄薄的耳朵火巴格野巴格！打開來聽吧火巴格野巴格！把厚厚的耳朵火巴格野巴格！垂下來聽吧火巴格野巴格！醜陋的賴希火巴格野巴格！牢記著聽吧火巴格野巴格！祭祀完好火巴格野巴格！高貴了火巴格野巴格！祭祀完好火巴格野巴格！向前了火巴格野巴格！做了主火巴格野巴格！有德行了火巴格野巴格！到父親的老家火巴格野巴格！去相會火巴格野巴格！到母親的娘家火巴格野巴格！一同去歇息火巴格野巴格！到外祖父家火巴格野巴格！去賣俏火巴格野巴格！到外祖母的地方火巴格野巴格！去跳舞火巴格野巴格！到姨母家火巴格野巴格！去逛蕩火巴格野巴格！到叔父家火巴格野巴格！去取回命火巴格野巴格！讓我渡河時火巴格野巴格！就給醬火巴格野巴格！若能快快撐渡火巴格野巴格！就給紙火巴格野巴格！不讓平白渡河火巴格野巴格！而是送給工錢火巴格野巴格！若真讓渡河火巴格野巴格！就送給財物火巴格野巴格！若讓趕緊渡河火巴格野巴格！就把烈性燒酒火巴格野巴格！呈獻火巴格野巴格！到凶界火巴格野巴格！去贖回命火巴格野巴格！到幽冥地方火巴格野巴格！去追魂火巴格野巴格！」瘸腿賴希聽了，便用半片槳把半邊船划到了對岸。尼山薩滿一看，只見他眼睛眇一目，鼻歪、耳殘、頭禿頂、腳瘸、手蹩。他來到附近說道：「是薩滿格格嗎？要是別人，必定不讓他渡過。久聞大名，是熟人了，這次天理注定應該出賢名，沒法子，渡你過去吧！」尼山薩滿下了獨木舟，瘸腿賴希撐篙，用划子划著渡到對岸後，尼山薩滿道謝說：「這只是一點心意，這三塊醬、三把紙都請收下吧！」又問道：「這渡口是不是還有那個人渡過去了呢？」瘸腿賴希回答說：「並無別人渡過，只有閻王爺的親戚蒙古勒代舅舅帶著巴勒杜・巴彥的兒子色爾古岱・費揚古的魂靈渡過去了。」尼山薩滿道了謝，就啓程了。走了不久，又到了紅河岸，看看周圍，既無渡口渡船，而且連一個人影也看不見。因此，沒法子，只得求助於神祇，開始喋喋地唱道：「額伊庫哩也庫哩！圍繞天的額伊庫哩也庫哩！大鵰額伊庫哩也庫哩！圍繞海的額伊庫哩也庫哩！銀鶺鴒額伊庫哩也庫哩！圍繞河邊的額伊庫哩也庫哩！蛇額伊庫哩也庫哩！圍繞占河的額伊庫哩也庫哩！四丈蟒額伊庫哩也庫哩！小主人我自己額伊庫哩也庫哩！把這條河額伊庫哩也庫哩！要渡過額伊庫哩也庫哩！眾神祇額伊庫哩也庫哩！請扶助渡河額伊庫哩也庫哩！急速地額伊庫哩也庫哩！請施展本領吧額伊庫哩也庫哩！」唱完後，把手鼓拋到河面上，薩滿自己站在上面，就像旋風似地轉瞬間渡過了河。留給河主三塊醬、三把紙報酬後就啓程了。走得很急，一會兒來到了第一道關口，剛要過去時，把守關口的色勒圖、僧吉圖二鬼喝道：「什麼人膽敢想進入這道關口？我們奉了閻王爺的諭旨，看守這道關口，趕快告知緣由吧！」尼山薩滿說道：「我自己是生國的尼山薩滿，要到死國去找蒙古勒代舅舅。」二鬼怒喝道：「那麼就按照進入關口的規矩留下名字及工錢，方得進去。」尼山薩滿給了名簽、三塊醬、三把紙，才過去。走到第二道關口時，也照前留下了名字、工錢等過去。一直走到第三關蒙古勒代舅舅的門口，搖著腰鈴，和著神鈴，以清秀的聲音唱著說道：「火格亞格！蒙古勒代舅舅火格亞格！急速地火格亞格！請出來吧火格亞格！為了什麼火格亞格！把好好地過日子火格亞格！壽限未到的人火格亞格！抓來了火格亞格！時限未到火格亞格！強行拿來火格亞格！若是給還時火格亞格！多謝了火格亞格！若是平白給了火格亞格！要道謝火格亞格！生命夭折火格亞格！妄行帶來火格亞格！拐騙捉來火格亞格！怎麼回答呢火格亞格！不會平白帶走火格亞格！要給工錢火格亞格！不會騙走火格亞格！留下價錢火格亞格！若給我時火格亞格！送給醬火格亞格！若送出來時火格亞格！送給贖金火格亞格！若先給時火格亞格！要行禮火格亞格！要是不給時火格亞格！沒有好處火格亞格！倚靠神力火格亞格！飛著去火格亞格！進入屋裡火格亞格！要帶走火格亞格！」尼山薩滿搖著腰鈴，抖著神帽，和著神鈴，鏗鏘作響。聲音甫落，蒙古勒代舅舅笑著出來說道：「尼山薩滿明白地聽吧！我把巴勒杜・巴彥的兒子色爾古岱・費揚古帶來是眞的，可是於你何干？我偷了你家的什麼東西而站在我的門口高聲地叫罵呢？」尼山薩滿說道：「雖然沒有偷走我的什麼東西，但是把人家好好過日子壽限未到的人，無辜的孩子帶了來可以嗎？」蒙古勒代舅舅說：「這是奉我們閻王爺的諭旨捉來的，把那個孩子捉來後，在高杆上懸掛了金錢，讓他試射錢孔，三箭都中了。後來又讓他試試與藍翎撩跤人摔跤，他把撩跤人撩倒了。又與獅子撩跤手摔跤，也不是他的對手。因此，我們閻王爺把他當作孩子慈養啊！豈有還給你的道理呢？」尼山薩滿聽了這一席話後，大為生氣，對蒙古勒代舅舅說：「若是這樣，對你毫不相干吧！你原來是一個好人呢！以我的本領去找閻王爺，得到得不到色爾古岱・費揚古，首先在我的道行，道行大時，就能帶來，若道行不深，就作罷了，於你毫不相干。」說完就去找王城，不久，到了一看，護城門關閉了，尼山薩滿進不去，環視周圍，因為城牆築得十分堅固，大為生氣，開始喋喋地唱著說道：「克蘭尼古蘭尼！在東山上克蘭尼古蘭尼！棲息的克蘭尼古蘭尼！飛鳥克蘭尼古蘭尼！在長齡山上克蘭尼古蘭尼！檀木鬼祟克蘭尼古蘭尼！在山崗上克蘭尼古蘭尼！棲息的克蘭尼古蘭尼！橡木鬼祟克蘭尼古蘭尼！九尋蛇克蘭尼古蘭尼！八尋蟒克蘭尼古蘭尼！在石窟克蘭尼古蘭尼！鐵關裡克蘭尼古蘭尼！棲息的克蘭尼古蘭尼！彪虎克蘭尼古蘭尼！脆牲熊克蘭尼古蘭尼！圍繞山的克蘭尼古蘭尼！金雞鴒克蘭尼古蘭尼！圍繞盛京的克蘭尼古蘭尼！銀鶺鴒克蘭尼古蘭尼！飛鷹克蘭尼古蘭尼！為首的鵰克蘭尼古蘭尼！花鵰克蘭尼古蘭尼！九個草囤子克蘭尼古蘭尼！十二排克蘭尼古蘭尼！眾醜鬼們克蘭尼古蘭尼！急速地克蘭尼古蘭尼！飛到城上克蘭尼古蘭尼！進去帶來吧克蘭尼古蘭尼！用爪子克蘭尼古蘭尼！攫取帶來吧克蘭尼古蘭尼！用爪子抓克蘭尼古蘭尼！抓住帶來吧克蘭尼古蘭尼！在金香爐裡克蘭尼古蘭尼！裝了扛來吧克蘭尼古蘭尼！在銀香爐裡克蘭尼古蘭尼！叩著帶來吧克蘭尼古蘭尼！用肩膀的力量克蘭尼古蘭尼！扛著帶來吧克蘭尼古蘭尼！」唱完後，眾神祇們飛騰起來，宛如雲霧似的，色爾古岱・費揚古正在同眾孩子們一齊拋擲金銀背式骨玩著，一隻大鳥立即俯衝下來抓住他飛高帶走了。別的孩子們看見了都害怕起來，跑進屋裡向皇父說道：「不好了！一隻鳥來把色爾古岱哥哥抓走了。」閻王爺聽了大為生氣，差遣小鬼把蒙古勒代舅舅喚來，責備說：「你帶來的色爾古岱・費揚古被一隻大鳥抓走了，我想，這都是你的計策也說不定，你給我怎麼辦呢？」蒙古勒代從容一想，不是別人，是尼山薩滿吧！就說道：「主子不要生氣，我想不是別人，是生國裡出了頭，名揚大國的尼山薩滿來帶去的吧！我現在就去追趕，找他看看吧！這個薩滿和別的薩滿不同。」說完就去追趕。這時，尼山薩滿因為得到了色爾古岱·費揚古，非常高興，牽了手往回走，沿著舊路行走時，蒙古勒代從後面追趕上來喊道：「薩滿格格稍等一下，我們講一講理吧！有悄悄地帶走的道理嗎？我自己這樣費力，好不容易得來的色爾古岱·費揚古，你倚仗眞實的薩滿，竟想平白地帶走嗎？我們的閻王爺生了氣，責怪我，現在我怎麼回答呢？薩滿格格慢慢地想想看，最起碼的工錢也沒有，平白地帶去，似乎更不合理了。」尼山薩滿說道：「蒙古勒代你若是這樣好言相求，還可留下一點工錢給你，你如果倚仗你們的王爺逞強行事，誰怕你呢？我們該當把一件大事說出本末吧！」說完，給了三塊醬、三把紙。蒙古勒代又央求說：「你給的工錢太少啊！請再多給一點兒吧！」尼山薩滿又加給了一倍後，又央求說：「把這一點工錢給我們的王爺，實在不成，這怎麼能開脫我的罪責呢？請求薩滿格格把你帶來的鷄、狗留給我，送給閻王爺，以開脫我的罪。他沒有打圍的狗，夜晚沒有啼曉的鷄。我們的王爺若是歡喜，一則薩滿格格的事可以成全，二則可以開脫我的罪責。」尼山薩滿說道：「那樣對兩方面也都有好處，但若是給色爾古岱增加壽限，就把這狗和鷄都留下而去。」蒙古勒代說：「薩滿格格你這樣，看你的面子，增加二十歲壽限。」薩滿說：「鼻涕還未乾，帶去無益。」「那麼增加三十歲壽限。」「心志還未定，帶去何益？」「那麼增加四十歲壽限。」「還未享受體面尊榮，帶去無益。」「那麼增加五十歲壽限。」「尚未成為聰睿賢達，帶去何益？」「那麼增加六十歲壽限。」「弓箭尚未熟練，帶去無益。」「那麼增加七十歲壽限。」「還未學會細事，帶去何益？」「那麼增加八十歲壽限。」「世事未曉，帶去無益。」「那麼增加到九十歲壽限，若再增加就不成了。色爾古岱從此六十年無病，百年無禁忌，臀部周遭養九子，世動見八子，頭髮全白了，口牙黃了，腰彎了，眼睛生花散光了，腿打顫了，腳面上撒尿，腳跟上拉屎地過日子吧！」尼山薩滿道謝說：「蒙古勒代舅舅，你如此盡心封贈，把鷄和狗都給你了，呼叫鷄時喊「阿什」，呼叫狗時喊「綽」。蒙古勒代道了謝，非常高興，帶著鷄和狗等行走時，心想喊著試試看，把兩個都放了，「阿什」、「阿什」、「綽」、「綽」地喊叫著，鷄和狗都往回走，追趕尼山薩滿去了，蒙古勒代害怕了，拚命地跑去找，張口大喘地央求說：「薩滿格格為什麼開玩笑呢？怎麼當我喊叫你的鷄和狗時一齊往回走了呢？請不要哄騙吧！若不把這兩樣東西帶去，實在不可以。王爺責怪我時，我如何受得了呢？」這樣再三懇求，尼山薩滿笑著說道：「開一點玩笑，以後好好地記住，我告訴你，呼叫鷄喊「咕咕！」呼叫狗喊「哦哩！哦哩！」蒙古勒代說道：「格格開了一點玩笑，我卻出了一身大汗。」按照薩滿告訴的話喊叫時，鷄和狗都圍繞著蒙古勒代的身邊，搖頭擺尾地跟著去了。後來尼山薩滿牽著色爾古岱的手往回走時，在路旁遇到了她的丈夫。一看，油鍋用高梁草燒火正滾著，樣子看來很生氣，一見妻子，嘎吱嘎吱地咬牙切齒，憤恨地說道：「輕佻的尼山，你都能把別人救活過來，何況自幼娶你的親熱丈夫呢？將我救活帶回去不好嗎？我特地在這裡燒滾油鍋等你，你到底是救活？還是不救活？趕快說吧！若是眞的不救活，就眞的不讓你走，這鍋子就是你的對頭了。」尼山薩滿央求說道：「親愛的夫君海蘭比舒倫比！趕快聽吧海蘭比舒倫比！親愛的男人海蘭比舒倫比！趕緊聽吧海蘭比舒倫比！把薄薄的耳朵海蘭比舒倫比！打開聽吧海蘭比舒倫比！把厚厚的耳朵海蘭比舒倫比！垂下聽吧海蘭比舒倫比！你的軀體海蘭比舒倫比！筋脈已斷海蘭比舒倫比！早已死了海蘭比舒倫比！乾朽了海蘭比舒倫比！骨肉海蘭比舒倫比！都糜爛了海蘭比舒倫比！怎麼救得活呢海蘭比舒倫比！親愛的夫君海蘭比舒倫比！如蒙憐愛海蘭比舒倫比！就放我們過去吧海蘭比舒倫比！在你的墳前海蘭比舒倫比！把紙錢海蘭比舒倫比！多多地焚燒海蘭比舒倫比！把飯菜海蘭比舒倫比！多多地上供海蘭比舒倫比！對你的母親海蘭比舒倫比！服侍奉養海蘭比舒倫比！若是念及這些海蘭比舒倫比！請饒命吧海蘭比舒倫比！對老母親海蘭比舒倫比！惻隱之心海蘭比舒倫比！嗤然一聲讓我通過吧海蘭比舒倫比！」這樣央求時，她的丈夫咬牙切齒憤恨地說：「輕佻無情的尼山薩滿妻子你聽著，我自己活著的時候，你嫌我窮而瞇眼輕視之處很多啊！你自己心裡頭也明白的知道，現在你更是任性了。對老母親好不好，服侍不服侍，隨你的意罷了，又在你眼裡嗎？今天的，以前的，在此時將兩仇一次對你報復，或是你自己進入油鍋，或是我把你推進去，趕緊決定吧！」薩滿氣得滿臉通紅，嚷著說：「親愛的夫君你聽著德尼昆德尼昆！你死時德尼昆德尼昆！留下了什麼德尼昆德尼昆！貧窮的門戶德尼昆德尼昆！把你的老母親德尼昆德尼昆！留給了我德尼昆德尼昆！我恭敬地贍養著德尼昆德尼昆！盡力孝順德尼昆德尼昆！夫君你自己德尼昆德尼昆！想想看吧德尼昆德尼昆！我就是有恩情的德尼昆德尼昆！人啊德尼昆德尼昆！我把強硬的心德尼昆德尼昆！發洩出來德尼昆德尼昆！讓你稍微德尼昆德尼昆！嘗嘗看吧德尼昆德尼昆！把你的剛硬德尼昆德尼昆！消減看看吧德尼昆德尼昆！到極點德尼昆德尼昆！打發啊德尼昆德尼昆！請求神祇德尼昆德尼昆！圍繞樹林的德尼昆德尼昆！大鶴德尼昆德尼昆！急速地德尼昆德尼昆！把我的丈夫德尼昆德尼昆！抓起來德尼昆德尼昆！到酆都城德尼昆德尼昆！拋下永久德尼昆德尼昆！萬世德尼昆德尼昆！人身德尼昆德尼昆！不讓他轉生德尼昆德尼昆！」正在呼喊時，大鶴飛去，就抓起來飛著拋到了酆都城。薩滿看見了，高聲唱著「德揚庫」說道：「德揚庫德揚庫！沒有了夫君德揚庫德揚庫！自營生活吧德揚庫德揚庫！沒有了男人德揚庫德揚庫！昂起頭來生活吧德揚庫德揚庫！在母親族人裡德揚庫德揚庫！嬉戲生活吧德揚庫德揚庫！趁著年輕德揚庫德揚庫！快樂地生活吧德揚庫德揚庫！沒有孩子德揚庫德揚庫！向前活下去吧德揚庫德揚庫！沒有族姓德揚庫德揚庫！親密地生活吧德揚庫德揚庫！趁著年輕德揚庫德揚庫！客氣地生活吧德揚庫德揚庫！」喋喋地唱完神歌，牽著色爾古岱・費揚古的手，像風似的戲玩行走，像旋風似的奔跑著而來，只見路旁有一座閣樓，建造得既莊嚴美觀，而且籠罩了五彩雲朵。尼山薩滿走近一看，只見門前有兩個穿了金盔甲的神，拿著鐵棍站著看守。尼山薩滿趨前問道：「老哥們，這裡是什麼地方？裡面有誰？請明白地告訴我吧！」那神告訴她說：「樓閣裡住的是能使葉子好好地發芽，根好好地滋生的子孫娘娘。」尼山薩滿央求道：「我想順道來向娘娘叩頭，不知是不是可以呢？」這樣問時，門神說「可以。」尼山薩滿給了三把紙、三塊醬道謝進去了。來到第二道門一看，也是兩個穿著盔甲的神看守。尼山薩滿正要進去，就被喝住說：「何人亂闖此門？快快返回，若再留連不去，就要責打。」尼山薩滿央求道：「大神不要生氣，我不是凶魂，生國的尼山薩滿就是我，想順路叩見有恩情的子孫娘娘。」二神說道：「若是如此誠心敬意，進去後快點出來吧！」尼山薩滿也照前例給了道謝的工錢後進去了。來到了第三道門，也有兩個神看守，也照前給了謝禮進去。只見樓閣閃耀著五彩瑞氣，房門周圍瀰漫著瑞氣。又有兩個女人穿著五彩花衣，看守房門，都高挽著頭髮，手上拿著金香爐，一個拿著銀碟子，一個笑著說道：「這個女人，我好像認識。你不是住在生國尼西海河邊的尼山薩滿嗎？」薩滿驚訝地說道：「你是什麼人？我怎麼忘了不認識呢？」那女人說道：「你怎麼不認識我呢？我前年出痘時，子孫娘娘看我潔淨善良而帶來身邊使喚。我們是一個村莊的人，鄰居納哩費揚古的妻子，娶我二日內出痘死了啊！」尼山薩滿這才認出來，非常歡喜。「怎麼忘了呢？」說著打開房門讓她進去。抬頭向上一看，只見亭殿中央坐著一位老太太，頭髮雪白，眼彎、口大、臉長、下頦尖突、牙齒微紅，很是難看。兩旁有十幾個女人站著，孩子們有背的，有抱的，有穿線的，有製做小孩子的，有推小孩子的，口袋裡裝的裝，扛的扛，帶的帶，都沒有空閒，由東邊房門出去。尼山薩滿見了很驚奇，跪在地上，三跪九叩。子孫娘娘問道：「你是什麼人？我怎麼不認識？胡亂進來這裡？」尼山薩滿跪下稟告說：「小人住在世間尼西海河邊，尼山薩滿就是小人。這一次是巧合來的，順路向娘娘神叩頭問好。」子孫娘娘說道：「怎麼忘了？派生你時，你竟然不去，我哄著你，戴了神帽，拴了腰鈴，拿了手鼓，像跳神遊戲似的去轉生了。你自己應當是出名的命數，來這裡一次，是我自己所定，要你看行善為惡的一切刑罰，讓世上的人知曉，下次不可再來。起初立了薩滿、儒者、奴僕、老爺，或是成為高貴體面，或是行惡作亂，以及貧富、盜賊、和尚、道士、乞丐、酗酒、開館、玩錢、貪淫婦女、善惡，都是這裡注定打發去的，這都是命中注定的啊！」說完，便告訴屬下人帶領薩滿去看一下刑罰法律。立刻來了一個女人，催促薩滿快走，說道：「同我一齊遊玩一下吧！」薩滿跟隨一齊去，只見一處樹林所發的芽既好看，而且肥壯，籠罩著五彩雲氣。薩滿問道：「這是什麼樹林呢？」回答說:「你們世間送痘神時潔淨不密，折斷牛馬沒有吃過的柳枝送來，所以發的芽好，孩子們的痘花也好。那處樹林發的芽既不茂盛，且有殘缺，是因你們生國送痘神時，用牛馬吃過的柳枝，所以不但孩子的痘花不好，而且宣判刑罪，這些都顯而易見的讓你觀看。」又走到東邊一個大屋內，有一個大輪盤在滾動著，裡面有一切牲畜、走獸、飛鳥、魚、蟲等生靈，一群一群不斷地跑著、飛著出來，薩滿看了這個便詢問。回答說:「這是一切生靈轉生的地方。」又走著，只見一個大鬼門關，不斷有鬼魂行走。向裡面一看，酆都城的黑霧瀰漫著，聽到裡面有很多的鬼哭聲。又有惡犬村，狗扯著吃周圍人的肉。被關在下層房內傳出傷慟哭喊的聲音，連地都震動。又在明鏡山、暗鏡峰等地，善惡刑罰，明白地分開。又看見一個衙門，在堂上坐了一個官員，審問眾鬼魂。在西廂房裡懸吊的是監禁竊搶等刑罰人犯。在東廂房裡監禁的是對父母不孝，夫妻之間無義而枷號的人們。又看到把打罵父母者以油鍋烹炸處刑；徒弟偷罵師傅者拴在柱上射箭處刑；妻子對丈夫粗暴者以碎割處刑；道士姦淫婦女及污穢經典者以三股叉扎刺處刑；拋撒漉出米麵者在小磨大磨上碾壓處刑；誣訟破壞結親者以燒紅鐵索燙灼處刑；居官行賄者以魚鉤鉤肉處刑；嫁二夫者以小鋸破開處刑；罵丈夫者以割舌處刑；摔房門者以釘子釘手處刑；竊聽人家說話者以耳朵釘在窗上處刑；做盜賊者以鐵棍責打處刑；婦女身體不潔淨在江河裡沐浴者及在初一、十五日洗濯污穢者令其飲濁水處刑；斜視老人們者以鉤眼處刑；貪淫寡婦處女者令其倚靠火柱燙灼處刑；大夫用藥不順吃死者將大夫以割開肚子處刑；女人嫁了丈夫偷行姦淫者以斧砍肉處刑。又看到在一個大池子裡架著金銀橋，在上面行走的都是行善有福分的人。在銅鐵橋上行走的都是行惡的人，鬼用叉子和槍把人扎落後給蛇蟒螫咬。在橋頭上有惡犬等著吃喝人的血肉，還一聲不響地怒目而視。在橋旁高高地坐著一個菩薩神，手上拿了經念給人聽，勸善書說道：「若是行惡，在死國被宣判罪刑；若是行善，不但不被判刑，而且第一等人做佛主，第二等人到宮中去出生，第三等人做國家駙馬、太師、官員等，第四等人做將軍、大臣，第五等人為富貴人，第六等人生為平民、乞丐，第七等生為驢騾馬牛等，第八等生為鳥獸，第九等轉生為魚鱉，第十等轉生為蛐蟺、蟲、螞蟻等。」高聲地念著勸告給人聽。尼山薩滿看完了各種刑罰後，回到樓閣，叩見子孫娘娘。娘娘告訴她說：「回到世間後，要曉諭眾人。」說完，就叩別了。尼山薩滿牽著色爾古岱，從原路來到了紅河岸時，給河主工錢，把手鼓拋到河裡，薩滿帶著色爾古岱站在上面，渡到了對岸。又再走不久，來到瘸子賴希渡口，因為先前走過，所以認識，便說：「薩滿來了，實在可說是出眾的薩滿，能把巴勒杜·巴彥的兒子色爾古岱·費揚古帶回來，本事不小，從此更加出名啊！」他催促登上獨木舟。薩滿帶著色爾古岱坐上了獨木舟，瘸子賴希划著半片划子，一會兒渡到河岸，下了獨木舟，給工錢道了謝，沿著舊路走了不久，來到了巴勒杜·巴彥的家裡。為首的札立納哩費揚古便把二十擔的水倒在鼻子周圍，把四十桶的水倒在臉頰周圍，拿了香，唱著祈求醒過來的神歌喋喋地說道：「可，可庫！可庫！今晚可庫！把燈蠟可庫！蓋熄了可庫！怎樣的聲名可庫！誰的聲名可庫！姓哈思呼哩可庫！果眞雅思呼哩可庫！巴雅哩氏可庫！葉子上發芽可庫！根上滋生可庫！色爾古岱·費揚古可庫！打圍去了可庫！病死了可庫！為了這個緣故可庫！辨別了三個薩滿可庫！訪求了四個薩滿可庫！把這魂可庫！死國可庫！閻王爺可庫！帶去了可庫！為了這個緣故可庫！尼西海河的可庫！住在河邊可庫！在各國裡可庫！出了頭可庫！在大國裡可庫！出了聲名可庫！把芸香可庫！拿著帶去可庫！越過山可庫！追趕而去可庫！獲得聲名時可庫！指點看了可庫！因為近似可庫！請求帶來了可庫！今天晚上可庫！在昏暗的地方可庫！追趕了魂靈可庫！在凶界可庫！曾去取生命可庫！返回來了可庫！寬廣的柳樹可庫！在本幹上可庫！領頭的大鵰可庫！依附在枝上可庫！花鵰可庫！圍繞山的可庫！金鶺鴒可庫！圍繞盛京的可庫！銀鶺鴒可庫！彪虎可庫！脆牲熊可庫！八尋蟒可庫！九尋蛇可庫！檀木叢可庫！八對貓可庫！橡樹叢可庫！十對貓可庫！使他活過來吧可庫！救助帶來吧可庫！驚醒吧可庫！」唱完，尼山薩滿開始打顫，忽然站了起來，開始唱神歌，把所到之處及去取魂的經過喋喋地述說出來，唱道：「德揚庫德揚庫！眾人和札立聽著德揚庫德揚庫！巴勒杜・巴彥你自己德揚庫德揚庫！一件一件聽著德揚庫德揚庫！把你的孩子德揚庫德揚庫！在金香爐裡德揚庫德揚庫！裝著帶來了德揚庫德揚庫！用爪子抓著德揚庫德揚庫！帶來了啊德揚庫德揚庫！當成了寶貝德揚庫德揚庫！夾著帶來了德揚庫德揚庫！使死了的屍體德揚庫德揚庫！活過來了德揚庫德揚庫！把魂靈在空軀上德揚庫德揚庫！放入附體了德揚庫德揚庫！請求子孫娘娘克蘭尼克蘭尼！從此以後克蘭尼克蘭尼！小兒疾病克蘭尼克蘭尼！化為烏有克蘭尼克蘭尼！過日子吧克蘭尼克蘭尼！九十歲壽限克蘭尼克蘭尼！數著城石克蘭尼克蘭尼！養九子吧克蘭尼克蘭尼！給閻王爺帶去的克蘭尼克蘭尼！鷄和狗克蘭尼克蘭尼！為恩情留下了克蘭尼克蘭尼！留下了工錢等物克蘭尼克蘭尼！向子孫娘娘克蘭尼克蘭尼！叩見了克蘭尼克蘭尼！為你的孩子克蘭尼克蘭尼！又求了子嗣克蘭尼克蘭尼！讓世人知曉克蘭尼克蘭尼！出痘時克蘭尼克蘭尼！恭敬潔淨克蘭尼克蘭尼！痘花好克蘭尼克蘭尼！惟行善事克蘭尼克蘭尼！若行惡時克蘭尼克蘭尼！一切刑罰昭著克蘭尼克蘭尼！都明白地看到了克蘭尼克蘭尼！我的夫君說把我克蘭尼克蘭尼！救活吧克蘭尼克蘭尼！這樣請求時克蘭尼克蘭尼！我說克蘭尼克蘭尼！筋肉腐爛了克蘭尼克蘭尼！難於救活過來克蘭尼克蘭尼！我的夫君生氣了克蘭尼克蘭尼！在油鍋裡克蘭尼克蘭尼！要烹殺我克蘭尼克蘭尼！為此緣故克蘭尼克蘭尼！我的神祇抓了克蘭尼克蘭尼！到酆都城克蘭尼克蘭尼！抛了永久克蘭尼克蘭尼！不讓轉生人身克蘭尼克蘭尼！又眾鬼德揚庫德揚庫！魂們德揚庫德揚庫！救活吧德揚庫德揚庫！相繼請求著德揚庫德揚庫！攔著路德揚庫德揚庫！所求者可憐德揚庫德揚庫！太多啊德揚庫德揚庫！留下了許多工錢德揚庫德揚庫！眾鬼魂騰起了德揚庫德揚庫！才脫身而來了德揚庫德揚庫！」說完就仰面倒下了。為首札立又用香爐繞著鼻子燻了，方才醒過來。後來，薩滿自己把魂放入色爾古岱·費揚古的軀殼裡，一會兒活過來了，用生硬含糊的聲音說道：「請給我一碗水吧！」拿來給了。喝完後說道：「睡了一大覺，做了好一會兒的夢。」說完就翻身坐了起來。家人們都非常高興，才把緣由告訴色爾古岱，方知是死了，向尼山薩滿格格叩頭道謝，巴勒杜·巴彥拍掌笑了，也行禮說道：「實在是神薩滿，蒙格格恩典，我的孩子復活了，不然的話就斷根了。」說著拿了自己的衣服給薩滿穿上，在水晶玉杯裡斟滿了酒，跪著遞上，尼山薩滿接過酒杯喝乾了，回禮說道：「這也是托員外的福，才辦理得圓滿，這對兩方大家一齊都有福啊！」員外又在大玻璃杯裡斟滿了酒，也遞給札立，說道：「太辛苦了，喉嚨嗓音嘶啞了，請喝杯酒稍微潤一潤吧！」納哩費揚古接過酒，邊喝邊說道：「有什麼辛苦？沒離開座位，說不上辛苦。若說辛苦，薩滿格格辛苦多了。既然到死國裡走了一遭回來，太疲倦了吧！」薩滿笑著說道：「費揚古老弟、札立你聽著，常言道：

三分薩滿，七分札立。若無好札立就不成啊！」眾人聽了都大笑起來。後來老員外喚了阿哈勒濟、巴哈勒濟，告訴兩個奴僕說道：「告訴牛、馬、羊、豬等牧群的各牧長們，每群分一半，預備送去給薩滿格格，以報答恩情吧！」說完就預備了酒宴，大喝大吃起來，都在宴席上大醉了，然後撤下食桌，預備了車馬，把銀錢衣服等物，也分成一半，裝在車上，送給札立一套衣服，一匹騎的騸馬，全套鞍轡，湊成二百兩銀子，連同物品一齊送到薩滿和札立家裡。從此以後，尼山薩滿很富裕了，同納哩費揚古親近的事也停止了，決定使自己正經地過日子，斷絕邪淫之事。薩滿看了各種刑罰，才心平氣消了，把以前的種種邪惡，一筆一筆地詳細寫下來，猶如濁水溶解沉澱成了明淨的水。聽書的各位兄長、格格，可以把這些事詳細思考啊！尼山薩滿的婆婆後來聽到村人談論，這次薩滿去的路上，看見了他的丈夫，請求把他救活，說道：「若是不能把我救活，就在油鍋裡烹殺他的妻子。」尼山薩滿倚仗她的神祇，抓了夫君，拋到酆都城。薩滿的婆婆聽到了這些話後，生了氣，喚來媳婦問了原委根由。媳婦說：「他自己說把我救活。」我說：「肉腐爛了，筋斷了，難於救活，就要把媳婦在油鍋上烹殺，我的神祇抓了拋到酆都城，這是事實。」婆婆說道：「那麼你二次殺了夫君啊！你若躲避，有何不可？心多麼硬啊！」說完便到京城去向御史官告狀。衙門傳令把尼山薩滿拏來，又取了口供，和她的婆婆所呈狀文無異。因此，把供詞造了卷子，具陳本由，呈奏皇上。奉旨大為生氣，飭刑部量其罪，照例辦理。刑部奏稱，傳聞之事，尼山薩滿不加隱瞞，看來也可說是女流中一勇者。既已供認不諱，也可償命，太宗皇帝降旨：「即照其夫舊例，把薩滿神帽、腰鈴、男手鼓、器具，一併裝在一個皮箱裡，用鐵索拴牢，拋到他們鄉村現有的井裡，若無朕旨，不得拿出來。」

御史官遵照辦理去了。此後，老員外的兒子色爾古岱・費揚古也效法他父親的行事，助貧濟困以行善事，子孫世代當了高官，銀錢很多，極為富裕。因為這就是原始善書，所以讓世人知曉。雖然如此，但因為它是不入大道的邪教之事，後人不可效法，其深戒之。

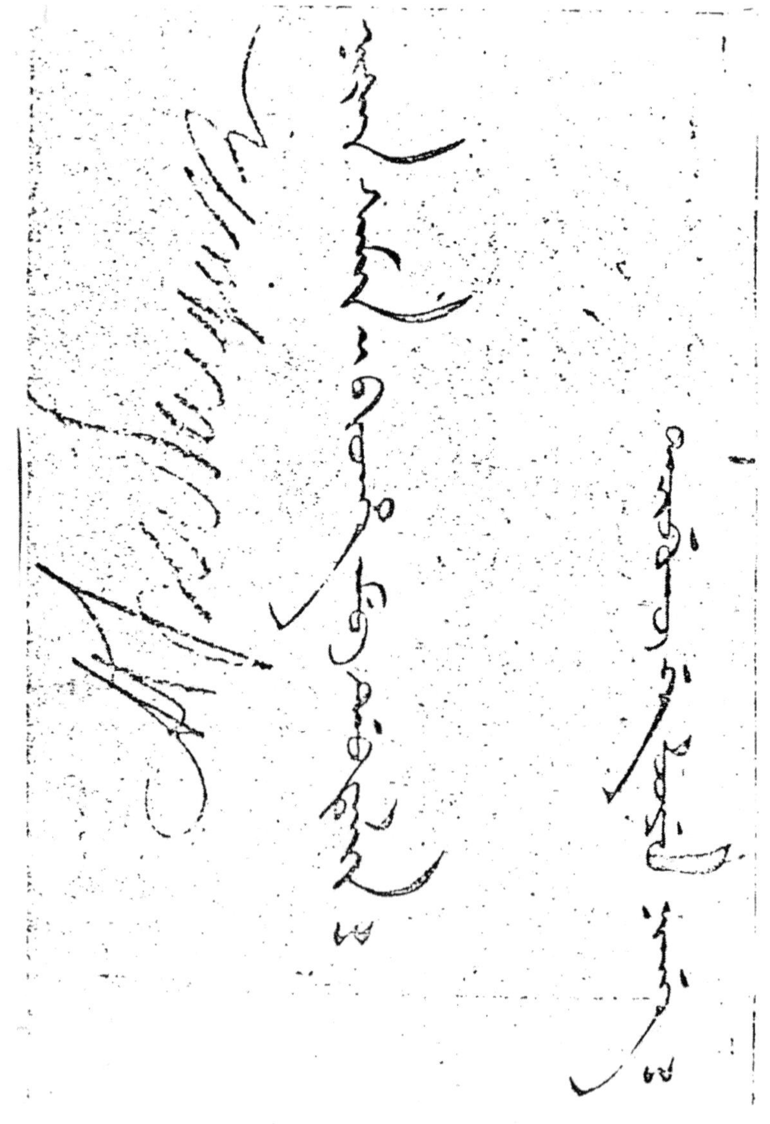

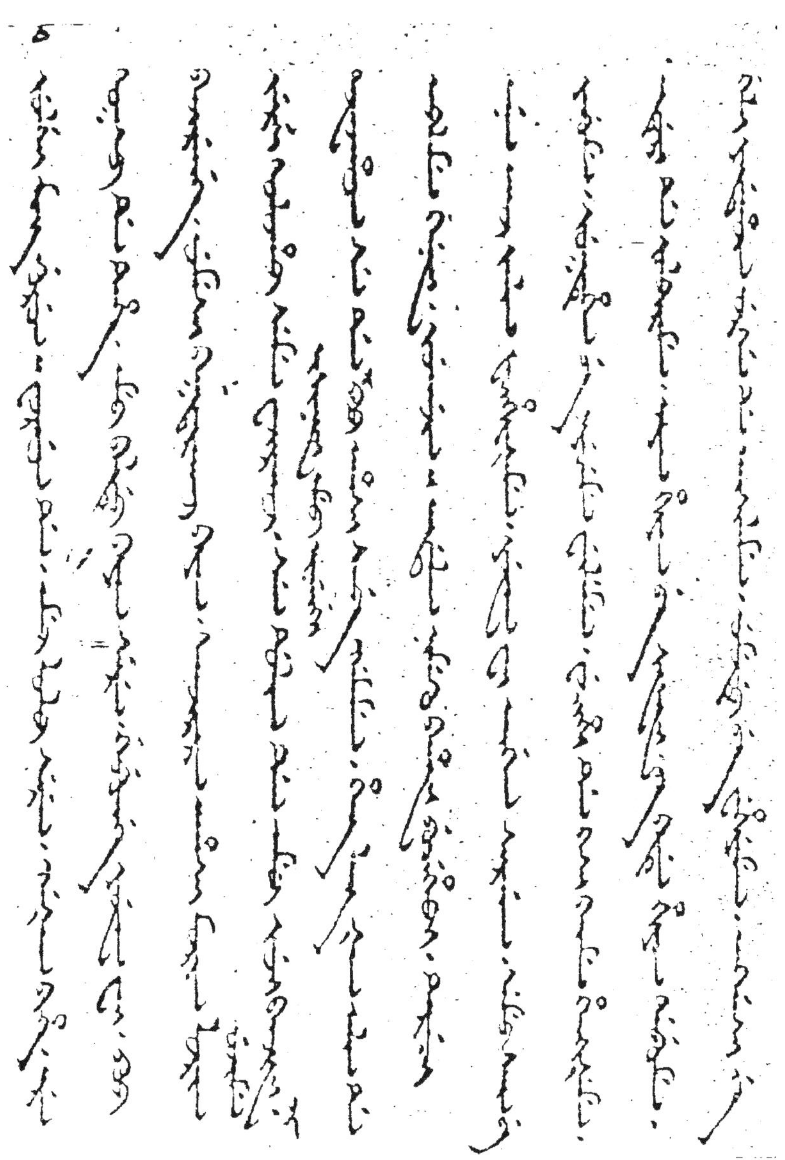

資料來源：莊吉發譯註《尼山薩蠻傳》（臺北，文史哲出版社，民國六十六年三月），頁一至一八三。

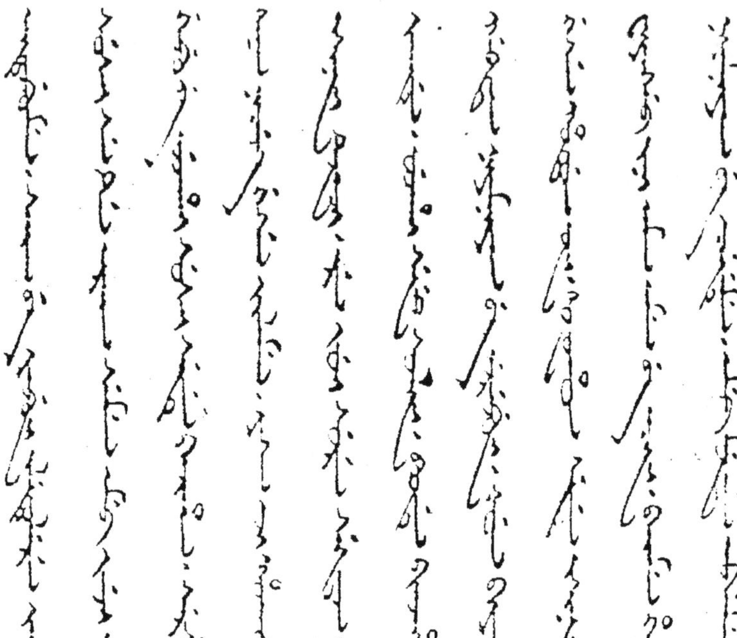

ᠠᡳᠰᡳᠨ：ᠰᠣᠯᡥᠣ—從滿文國書探討滿洲入關前與朝鮮的關係

一、前言

滿族先世，出自建州女真。蒙古滅金後，女真遺族散居於混同江流域，開元城以北，東濱海，西接兀良哈，南鄰朝鮮。明朝初年，女真分為建州女真、海西女真、野人女真三部。建州女真是因明朝招撫設置建州衛而得名，建州女真從伊蘭附近的斡朵里部、胡里改部遷徙到綏芬河下游、圖們江、琿春江流域。永樂末年至正統初年，建州女真又遷到渾河上游的蘇子河一帶。十六世紀八十年代，在建州女真中出現武力強大的努爾哈齊勢力，進行對建州女真分散的各部的武力統一。其後又把兼併戰爭推向建州女真以外的海西女真和東海野人女真。明神宗萬曆十九年（1591），努爾哈齊征服長白山鴨綠江諸路後建州女真與朝鮮直接往來，關係日趨密切。萬曆二十年（1592），歲次壬辰，日軍入侵朝鮮，明朝遣兵擊退日軍。壬辰之役，努爾哈齊曾議遣兵前往朝鮮相助。萬曆二十三年（1595），努爾哈齊差遣部將至滿浦呈遞文書，要求與朝鮮通好。朝鮮旋遣主簿申忠一等入建州作非正式的交聘。萬曆二十四年（1596），申忠一等返國時，努爾哈齊即付以稟帖，相約兩國各守封疆，勿助兵明朝。萬曆二十七年（1599），努爾哈齊利用蒙古文字母創製了一種拼音系統的新女真文，即無圈點老滿文。萬曆四十四年，朝鮮光海君八年（1616），努爾哈齊在赫圖阿拉（hetu ala）稱金國汗，建元天命。天命十年（1625），遷都瀋陽，定名盛京（mukden）。天命十一年（1626），努爾哈齊崩殂，四貝勒皇太極嗣統，改明年為天聰元年（1627）。天聰九年（1635），皇太極宣佈廢除女真舊稱，而以「滿洲」（manju）作為新的族稱。天聰十年（1636）五月，改國號為大清，改元崇德。努爾哈齊、皇太極在位期間，滿洲與朝鮮，交涉頻繁，文書往來，從未間斷，清朝與朝鮮文獻典籍中保存頗多往來文書。西元 2000 年九月，張存武、葉泉宏編輯《清入關前與朝鮮往來國書彙編，1619-1643》，由臺北協聯印書館出版，國書涵蓋清朝與朝鮮雙方軍事、政治、經貿、族群、人物諸端，對於研究清朝與朝鮮關係的學者，頗有助益。惟彙編中所收文獻只有漢文史料，其實，在滿文文獻中也含有頗多雙方國書，可供研究。臺北國立故宮博物院典藏《滿文原檔》、《清太祖武皇帝實錄》滿文本等文獻收錄滿文國書，件數頗多，俱為探討清朝與朝鮮關係的重要文書。滿文國書與漢文國書的內容，有何異同？滿洲致朝鮮國書如何譯成漢文？朝鮮致滿洲國書如何譯成滿文？其譯文與漢文有無出入？往來國書經過輾轉繙譯，其措辭對雙方交涉有何影響？都是不可忽視的重要課題。

二、《滿文原檔》與《內閣藏本滿文老檔》的由來

明朝後期，滿族的經濟與文化，開始迅速發展，但在滿族居住的地區，仍然沒有自己的文字，其文移往來，主要是使用蒙古文字及漢字，說女真語的滿族書寫蒙古字或漢字，未習蒙古語或漢語的滿族，就無從知曉其字義，這種現象實無法適應新興滿族共同的需要。

明神宗萬曆二十七年（1599）二月，清太祖努爾哈齊為了文移往來及記注政事的需要，即命巴克什額爾德尼等人以老蒙文字母為基礎，拼寫女真語音，創造了拼音系統的無圈點老滿文。清

太宗天聰六年（1632）三月，巴克什達海奉命將無圈點老滿文在字旁加置圈點，形成了加圈點新滿文。清朝入關後，這些檔案由盛京移存北京內閣大庫。乾隆六年（1741），清高宗鑒於內閣大庫所貯無圈點檔冊，所載字畫，與乾隆年間通行的新滿文不相同，諭令大學士鄂爾泰等人按照通行的新滿文，編纂無圈點字書，書首附有鄂爾泰等人奏摺[1]。因無圈點檔年久𤜶舊，所以鄂爾泰等人奏請逐頁托裱裝訂。鄂爾泰等人遵旨編纂的無圈點十二字頭，就是所謂的無圈點字書，但以字頭釐正字蹟，未免逐卷翻閱，且無圈點老檔僅止一分，日久或致擦損，乾隆四十年（1755）二月，軍機大臣奏准依照通行新滿文另行音出一分，同原本貯藏[2]。乾隆四十三年（1778）十月，完成繕寫的工作，貯藏於北京大內，即所謂內閣大庫藏本《滿文老檔》。乾隆四十五年（1780），又按無圈點老滿文及加圈點新滿文各抄一分，齎送盛京崇謨閣貯藏。臺北國立故宮博物院典藏《軍機處檔》內含有盛京崇謨閣鳳凰樓上層金櫃貯藏《滿文老檔》的史料。乾隆四十五年（1780）二月初十日，福康安於〈敬謹尊藏老檔等由〉一摺稱：

> 乾隆四十五年二月初四日，盛京戶部侍郎全魁自京回任，遵旨恭齎無圈點老檔前來，奴才福康安謹即出郭恭請聖安，同侍郎全魁恭齎老檔至內務府衙門，查明齎到老檔共十四包，計五十二套，三百六十本，敬謹查收。伏思老檔乃紀載太祖、太宗發祥之事實，理宜遵旨敬謹尊藏，以垂久遠。奴才福康安當即恭奉天命年無圈點老檔三包，計十套八十一本，天命年加圈點老檔三包，計十套八十一本，

---

1 張玉全撰，〈述滿文老檔〉，《文獻論叢》（臺北，臺聯國風出版社，1967 年 10 月），論述二，頁 207。

2 《清高宗純皇帝實錄》，卷 976，頁 28。乾隆四十年二月庚寅，據軍機大臣奏。

於崇謨閣太祖實錄、聖訓匱內尊藏。恭奉天聰年無圈點老檔二包，計十套六十一本，天聰年加圈點老檔二包，計十套六十一本，崇德年無圈點老檔二包，計六套三十八本，崇德年加圈點老檔二包，計六套三十八本，於崇謨閣太宗實錄、聖訓匱內尊藏，並督率經管各員，以時晒晾，永遠妥協存貯[3]。

盛京崇謨閣貯藏的《滿文老檔》，包括清太祖天命、清太宗天聰、崇德年間無圈點老檔和加圈點老檔。在《軍機處檔》內還含有崇謨閣鳳凰樓貯藏實錄、聖訓位置示意圖，影印一紙如下。

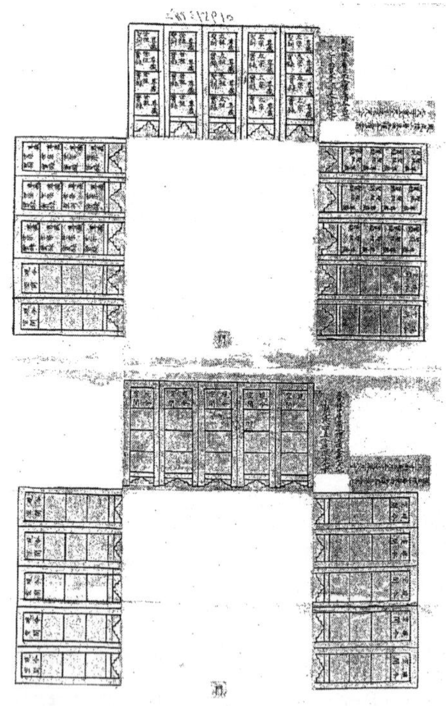

資料來源：〈盛京崇謨閣鳳凰樓實錄、聖訓金櫃示意圖〉，臺北，國立故宮博物院典藏。

3 《軍機處檔・月摺包》（臺北，國立故宮博物院），第 2705 箱，118 包，26512 號，乾隆四十五年二月初十日，福康安奏摺錄副。

近世以來首先發現的是盛京崇謨閣藏本，清德宗光緒三十一年（1905），日本學者內藤虎次郎訪問瀋陽時，見到崇謨閣貯藏的無圈點老檔和加圈點老檔重抄本。宣統三年（1911），內藤虎次郎用曬藍的方法，將崇謨閣老檔複印一套，稱這批檔冊為《滿文老檔》。民國七年（1918），金梁節譯崇謨閣老檔部分史事，刊印《滿洲老檔祕錄》，簡稱《滿洲祕檔》。民國二十年（1931）三月以後，北平故宮博物院文獻館整理內閣大庫，先後發現老檔三十七冊，原按千字文編號。民國二十四年（1935），又發現三冊，均未裝裱，當為乾隆年間托裱時所未見者。文獻館前後所發現的四十冊老檔，於文物南遷時，俱疏遷於後方，國立故宮博物院現藏者，即此四十冊老檔。昭和三十三年（1958）、三十八年（1963），日本東洋文庫譯注出版清太祖、太宗兩朝老檔，題為《滿文老檔》，共七冊。一九六九年，國立故宮博物院影印出版老檔，精裝十冊，題為《舊滿洲檔》。一九七〇年三月，廣祿、李學智譯注出版老檔，題為《清太祖老滿文原檔》。昭和四十七年（1972），東洋文庫清史研究室譯注出版天聰九年分原檔，題為《舊滿洲檔》，共二冊。一九七四年至一九七七年間，遼寧大學歷史系李林教授利用一九五九年中央民族大學王鍾翰教授羅馬字母轉寫的崇謨閣藏本《加圈點老檔》，參考金梁漢譯本、日譯本《滿文老檔》，繙譯太祖朝部分，冠以《重譯滿文老檔》，分訂三冊，由遼寧大學歷史系相繼刊印。一九七九年十二月，遼寧大學歷史系李林教授據日譯本《舊滿洲檔》天聰九年分二冊，譯出漢文，題為《滿文舊檔》。關嘉祿、佟永功、關照宏三位先生根據東洋文庫刊印天聰九年分《舊滿洲檔》的羅馬字母轉寫譯漢，於一九八七年由天津古籍出版社出版，題為《天聰九年檔》。一九八八年十月，中央民族大學季永海教授譯注出版崇德三年（1638）分老檔，題為《崇德三年檔》。一九九〇年三月，北京中華書局出版老檔譯漢本，題為《滿文老檔》，共二冊。二〇〇六年一月，國立故宮博物院為彌補《舊滿洲檔》製作出版過程中出現的失真問題，重新出版原檔，分訂十巨冊，印刷精緻，裝幀典雅，為凸顯檔冊的原始性，反映初創滿文字體的特色，並避免與《滿文老檔》重抄本的混淆，正名為《滿文原檔》。

二〇〇九年十二月，北京中國第一歷史檔案館整理編譯《內閣藏本滿文老檔》，由瀋陽遼寧民族出版社出版。吳元丰先生於「前言」中指出，此次編譯出版的版本，是選用北京中國第一歷史檔案館保存的乾隆年間重抄並藏於內閣的《加圈點檔》，共計二十六函一八〇冊。採用滿文原文、羅馬字母轉寫及漢文譯文合集的編輯體例，在保持原分編函冊的特點和聯繫的前提下，按一定厚度重新分冊，以滿文原文、羅馬字母轉寫、漢文譯文為序排列，合編成二十冊，其中第一冊至第十六冊為滿文原文、第十七冊至十八冊為羅馬字母轉寫，第十九冊至二十冊為漢文譯文。為了存真起見，滿文原文部分逐頁掃描，仿真製版，按原本顏色，以紅黃黑三色套印，也最大限度保持原版特徵。據統計，內閣所藏《加圈點老檔》簽注共有 410 條，其中太祖朝 236 條，太宗朝 174 條，俱逐條繙譯出版。為體現選用版本的庋藏處所，即內閣大庫；為考慮選用漢文譯文先前出版所取之名，即《滿文老檔》；為考慮到清代公文檔案中比較專門使用之名，即老檔；為體現書寫之文字，即滿文，最終取漢文名為《內閣藏本滿文老檔》，滿文名為“dorgi yamun asaraha manju hergen i fe dangse”。《內閣藏本滿文老檔》雖非最原始的檔案，但與清代官修史籍相比，也屬第一手資料，具有十分珍貴的歷史研究價值。同時，《內閣藏本滿文老檔》作為乾隆年間《滿文老檔》諸多抄本內首部內府精寫本，而且有其他抄本沒有的簽注。《內閣藏本滿文老檔》首次以滿文、羅馬字母轉寫和漢文譯文合集方式出版，確實對清朝開國史、民族史、東北地方史、滿學、八旗制度、滿文古籍版本等領域的研究，提供比較原始的、系統的、基礎的第一手資料，其次也有助於準確解讀用老滿文書寫《滿文老檔》原本，以及深入系統地研究滿文的創制與改革、滿語的發展變化[4]。

清朝勢力進入關內後的歷史，稱為清代史，滿洲入關前清太祖、清太宗時期的歷史，可以稱為清朝前史。國立故宮博物院重新出版的《滿文原檔》是《內閣藏本滿文老檔》的原本，海峽兩岸將原本及其抄本整理出版，確實是史學界的盛事，《滿文原檔》與《內閣藏本滿文老檔》是同源史料，有其共同性，亦有其差異性，都是探討清朝前史的珍貴史料。《滿文原檔》最早的記事，是始自明神宗萬曆三十五年（1607），迄崇德元年（1636）十二月止。《滿文原檔》的記事，大致按照編年體排列，加圈點《內閣藏本滿文老檔》的重抄，亦以時間為序編排，按一定的厚度分冊分函裝訂，計二十六函一八〇冊，其中太祖朝十函八十一冊，函冊序號均統一編寫；太宗朝十六函九十九冊，因太宗有天聰、崇德兩個年號，故其函冊序號的編設與太祖朝不同，太宗朝各函的序號是統一的，而各冊的序號是按照天聰、崇德年號分成兩個部分，每個部分內再分編各自統一的序號，天聰朝十函六十一冊，崇德朝六函三十八冊。在函冊衣上，各貼書名簽和副簽。書名簽上分別用新滿文、老滿文書寫"tongki fuka sindaha hergen i dangse"和"tongki fuka akū hergen i dangse"，漢譯為《加圈點檔》和《無圈點檔》。在副簽上，分別用新滿文、老滿文書寫函次、冊次及其起止

4 《內閣藏本滿文老檔》（瀋陽，遼寧民族出版社，2009 年 12 月），第一冊，前言，頁 10。

時間[5]。

明神宗萬曆二十七年（1599），巴克什額爾德尼等奉命以老蒙文字母拼寫女真語音創製的是無圈點的初期滿文。天聰六年（1632），巴克什達海奉命將無圈點老滿文酌加圈點，使音義明曉。國立故宮博物院典藏的《滿文原檔》，就是使用初創滿文字體所記錄的檔冊，有蒙古文字、無圈點老滿文、過渡期滿文、加圈點新滿文等字體。因此，《滿文原檔》對滿文由舊變新的過程，提供了珍貴的研究資料。無圈點檔老滿文，與後來通行的新滿文，不僅僅限於字旁加圈點與不加圈點的區別，同時在字形與字母讀音等方面，也有顯著的差異。大學士鄂爾泰等人已指出，「檔內之字，不僅無圈點，復有假借者，若不融會上下文字之意義，誠屬不易辨識。」鄂爾泰等人遵旨，「將檔內之文字，加設圈點讀之。除可認識者外，其有與今之字體不同，及難於辨識者，均行檢出，附註現今字體，依據十二字頭編製成書[6]。」無圈點老滿文的字體，與加圈點新滿文不同，難於辨識，鄂爾泰等人將難於辨識的無圈點老滿文附註乾隆年間加圈點新滿文，對於辨識無圈點老滿文，確實頗有裨益。天聰六年（1632）三月，《滿文原檔》雖然是加圈點的滿文，但其字形讀音，與後來通行的新滿文，頗有差異，不易辨識的字詞，確實不勝枚舉，對照加圈點《內閣藏本滿文老檔》，仍然是不可忽視的工作。

張玉全撰〈述滿文老檔〉一文已指出，滿洲文字增加圈點後，其聲韻與書法雖然逐漸進化，但有時字體的結構，仍未完全脫離老滿文。加圈點《內閣藏本滿文老檔》重抄時，是改舊字為新字，

5 《內閣藏本滿文老檔》，第一冊，前言，頁 3。
6 張玉全撰，〈述滿文老檔〉，《文獻論叢》（臺北，臺聯國風出版社，1967 年 10 月），論述二，頁 207。

並加簽注，非僅重抄而已。加圈點《內閣藏本滿文老檔》對於解釋《滿文原檔》內的文字，有其重要性。〈述滿文老檔〉一文把它歸納為四端：

（一）檔內老滿文均改書新體字，使人對照讀之，一目了然。

（二）檔內有費解之舊滿語，則於書眉標貼黃簽，以新滿語詳加註釋。

（三）檔內語句摻書蒙字者，均於書眉標貼黃簽，將蒙字譯為滿字。

（四）檔內全部蒙文之件，均迻譯滿文，並標貼黃簽，註明「此段文字，老檔內係以蒙字書寫，今譯為滿文。」字樣，用資識別。

誠然，《內閣藏本滿文老檔》加圈點檔冊是經過考證簽注的珍貴史料，其詮釋《滿文原檔》文字之處，簡潔允當，具有史料價值。《內閣藏本滿文老檔：前言》亦指出，乾隆年間抄本《滿文老檔》在重抄時，有一些整段整句的內容被刪或遺漏而未抄寫，在抄本內某些詞句經修改後抄寫或抄錯，而且原檔內蒙古文部分都譯寫成滿文。有些詞的寫法，因版本不同而不同。但是從整體上看，《滿文原檔》與《滿文老檔》，在內容方面彼此間差別不大。《內閣藏本滿文老檔》的重抄工作，並不是簡單意義上的重抄，而是具有一定的整理和搶救性質。在抄錄和轉寫過程中，對檔案內出現的地名、人名、時間、官職以及文字，都進行了必要的考證，按統一體例編排，分編函冊裝訂，冠以規範名稱，進行必要的注釋，並分抄數部，異地分存。在某種意義上講，《無圈點字書》的編寫和《滿文老檔》原本的重抄工作，開啟了《滿文老檔》整理和研究的先河，對滿文歷史文獻的保護和研究具有深遠的意義。

三、天命年間往來朝鮮滿文國書的比較研究

滿洲入關前，滿洲與朝鮮，交涉頻繁，文書往來，從未間斷，《滿文原檔》所錄國書頗多，俱為探討早期滿鮮關係的重要文書。惟因朝鮮與滿洲，彼此文字不同，滿洲致朝鮮國書如何譯成漢文?朝鮮致滿洲國書如何譯成滿文?其譯文，與原文有無出入?往來國書經過輾轉繙譯，其措辭對兩國交涉有何影響?其對外行文，究竟是使用滿文，或先行譯出漢文，然後差遣使臣送出?

據《燃藜室記述》記載說：「胡人文書，遼人董大海、劉海專掌，而短於文字[7]。」《紫嚴集》亦稱「阿斗、彥加里則只識蒙字，大海、劉海，華人之粗知文字者[8]。」阿斗即阿敦的異音，是努爾哈齊的從弟，鑲黃旗固山額真。前引文中所稱"蒙字"，實即滿文，阿斗、彥加里專掌滿文的文書。董大海，又作大海，就是巴克什達海。劉海即劉興祚，達海、劉海都是遼東漢人，通曉滿漢文字，達海尤精通滿文。據《清史列傳》記載說:「達海，滿洲正藍旗人，世居覺爾察，以地為氏。祖博洛，於國初歸附，父艾密禪，官至散秩大臣，達海其第三子也。九歲讀書，能通滿漢文義。弱冠，太祖高皇帝召直文館，凡國家與明及蒙古、朝鮮詞命，悉出其手。有詔旨應兼漢文音者，亦承命傳宣，悉當上意。旋奉命譯明會典及素書、三略[9]。」達海將漢籍譯成滿文者，除《明會典》、《素書》、《三略》外，又譯《通鑑》、《六韜》、《孟子》、《三國志》、《大乘經》，等書為滿文，未竣而卒。達海既兼通滿漢文義，其於明朝、朝鮮的文書，亦悉出其手，足以說明滿洲入關前，其對外行文，已經由滿洲內部達海等人譯出漢文，甚至以漢文撰寫。《皇明從信

7 《燃藜室記述》，卷二三，己未三月初七日。

8 《紫巖集》，卷五，頁 19。

9 《清史列傳》（北京，中華書局，1987 年 11 月，王鍾翰點校本），〈達海列傳〉，頁 187。

錄》記載天命三年（1618） 四月十五日滿洲兵攻取撫順的經過。書中略謂:「奴兒哈赤佯令部夷赴撫順市，潛以勁兵踵襲，十五日淩晨，突執遊擊李永芳，城遂陷，因以漢字傳檄清河，脅併北關，巡撫都御史李維翰趨總兵張承胤移師應援。」[10]努爾哈齊傳檄清河時，其檄文就是以漢字書寫。《光海君日記》記載滿洲文書的文字時指出，「左副承旨朴鼎吉啟曰：即見備邊司以胡書咨文追送於李埈之行為啟，此事極為重大，愚臣過慮，不得不陳達，曾見胡書，語意兇悖，且引故事，似非胡中文字，無乃老賊中有計慮者，欲令中國致疑於我國，故作此書，以為間諜文構之計耶[11]！」滿洲文書中所引故事，並非「胡中文字」。

圖次	印文	羅馬拼音 / 漢字	圖次	印文	羅馬拼音 / 漢字
1		abkai fulingga aisin guruni han i doron	2		aisin gurun i han i doron
		天命金國汗之印			金國汗之印

朝鮮《光海君日記》記載：「備邊司因傳教啟曰，胡書中印跡，令解篆人申汝櫂及蒙學通事飜解，則篆樣番字，俱是後金天命皇帝七個字，故奏文中，亦具此意矣。今承聖教，更為商量，則不必如是飜解泛然，已不可解見之意，刪改宜當，傳曰，允[12]。」光海君十一年（1619），相當明神宗萬曆四十七年，清太祖天命四年。據朝鮮蒙學通事稱，書中印文是「後金天命皇帝」七個字。中央研究院歷史語言研究所典藏內閣大庫清太祖舊檔中存有老滿文印

10 《皇明從信錄》，卷四〇，頁 43。

11 《光海君日記》（韓國漢城，國史編纂委員會，1971 年 1 月），卷一二八，頁 3，光海君十年五月己丑。

12 《光海君日記》，卷一三九，頁 15，光海君十一年己未四月壬申。

模。圖 1.印文篆體滿文，讀如“abkai fulingga aisin guruni han i doron”，意即「天命金國汗之印」。金國，或稱大金，不是後金。圖 2.印文篆體滿文，讀如“aisin gurun i han i doron”，意即「金國汗之印」，清朝入關前，貼在信牌背面的紙張，鈐有「金國汗之印」印文。瀋陽故宮博物院藏有鈐印「金國汗之印」準備貼在信牌背面的老滿文印文紙張，漢字譯作「金國汗之寶」[13]。所謂「番字」，實為滿文，蒙學通事可以繙解。易言之，印跡是篆體滿文共七個字，漢譯當作“天命金國汗之印”。至於來書內容，則用漢字書寫，故不必由蒙學通事繙解。由前引各條輔助證據，可以了解天命年間滿洲對外行文是使用漢字書寫，因此，朝鮮史籍未載滿文文書繙譯的問題。

天命四年（1619），光海君十一年三月二十一日，清太祖努爾哈齊釋還朝鮮降將鄭應井等人，並遣使齎書同往朝鮮，《春坡堂日月錄》所載內容如下：

> 後金國汗（蓋可汗之汗耶）奉書于朝鮮國王，汗於南朝有七宗惱恨，因此痛傷不已，不過被王察院等復奪耶，我料南朝必不我養，故犯。昔大金大元併吞三吳，此樣之事，我皆詳知，作犯之事，不是我昏暗之致，乃有犯大國皇上之意，青天豈不鑑察，天何佑我，況我臉面豈大於南朝皇帝臉面乎？又曰：昔大金世宗時，朝鮮趙位寵以四十餘城投之，世宗卻之曰：我朝與宋徽欽相戰之時，朝鮮兩國都不相助也，是忠厚之國，是以卻之。今我亦念兩國自前和好之情，故將朝鮮將帥餘員活捉來此看看國王之情姑留之。然天下何樣之國獨存而盡滅小國之理乎？今國王或念我兩國

13 《清史圖典》（北京，紫禁城出版社，2002 年 1 月），第一冊，太祖、太宗朝，頁 138。

自前無絲毫之怒，因修前好，同恨南朝，或脫我以助南朝，何必復棄之，故奉書以俟國王回音。天命三十六年月[14]。

《春坡堂日月錄》所載努爾哈齊致朝鮮國書，亦見於《滿文原檔》、《滿文老檔》、《清太祖武皇帝實錄》、《滿洲實錄》等，分別影印原文，轉寫羅馬拼音，照錄漢文於後。因無圈點老滿文辨識不易，可將加圈點滿文並列，並據加圈點滿文讀音轉寫羅馬拼音，然後譯出漢文。

努爾哈齊致朝鮮國書《滿文原檔》無圈點滿文 天命四年三月二十一日

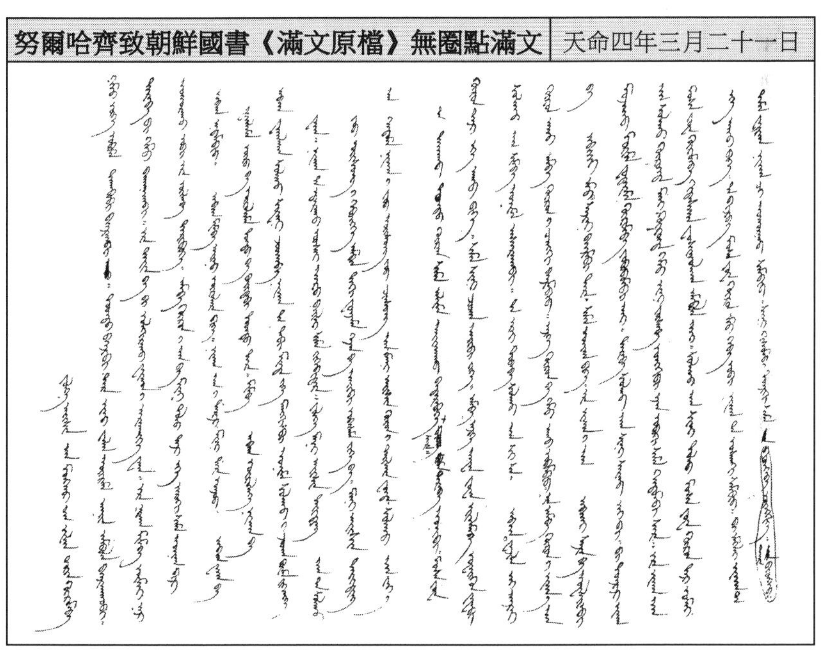

14 《春坡堂日月錄》，卷一二上，廢王光海君下，四月。

<table>
<tr><th>努爾哈齊致朝鮮國書無圈點與加圈點滿文</th><th>天命四年三月二十一日</th></tr>
<tr><td colspan="2">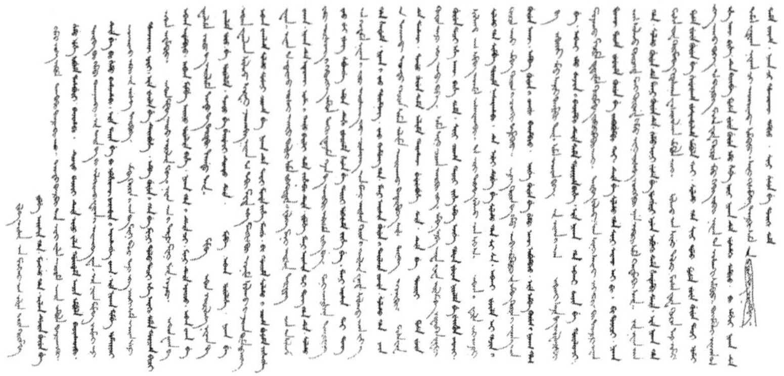</td></tr>
<tr><td>羅馬拼音</td><td>julge aisin han, monggo han, ilan duin be gemu uhe obume dahabufi banjihabi, uttu banjifi tere inu jalan goidame aniya ambula banjihakūbi, tere be bi gemu bahanahabi, ere dain be bi ulhirakū farhūn i arahangge waka, ere nikan mimbe umainaci hokorakū ofi, ere weile be deribuhe, amba gurun i han be mini dolo daci ehe araki seme gūniha bici abka endembio, abka mimbe ainu urulere bihe, nikan han i dere ci, mini dere oncoo, abka waka be wakalame uru be uruleme, tondo be beidefi tuttu dere, mimbe abka urulehe, nikan be abka wakalaha solho suweni cooha be nikan de dafi minde jihe manggi, bi gūnime solho i cooha buyeme jihengge waka, nikan de eterakū odz i karu baili seme jihebi dere, julge meni aisin dai ding han de, solho jao wei jung gebungge amban dehi funceme hecen be gaifi ubašame jihe be, meni aisin dai ding han hendume, nikan i jao hoidzung, jao kindzung han, meni aisin gurun i dailara fonde, solho han yaya de dahakū, tondo gurun seme alime gaihakū bederebuhe sere, tere be gūnifi muse juwe gurun daci ehe akū bihe seme, sini cooha gaifi jihe amba ajige hafan juwan niyalma be weihun jafafi, solho han simbe gūnime asarahabi, te erei dube be solho han si sa, abkai fejile ai hacin i gurun akū, amba gurun i canggi banjimbio, ajige gurun be gemu akū obumbio, ere amba gurun i nikan han be, abkai emu šajin i banjimbi dere seme gūniha bihe, ere nikan han abkai šajin be gūwaliyafi, mujaka murime fudarame gurun be jobobumbi kai, tere be solho han sini sarkū ai bi, bi donjici, nikan han, solho gurun de meni gurun de, gemu ini juse be unggifi ejen obuki seme hendumbi sere, ere nikan han muse juwe gurun be gidašaha fusihūlaha ambula kai, solho han sini dolo muse juwe gurun daci umai ehe akū bihe, te bicibe muse juwe gurun emu hebe ofi nikan de ushaki sembio, bi emgeri nikan de dame wajiha, nikan ci hokorakū sembio, sini gisun be donjiki seme（bithebe unggihe）[15].</td></tr>
</table>

15 《滿文原檔》（臺北，國立故宮博物院，2006 年 1 月），第一冊，頁 236。

譯漢內容	昔金國汗，蒙古國汗征服三、四國，歸於一統，雖如此，然亦未得享國長久，吾皆知曉。今動干戈，非吾愚昧，因明欺凌無奈，故有此舉，吾向來若有心與大國之君結怨，穹蒼鑒之。天為何以我為是，豈私我而薄明帝耶？乃天非者非之，是者是之，以直斷之，天以我為是，天以明為非。朝鮮爾兵助明來侵我，吾料非朝鮮兵願來也，乃因倭難明曾相救，為報恩情而來耳。昔者我金大定汗時，有朝鮮官趙惟忠者率四十餘城叛附。我金大定汗曰：我金國征宋趙徽宗、趙欽宗時，朝鮮持中立，乃公正之國，遂不納而卻之。由此思之，我二國原無仇隙，將生擒爾領兵而來大小官員十人，因念爾朝鮮王而留養之。今此結局，爾朝鮮王當知之。天下何國不有，豈有大國獨存，小國皆亡耶。原以為大國明帝必奉行天道，今明帝違背天道，橫逆至極，禍害他國，爾朝鮮王豈不知其事？吾又據聞明帝欲遣其諸子皆來主朝鮮國及我國，此明帝凌辱我二國太甚，爾朝鮮王之意以為我二國素無釁隙，如今我二國或合謀仇明耶？抑或以為我既已助明不忍背明耶？願聞爾言。

努爾哈齊致朝鮮國書《清太祖武皇帝實錄》滿文	天命四年三月二十一日

羅馬拼音	julgei aisin gurun i han, monggon gurun i han ilan duin gurun be gemu uhe obume dahabufi banjihabi, tuttu banjifi tere inu jalan goidame aniya ambula banjihakūbi, tere be bi inu sambi, ere dain be bi ulhirakū farhūn i deribuhengge waka, daiming gurun i wanli han mimbe umainaci ojorakū gidašame ofi, ere weile be deribuhe, amba gurun i han de mini dolo daci ehereki seme gūniha bici abka endembio, abka mimbe ainu urulere bihe, daiming han i dereci mini dere oncoo, abka waka be wakalame, uru be uruleme tondo be beidefi tuttu dere, mimbe abka urulehe, daiming gurun be abka wakalaha, solgo suweni cooha, daiming gurun de dafi minde cooha jihe manggi, bi gūnici, solgoi cooha buyeme jihengge waka, daiming gurun de eterakū oose gurun i dain be bederebuhe karu baili seme jihebi dere, julge aisin i daiding han de solgoi joo ui dzung ni gebungge amban dehi funceme hecen be gaifi ubašame jihe manggi, daiding han hendume, meni gurun nikan i sung gurun i joo hūi dzung, cindzung ama jui juwe han be dailara fonde, solgo gurun i wang yaya gurun de dahakū tondo gurun seme alime gaihakū bederebuhe sere, tere be gūnifi, muse juwe gurun daci ehe akū bihe seme, sini cooha be gaifi jihe amba ajigen juwan hafan be weihun jafafi solgoi wang simbe gūnime asarahabi, te terei dubebe wang si sa, abkai fejile ai hacin i gurun akū, amba gurun i canggi banjimbio, ajige gurun be gemu akū obumbio, ere amba gurun i daiming han be abkai emu šajin i banjimbi dere seme gūniha bihe, ere daiming han abkai šajin be gūwaliyafi, mujakū murime fudarame gurun be jobobumbikai, tere be solgoi wang sini sarkū ai bi, donjici, daiming gurun i han meni manju gurun de, suweni solgo gurun de gemu ini juse be unggifi ejen obuki seme hendumbi sere, ere daiming han muse juwe gurun be gidašaha fusihūlaha ambula kai, wang sini dolo muse juwe gurun daci umai ehe akū bihe, te bicibe muse juwe gurun emu hebe ofi, daiming gurun de ushaki sembio, bi emgeri daiming de dame wajiha, daiming ci hokorakū sembio, sini gisun be donjiki seme bithe unggihe[16].
譯漢內容	先朝大金帝蒙古帝併三四國，總歸于一，雖如此亦未得悠久于世，吾亦知之。今動干戈，非吾愚昧，因大明欺凌無奈，故興此兵，吾自來若有意與大國結怨，穹蒼鑑之。今天之眷顧我者豈私我而薄大明耶！亦不過是者是，非者非，以直斷之，故祐我而罪大明。爾兵來助大明，吾料其非本心也，乃因爾國有倭難時，大明曾救之，故報答前情，不得不然耳。昔先金大定帝時有朝鮮官趙惟忠以四十餘城叛附。帝曰：吾征徽欽二帝時，爾朝鮮王不助宋，亦不助金，是中立國也，遂不納。由此觀之，吾二國原無仇隙，今陣擒爾官十員，特念爾王，故留之，繼此以往，結局惟在王矣。且天地間國不一也，豈有使大國獨存，令小國皆沒耶？

16 《滿洲實錄》（北京，中華書局，1986 年 11 月），頁 253。

譯漢內容	吾意明朝大國必奉行天道，今違天背理，欺侮外國，橫逆極矣，王豈不知？又聞大明欲令子侄主吾二國，辱人太甚，今王之意以為吾二國原無釁隙，同仇大明耶？抑以為既助大明不忍背之耶？願聞其詳[17]。

努爾哈齊致朝鮮國書《滿洲實錄》滿文	天命四年三月二十一日
羅馬拼音	julgei aisin gurun i han, monggo gurun i han ilan duin gurun be gemu uhe obume dahabufi banjihabi, tuttu banjifi tere inu jalan goidame aniya ambula banjihakūbi, tere be bi inu sambi, ere dain be bi ulhirakū farhūn i deribuhengge waka, daiming gurun i wan lii han mimbe umainaci ojirakū gidašame ofi, ere weile be deribuhe, amba gurun i han de mini dolo daci ehereki seme gūniha bici abka endembio, abka mimbe ainu urulere bihe, daiming han i dereci mini dere oncoo, abka waka be wakalame, uru be uruleme tondo be beidefi tuttu dere, mimbe abka urulehe, daiming gurun be abka wakalaha, solho suweni cooha daiming gurun de dafi minde cooha jihe manggi, bi gūnici, solhoi cooha buyeme jihengge waka, daiming gurun de eterakū odz gurun i dain be bederebuhe karu baili seme jihebidere, julge aisin i daiding han de solhoi joo wei jung ni gebungge amban dehi funceme hecen be gaifi ubašame jihe manggi, daiding han hendume, meni gurun nikan i sung gurun i joo hūi dzung, kin dzung ama jui juwe han be dailara fonde, solho gurun i wang yaya gurun de dahakū tondo gurun seme alime gaihakū bederebuhe sere, tere be gūnifi, muse juwe gurun daci ehe akū bihe seme, sini cooha be gaifi jihe amba ajigen juwan hafan be weihun jafafi solhoi wang simbe gūnime asarahabi, te erei dubebe wang si sa, abkai fejile ai hacin i gurun akū, amba gurun i canggi banjimbio, ajige gurun be gemu akū obumbio,

17 《清太祖武皇帝實錄》(臺北，國立故宮博物院)，漢文本，卷三，頁 11。

羅馬拼音	han be abkai emu šajin i banjimbi dere seme gūniha bihe, ere daiming han abkai šajin be gūwaliyafi, mujakū murime fudarame gurun be jobobumbikai, tere be solhoi wang sini sarkū ai bi, bi donjici, daiming gurun i han meni manju gurun de, suweni solho gurun de gemu ini juse be unggifi ejen obuki seme hendumbi sere, ere daiming han muse juwe gurun be gidašaha fusihūlaha ambula kai, wang sini dolo muse juwe gurun daci umai ehe akū bihe, te bicibe muse juwe gurun emu hebe ofi, daiming gurun de ushaki sembio, bi emgeri daiming de dame wajiha, daiming ci hokorakū sembio, sini gisun be donjiki seme bithe unggihe[18].
譯漢內容	昔者金元二國之主併三、四國，歸於一統，雖如此，亦未得享國長久，吾亦知之。今動干戈，非吾樂舉，因明國欺凌已甚，故興此兵，吾自來若有意與明國結怨，穹蒼鑒之。今天之眷顧我者，豈私我而薄明國耶？亦不過者是，非者非，以直斷之。故祐我而罪明國。爾兵來助明國，吾料其非本心也，乃因爾國有倭難時，明國曾救之，故報答前情，不得不然耳。昔者金大定帝時，有朝鮮官趙惟忠，以四十餘城叛附。帝曰：吾征徽欽二帝時，爾朝鮮王不助宋，亦不助金，是中立國也，遂不納。由此觀之，吾二國原無仇隙，今陣擒爾官十員，特念爾王，故留之，繼此以往，結局惟在王矣。且天地間國不一也，豈有使大國獨存，令小國皆亡耶？吾意明朝大國必奉行天道，今違天背理，欺凌我國，橫逆極矣，王豈不知。又聞明國欲令子姪主吾二國，辱人太甚，今王之意，以為吾二國原無釁隙，同仇明國耶？抑以為既助明國，不忍背之耶？願聞其詳。

18 《滿洲實錄》（北京，中華書局，1986 年 11 月），頁 253。

努爾哈齊致朝鮮滿文國書詞彙對照表

滿文原檔	滿文老檔	武皇帝實錄	滿洲實錄	譯漢	滿文原檔	滿文老檔	武皇帝實錄	滿洲實錄	譯漢
	羅馬拼音					羅馬拼音			
	aisin han	aisin gurun i han	aisin gurun i han	金汗 金國汗		monggo han	monggo gurun i han	monggo gurun i han	蒙古汗 蒙古國汗
	gemu bahanahabi	inu sambi	inu sambi	皆知曉 亦知道		nikan	daiming gurun i wan li han	daiming gurun i wan li han	明 大明國之萬曆帝
	hokorakū	ojorakū	ojirakū	不離 不可		ehe araki seme	ehereki seme	ehereki seme	欲結怨

滿文原檔	滿文老檔	武皇帝實錄	滿洲實錄	漢譯	滿文原檔	滿文老檔	武皇帝實錄	滿洲實錄	漢譯
	羅馬拼音					羅馬拼音			
	nikan han	daiming han	daiming han	明帝 大明帝		nikan	daiming gurun	daiming gurun	明 大明國
	solho	solgo	solho	朝鮮		odz i	oose gurun i	odz gurun i	倭子 倭子國
	dai ding han	daiding han	daiding han	大定汗		jao wei jung	joo ui dzung	joo wei jung	趙惟忠
	nikan i jao hoidzung	nikan i sung gurun i joo hūi dzung	nikan i sung gurun i joo hūi dzung	漢趙徽宗 漢宋朝趙徽宗		solho han	solgo gurun i wang	solho gurun i wang	朝鮮汗 朝鮮國王

滿文原檔	滿文老檔	武皇帝實錄	滿洲實錄	漢譯	滿文原檔	滿文老檔	武皇帝實錄	滿洲實錄	漢譯
	羅馬拼音					羅馬拼音			
	jao kindzung han	cindzung	kin dzung	趙欽宗帝 欽宗		yaya	yaya gurun	yaya gurun	不拘什麼 不拘什麼國
	amba ajige hafan juwan niyalma be	amba ajigen juwan hafan be	amba ajigen juwan hafan be	將大小官員十人 將大小十員		solho han	solgoi wang	solhoi wang	朝鮮汗 朝鮮王
	emgeri	emgeli	emgeri	既已		gisun be	gisun be	gisun be	將言語

資料來源：《滿文原檔》、《內閣藏本滿文老檔》、《清太祖武皇帝實錄》、《滿洲實錄》。

由前引滿文國書，可知《滿文原檔》、《內閣藏本滿文老檔》、《清太祖武皇帝實錄》、《滿洲實錄》所載努爾哈齊致朝鮮滿文國書的內容，大致相近，改動的詞彙，主要是由滿文在發展過程中的字形、書寫習慣，以及在纂修實錄過程中對明朝、朝鮮、國號、君主稱謂的差異。由前列詞彙對照表可知其異同，譬如：「金汗」，《滿文原檔》、《滿文老檔》俱作"aisin han"，《清太祖武皇帝實錄》、《滿洲實錄》俱作"aisin gurun i han"，意即「金國汗」。「蒙古汗」，《滿文原檔》作"monggoi han"，《滿文老檔》作"monggo han"，《清太祖武皇帝實錄》、《滿洲實錄》俱作"monggo gurun i han"，意即「蒙古國汗」。滿文"nikan"，意即「漢人」，「南蠻」，《滿文原檔》、《滿文老檔》"nikan"，譯漢作「明」，《清太祖武皇帝實錄》、《滿洲實錄》作"daiming gurun"，意即「大明國」，或作"daiming gurun i wanli han"，又作"daiming gurun i wan lii han"，意即「大明國之萬曆帝」。「明帝」，《滿文原檔》、《滿文老檔》俱作"nikan han"，《清太祖武皇帝實錄》、《滿洲實錄》俱作"daiming han"，意即「大明帝」。「朝鮮」，《清太祖武皇帝實錄》作"solgo"，《滿文原檔》、《滿文實錄》俱作"solho"。「朝鮮王」，《滿文原檔》、《滿文老檔》俱作"solho han"，《清太祖武皇帝實錄》作"solgoi wang"，又作"solgo gurun i wang"。「趙徽宗」，《滿文原檔》作"nikan i jao hoisung"。《清太祖武皇帝實錄》作"nikan i sung gurun i joo hūi dzung"，意即「漢宋朝趙徽宗」。「趙欽宗」，《滿文原檔》作"joo cinsung han"，《滿文老檔》作"jao kindzung han"，意即「趙欽宗帝」。「大定汗」，《滿文原檔》、《清太祖武皇帝實錄》、《滿洲實錄》俱作"daiding han"，《滿文老檔》作"dai ding han"，「趙惟忠」，《滿文原檔》作"joo uisung"，《清太祖武皇帝實錄》作"joo ui dzung"，《滿文老檔》作"joo wei jung"，《滿洲實錄》作"jao wei jung"。漢字「倭」，《滿文原檔》

作“oose”，《清太祖武皇帝實錄》作“oose gurun”，《滿文老檔》作“odz”，《滿洲實錄》作“odz gurun”。「皆知曉」，《滿文原檔》、《滿文老檔》俱作“gemu bahanahabi”，《清太祖武皇帝實錄》、《滿洲實錄》俱作“inu sambi”，意即「亦知道」。「不離」，《滿文原檔》、《滿文老檔》俱作“hokorakū”，《清太祖武皇帝實錄》作“ojorakū”，《滿洲實錄》作“ojirakū”。「欲結怨」，《滿文原檔》、《滿文老檔》俱作“ehe araki seme”，《清太祖武皇帝實錄》、《滿洲實錄》俱作“ehereki seme”。「不拘什麼」，《滿文原檔》、《滿文老檔》俱作“yaya”，《清太祖武皇帝實錄》、《滿洲實錄》俱作“yaya gurun”。「將大小官員十人」，《滿文原檔》作“amba ajige hafan juwan niyalmabe”，《滿文老檔》作“amba ajige hafan juwan niyalma be”，《清太祖武皇帝實錄》、《滿洲實錄》俱作“amba ajigen juwan hafan be”。“ajige”，是指大小而言，“ajigen hafan”，則指「小銜的官員」。「既已」，《滿文原檔》、《清太祖武皇帝實錄》俱作“emgeli”，《滿文老檔》、《滿洲實錄》俱作“emgeri”。「將言語」，《滿文原檔》作“gisumbe”、《滿文老檔》、《清太祖武皇帝實錄》、《滿洲實錄》俱作“gisun be”。從表中所列詞彙，可見其中異同，對研究滿文的發展過程，提供相當珍貴的語文資料。對照《滿文原檔》等文獻，並無「天命三十六年月」等字樣。《春坡堂日月錄》中「趙位寵」，《清太祖武皇帝實錄》等漢字作「趙惟忠」。《清太祖武皇帝實錄》中「又聞大明欲令子侄主吾二國，辱人太甚」等字樣，不見於《春坡堂日月錄》。

天命四年（1619）四月二十一日，朝鮮派遣使臣一員，隨從十三人，賫遞國書前往滿洲。朝鮮史籍多載國書內容，惟詳略不同，例如《春坡堂日月錄》記載說：

> 遣平監軍官梁諫于虜中答書有曰，朝鮮國平安道觀察使朴燁奉書于建州衛馬法足下，惟我兩國，俱是帝臣，同事天

朝，二百餘年于茲，不圖近者，建州與天朝構釁，兵連禍結，以致生民塗炭，四郊多壘，豈但鄰國之不幸，其在貴國亦非好事。天朝之於我國，猶父之於子也，父之有命，子敢不從乎？大義所在，不得不然。而事在既往，今不必言之。來書曰，以若犯大國，青天豈不鑑察，此心足以保有世業而永荷天休。自今以後，復懷好音，偕至大道，則天朝寵綏之典，不日誕降，兩國各守封疆，相修舊好，豈不美哉[19]！

《光海君日記》亦抄錄朝鮮國書全文，為便於比較，照錄於下：

洪惟兩國，境土相接，共惟帝臣，同事天朝者，二百年于茲，未嘗有一毫嫌怨之意矣！不圖近者，貴國與天朝構釁，兵連禍結，以致生民塗炭，四郊多壘，豈但鄰國之不幸，其在貴國，亦非好事也。天朝之於我國，猶父之於子也，父之有命，子敢不從乎？大義所在，固不得不然，而鄰好之情，亦豈無之。鄭應井為先出送，致款之義，亦可見於此也。來書有曰，以我心初來，若犯大國，皇帝之意，青天豈不鑑察，此心足以保有世業而永享天休者，豈不美哉！自今以後，偕之大道，則天朝寵綏之典，不日誕降，兩國各守封疆，相修舊好，實是兩國之福，此意轉告，幸甚[20]！

朝鮮國書皮封外面右邊書寫「朝鮮國平安道觀察使書」字樣，左邊書寫「建州衛部下馬法開拆」字樣，裡面書寫「朝鮮國平安道觀察使朴燁奉書于建州衛馬法足下」字樣，末端年號及皮封後

19 《春坡堂日月錄》，卷一二。
20 《光海君日記》，卷一三九，頁 16。光海君十一年四月二十一日甲戌，朝鮮致建州衛國書。

面年號，均蓋「平安監司」印信。比較前引國書內容，《光海君日記》所錄國書全文較詳細完整，尤其是關於送出鄭應井一節，《春坡堂日月錄》隻字未提。天命四年（1619）四月二十七日，努爾哈齊差遣達海等人迎接朝鮮使臣於中路。次日，入城。因朝鮮國書以漢字書寫，滿洲諸臣對漢文措辭不能盡解，達海等人即往朝鮮使臣寓所，要求將國書文意，逐一解釋。《柵中日錄》記載兩國官員討論朝鮮國書措辭問題頗詳，略謂：

> 阿斗、彥加里、大海、劉海等，請差官會于元帥所寓，出文書，展於元帥之前。阿斗曰:「請將此文書一一解釋以言之。』元帥謂大海等曰:『此文書何語不好?』（阿斗、彥加里則只識蒙字，大海、劉海，華人之粗知文字者）阿斗曰:「此文書何以平安觀察使答之乎?」答曰:『我國之規自來鄰國之好，必以近處監司主之，如日本通好，則慶尚監司主之，故今此和事，必平安監司主之矣。』阿斗曰:『我國後金號何以不書，而只稱建州乎?是不以鄰國待我也。』答曰:「我國之稱建州者，自前已熟，想必以此而稱之，以下文貴國二字看之，則其不以鄰國待之而然邪!』阿斗曰:『所謂馬法者，指汗乎?』答曰:『馬法者，指汗左右之人，以下文轉告二字看之可知。』阿斗曰:『四郊多壘者，以東西南北圍抱我國之謂乎？』答曰:『四郊多壘者，乃是古語，只言天朝四面防守之事耳，非圍抱貴國之謂也。』阿斗曰:『前日出送鄭應井而無致謝之語，又無求索將士之語何也?』答曰:『先為出送四字，乃後日請盡出送之張本而鄰好等語顧非致謝之意乎?』阿斗曰:『此文書必是南朝之意而差送朝鮮之人也?』答曰:『豈有此理，前日貴國文書中若有先犯大國之心，青天豈不鑑察等語，故我國發此語也。』

大海等愧謝曰：『小的粗知文字，不能解見矣[21]。』

達海等人隨後即將朝鮮國書譯出滿文，並記錄歸檔，可將所載無圈點滿文影印後，並列《內閣藏本滿文老檔》加圈點滿文，轉寫羅馬拼音。為便於比較，亦將《清太祖武皇帝實錄》、《滿洲實錄》所載朝鮮平安道觀察使書滿文內容影印後，轉寫羅馬拼音，並照錄漢文於後。

朝鮮平安道觀察使書《滿文原檔》無圈點滿文	天命四年五月二十八日

21 《紫巖集》，卷五，頁 19。

朝鮮平安道觀察使書無圈點與加圈點滿文	天命四年五月二十八日
羅馬拼音	solho gurun i ping an doo goloi guwan ca ši hergen i pioo hūwa, giyan jeo ui mafai bethei fejile bithe aliburengge, muse juwe gurun ba na acame tefi, nikan gurun be han muse juwe gurun amban seme banjime juwe tanggū aniya otolo, emu majige ser seme gasacun ehe akū bihe, te wesihun gurun, nikan i emgi kimun kokon ofi dailame, weihun irgen boihon oho, bi hanciki gurun i kesi akū anggala, duin tala de gemu dain kai, wesihun gurun de inu sain weile waka kai, nikan meni gurun ama jui adali, amai gisun be jui maraci ombio, amba jurgan ofi maraci ohakū, tere weile emgeri duleke, te ume gisurere, jang ing ging ni duin niyalma be unggihe manggi, giyan giyan i weile i jurgan be tede saha hanciki gurun i sain banjire doro geli akū doro bio, unggihe bithede henduhengge, mini mujilen daci amba gurun i han be ehe gūniha bici, abka endembio seme henduhebi, tere mujilen dere dule jalan halame enteheme abkai hūturi isifi banjire niyalma kai, ereci amasi, amba doro be acabume banjici, nikan buyeme sain gisun goidarakū wasimbi kai, muse juwe gurun meni meni jase babe tuwakiyame, fe sain be dasafi banjici sain akūn[22].

22 《滿文原檔》，第一冊，頁 241。

譯漢內容	朝鮮國平安道觀察使朴化致書於建州衛馬法足下，我二國地土相連而居，明國為君，我二國為臣，至今歷二百餘載，毫無怨惡。今貴國與明為仇，因而征戰，生民塗炭，不特我鄰邦不幸，即四方皆動干戈矣，於貴國亦非善事也。明與我國，猶如父子，父之言，子可拒乎？蓋大義也，其如不從何。事屬既往，今不必言。遣來張應井等四人後，方知諸事原委，然鄰國豈有不可和好相處之道耶？據來書云：吾向來若有心與大國之君結怨，穹蒼鑒之云云。即此一念，便是世代可以常享天休之人也。嗣後所行果合大道，明必欣喜，善言不久而頒下矣。我二國各守邊疆，復修舊好，豈不善哉！

朝鮮平安道觀察使書《清太祖武皇帝實錄》滿文	天命四年五月二十八日

羅馬拼音	solgo gurun i ping an doo goloi guwan sa se hergen i boo hūwa. manju ui mafai bethei fejile niyakūrame bithe aliburengge, muse juwe gurun, ba, na dube acame tefi, daiming gurun be han. muse juwe gurun amban seme banjime juwe tanggū aniya otolo emu majige ser seme gasacun ehe akū bihe. te wesihun gurun. daiming gurun i emgi kimun bata ofi dailame weihun irgen boihon oho. meni hanciki gurun i anggala. duin ergi de gemu dain kai. wesihun gurun de, inu sain weile waka. daiming meni juwe gurun ama jui adali, amai gisun be jui maraci ombio. amba jurgan ofi maraci oho akū, tere weile emgeri duleke. te ume gisurere. jang ing jing ni emgi duin niyalma be sindafi unggihe manggi. giyan giyan i weilei jurgan be tede saha. hanciki gurun i banjire doro geli akū doro bio. unggihe bithe de henduhengge. mini mujilen daci amba gurun i han be ehe gūniha bici abka endembio seme henduhebi. tere mujilen dule jalan halame enteheme abkai hūturi isifi banjire niyalma kai. ereci amasi amba doro be acabume sain banjici daiming gurun buyeme sain gisun goidarakū wasimbikai. muse juwe gurun meni meni jase be tuwakiyame fe sain be dasafi banjici sain kai seme bithe unggifi isinjiha.
譯漢內容	朝鮮國平安道觀察使朴化致書于建州衛馬法足下，吾二國地土相連，大明為君，吾二國為臣，經二百餘載，毫無怨惡。今貴國與大明為仇，因而征戰，生民塗炭，不特鄰邦，即四方皆動干戈矣，亦非貴國之善事也。大明與我國猶如父子，父之言，子豈敢拒，蓋大義也，吾亦不願此舉，其如不從何。事屬已往，今不必言，若等情由，聞張應京等四人來言方知，然鄰國亦自有交道也。來書云：吾有心與大國之君結怨，穹蒼鑑之。即此一念，便可常享天眷，受福無疆，以後果行合大道，明朝聞之必喜，善言不久而下矣。吾二國各守邊疆，復乎前好，乃為善也!」[23]

23 《清太祖武皇帝實錄》，卷三，頁 12。

朝鮮平安道觀察使書《滿洲實錄》滿文	天命四年五月二十八日
[illegible]	
羅馬拼音	solho gurun i ping an doo goloi guwan ca ši hergen i piyoo hūwa, manju gurun i han mafai bethei fejile niyakūrame bithe aliburengge, muse juwe gurun ba na dube acame tefi, daiming gurun be han, muse juwe gurun amban seme banjime juwe tanggū aniya otolo emu majige ser seme gasacun ehe akū bihe, te wesihun gurun, daiming gurun i emgi kimun bata ofi dailame, weihun irgen boihon oho, meni hanciki gurun i anggala, duin ergi de gemu dain kai, wesihun gurun de inu sain weile waka, daiming meni juwe gurun ama jui adali, amai gisun be jui maraci ombio, amba jurgan ofi maraci oho akū, tere weile emgeri duleke, te ume gisurere, jang ing ging ni emgi duin niyalma be sindafi unggihe manggi, giyan giyan i weilei jurgan be tede saha, hanciki gurun i banjire doro geli akū doro bio, unggihe bithe de henduhengge, mini mujilen daci amba gurun i han be ehe gūniha bici, abka endembio seme henduhebi, tere mujilen dule jalan halame enteheme abkai hūturi isifi banjire niyalma kai, ereci amasi amba doro be acabume sain banjici, daiming gurun buyeme sain gisun goidarakū wasimbikai, muse juwe gurun meni meni jase be tuwakiyame fe sain be dasafi banjici sain kai seme bithe unggifi isinjiha[24]。

24 《滿洲實錄》，頁 256。

譯漢內容	朝鮮國平安道觀察使朴化致書於滿洲國主馬法足下，吾二國地土相連，明國與吾二國至今經二百餘載，毫無怨惡。今貴國與明國為仇，因而征戰，生民塗炭，不特鄰邦，即四方皆動干戈矣，亦非貴邦之善事也。明國與我國，猶如父子，父之言，子豈敢拒，蓋大義也，吾亦不願此舉，其如不從何，事屬已往，今不必言，此事原委，聞張應京等四人來言方知，然鄰國亦自有交道也。來書云，吾有心與明國之君結怨，穹蒼鑒之，即此一念，便可常享天眷受福無疆，以後果行合大道，明朝聞之必喜，善言不久而至矣。吾二國各守邊疆，復乎前好，乃為善也。

朝鮮平安道觀察使書滿文詞彙對照表

滿文原檔	滿文老檔	武皇帝實錄	滿洲實錄	譯漢	滿文原檔	滿文老檔	武皇帝實錄	滿洲實錄	譯漢
	羅馬拼音					羅馬拼音			
	solho	solgo	solho	朝鮮		guwan ca ši	guwan sa se	guwan ca ši	觀察使
	piyoo hūwa	boo hūwa	piyoo hūwa	朴化 朴燁		giyan jeo ui	manju ui	manju gurun i han	建州衛 滿洲衛 滿洲國汗
	nikan gurun	daiming gurun	daiming gurun	明國 大明國		nikan	daiming gurun	daiming gurun	明 大明國

滿文原檔	滿文老檔	武皇帝實錄	滿洲實錄	譯漢	滿文原檔	滿文老檔	武皇帝實錄	滿洲實錄	譯漢
	羅馬拼音					羅馬拼音			
	nikan	daiming	daiming	明　大明		jang ing ging	jang ing jing	jang ing ging	張應井
	gurun i	gurun i	gurun i	國之		juwe tanggū aniya	juwe tanggū aniya	juwe tanggū aniya	二百年
	wasimbi kai	wasimbikai	wasimbikai	頒下啊		wesihun	wesihun	wesihun	尊貴

資料來源：《滿文原檔》、《內閣藏本滿文老檔》、《清太祖武皇帝實錄》、《滿洲實錄》。

就滿文讀音而言，《清太祖武皇帝實錄》的滿文較接近《滿文原檔》，表中所列詞彙中「觀察使」，《滿文原檔》作"guwancase"，《清太祖武皇帝實錄》作"guwan sa se"，《滿文老檔》、《滿洲實錄》俱作"guwan ca ši"。「朴化」、「朴燁」《滿文原檔》作"bohowa"，《清太祖武皇帝實錄》作"boo hūwa"，《滿文老檔》、《滿洲實錄》俱作

“piyoo hūwa”。「張應井」,《滿文原檔》作“jang ing jing”,《清太祖武皇帝實錄》亦作“jang ing jing”,《滿文老檔》、《滿洲實錄》俱作“jang ing ging” 。「建州衛」,《滿文原檔》作“giyanju ui”,《滿文老檔》作“giyan jeo ui”,《清太祖武皇帝實錄》作“manju ui”,《滿洲實錄》作“manju gurun i han”。《滿文原檔》中“nikan”,《清太祖武皇帝實錄》、《滿洲實錄》,或作“daiming”,或作“daiming gurun”。《滿文原檔》中的老滿文,不僅是圈點的問題而已,其字形或筆順,與後來通行的滿文,亦有差異。譬如“ᡤᡠᡵᡠᠨ ᡳ”（gurun i）,《滿文原檔》作“ᡤᡠᡵᡠᠨ”;“ᠠᠨᡳᠶᠠ”（aniya）,《滿文原檔》作“ᠠᠨᡳᠶᠠ”。“ᠸᠠᠰᡳᠮᠪᡳᡴᠠᡳ”（wasimbikai）,《滿文原檔》作“ᠸᠠᠰᡳᠮᠪᡳᡴᠠᡳ”。“ᠸᡝᠰᡳᡥᡠᠨ”（wesihun）,《滿文原檔》作“ᡠᠸᠠᠰᡳᡥᡠᠨ”。老滿文因不加圈點,所以“wesihun”,寫作“uwasihun”,以便與“wasimbi”相區別,而不致混淆。大致而言,《清太祖武皇帝實錄》等所載朝鮮平安道觀察使滿文,內容相近,是依據《滿文原檔》轉譯而來,並非依據朝鮮平安道觀察使原書譯出滿文。平安道觀察使朴燁,又作「朴化」;鄭應井,又作「張應京」,都是同音異譯。雖有出入,但都保存了重要文獻。

四、天聰年間往來朝鮮滿文國書的比較研究

天命十一年（1626）,清太祖努爾哈齊崩殂,由皇太極嗣統,改明年為天聰元年。天聰元年（1627）正月,皇太極為解除後顧之憂,並尋求補給,於是大舉南牧,用兵於朝鮮,朝鮮史籍稱為「丁卯虜難」,嗣後滿洲與朝鮮交涉更加頻繁,兩國往返文書益見增多。是年正月二十八日,皇太極遣阿本、東納密齎遞國書,列舉七大恨以責朝鮮。《滿文原檔》含有滿洲致朝鮮滿文國書內容,對研究滿洲與朝鮮的關係,提供了重要的史料,可將《滿文原檔》滿文影印於後。因原文為過渡期滿文,或加圈點,或因字體不同,不易識讀,可將《內閣藏本滿文老檔》加圈點滿文並列,轉寫羅

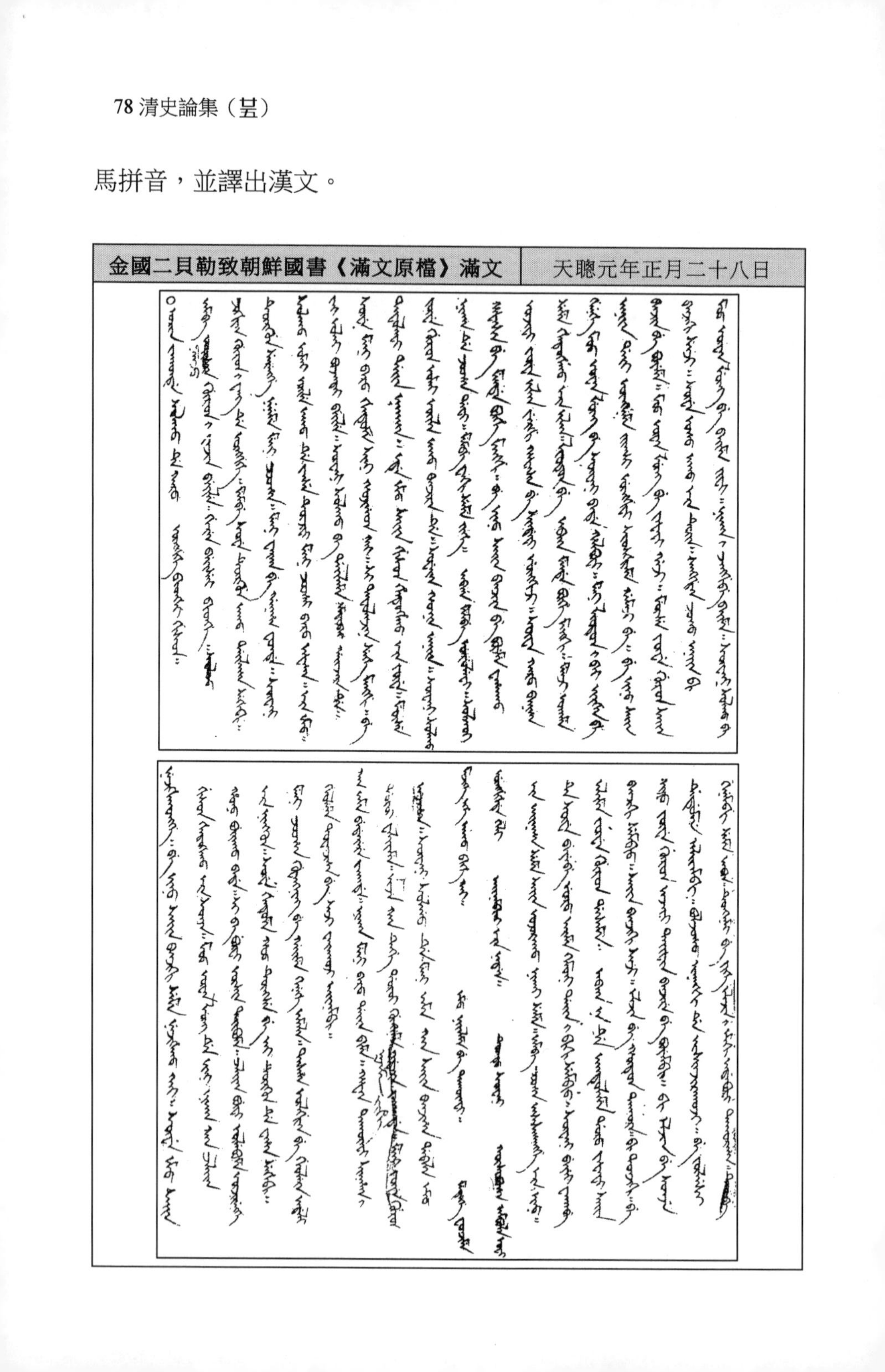

馬拼音，並譯出漢文。

金國二貝勒致朝鮮國書《滿文原檔》滿文	天聰元年正月二十八日

金國二貝勒致朝鮮國書無圈點與加圈點滿文	天聰元年正月二十八日
羅馬拼音	orin jakūn de, solho de karu unggihe bithei gisun, amba aisin（manju）gurun i jacin beile, geren beise i bithe, coohiyan gurun i wang de unggihe, membe suwe turgun akū dailaha sehebi, turgun serengge, neneme meni cooha, meni warka be ganaha fonde, suweni solho umai weile akū de jase tucifi meni coohai baru afaha, ere emu. jai ula i bujantai beile, suweni solho be dailame emdubei gaijara de, suwe meni baru hendume, sini hojihon kai, si tafulacina sehe manggi, be tafulefi dain nakaha, ede emu sain gisun henduhekū, ere juwe. muse juwe gurun umai weile akū banjire de, sohon honin aniya, suweni solho nikan de cooha dafi, membe waki seme jihe, abka membe urulefi, solho i hafasa be mende buhe manggi, be inu sain banjire be buyeme

羅馬拼音	wahakū ujifi juwe ilan jergi hafasa be sindafi unggici, suwe karu baniha seme henduhekū, ere ilan. liyoodung be abka mende buhe manggi, menci ukame genehe mao wen lung be suweni bade halbufi, meni liyoodung ni ba i irgen be aniyadari nungneme giyansi unggifi šusihiyeme gamacibe, be inu sain banjire be buyeme, mao wen lung be jafafi gaji, muse juwe gurun sain banjiki seci, suwe ohakū, ere duin. šahūn coko aniya, bi mao wen lung be baime jifi, nikan i canggi be baime suweni solho be necihekūngge, be inu sain banjiki seme necihekū kai, suwe emu sain gisun henduhekū, ere sunja. mao wen lung de ini nikan han caliyan hono burakū bade, si ba bufi usin taribume caliyan bufi ulebume ujirengge, ere ninggun. suwe hendume, ho tungse be ai turgunde waha sehebi, meni cooha guwangning be gaime genehe amala, tasha ulgiyan be geolere adali geoleme tuwanjiha be saci, warakūci ainambi, han ama bederere jakade, nikan meni baru dain bime hafan takūrafi sinagan i doroi waliyame, ice han tehe doroi acame jihe, suweni solho de meni ama han sain banjiha dabala, emu majige ehe akū bihe kai, emu niyalma be takūrafi medege fonjime unggihe de geli ainambini, ere nadan. tuttu suweni korsobuha ambula ofi, ere ainaha seme, sain ojorakū nikai seme amba cooha aššahangge ere inu, te suwe beyebe uru arame kemuni dain i biki sembio,suweni beyei waka be alime, juwe gurun dasame abka na de akdulame doro jafafi sain banjiki sembio, sain banjiki seci, elcin be hūdun takūra, bi donjiki, be inu juwe gurun acafi taifin banjire be buyembi, bi elcin be sunja dedume aliyambi, boljoho inenggi de isinjirakūci, be julesi genembi seme abun, dungnami be jihe elcin i emgi adabufi takūraha[25].
譯漢內容	二十八日，答朝鮮書曰：大金〔滿洲〕國二貝勒同眾貝子致書於朝鮮國王，爾云我無故興兵，言及其故，先年我兵往征我瓦爾喀時，爾朝鮮無端出境，攻殺我兵，此一宗也。又烏拉布占太貝勒屢征爾朝鮮時，爾對我言，爾之女婿也，爾勸阻之。其後我勸之罷兵，對此未說一善言，此二宗也。我兩國並無仇怨，己未年，爾朝鮮發兵助明，欲來殺我，天以我為是，以朝鮮官員畀我，我亦望和好，未加殺害，予以豢養，釋放官員二、三次，爾並未答謝，此三宗也。天以遼東畀我後，爾處窩隱從我處走脫之毛文龍，每年擾害我遼東地方民人，差遣奸細，教唆叛民，而我亦望和好，令拏送毛文龍，我兩國仍舊和好，爾竟不允從，此四宗也。辛酉年，我來搜拏毛文

25 《滿文原檔》，第六冊，頁 59。

譯漢內容	龍，搜捕者盡是明人，未擾爾朝鮮，我亦望和好而未加騷擾也，爾未說一句好言，此五宗也。毛文龍其明帝尚且不給錢糧，爾給地耕田，供給錢糧豢養之，此六宗也。爾說何故殺害何通事云云，我兵往取廣寧後，如虎盯豬，乘虛窺視，知而不殺，又奈我何。父汗歸天，明與我交兵，尚差官來弔，兼賀新汗即位，我父與爾朝鮮甚為和好，毫無怨隙也，差一人來弔念，又有何不可耶，此七宗也。因爾若此多恨，終是不肯和好，發動大兵者為此也。今爾尚自以為是而欲兵戎相見歟？抑或自認不是，誓告天地，兩國重修和好歟？如欲和好，作速遣使，我且聽之。我亦望兩國和好，共享太平。我住五日以待來使，逾期不到，我即前進，差阿本、董納密陪同來使前去。

《滿文原檔》與《內閣藏本滿文老檔》互相比較後，可知在天聰六年（1632）以前，老滿文已有加圈點的滿字，有些滿文字形，與後來通行的新滿文，仍有差異，不僅僅只是加圈點或不加圈點而已，其書寫習慣也有頗多差異，乾隆年間重抄無圈點老檔時，也作了一些改動。《滿文原檔》中"amba aisin gurun"，意即「大金國」，《內閣藏本滿文老檔》修改為"amba manju gurun"，意即「大滿洲國」。"cohiyan"，修改為"coohiyan"（朝鮮）。「己未年」，《滿文原檔》作"suwayan honin aniya"（戊未年），《內閣藏本滿文老檔》修正為"sohon honin aniya"（己未年）。「遼東」，《滿文原檔》作"liodun"，《內閣藏本滿文老檔》作"liyoodung"，滿漢讀音相合。"aniya dari"（每年），《內閣藏本滿文老檔》作"aniyadari"。"jiyansi"（奸細），《內閣藏本滿文老檔》作"giyansi"。「毛文龍」，《滿文原檔》作"moo uwan lung"，《內閣藏本滿文老檔》作"mao wen lung"。"oho akū"，《內閣藏本滿文老檔》作"ohakū"。「何通事」，《滿文原檔》作"hoo tungse"，《內閣藏本滿文老檔》作"ho tungse"。《滿文原檔》、《內閣藏本滿文老檔》對研究滿文由舊變新的過程，提供了珍貴的語文史料。《朝鮮仁祖實錄》、《清太宗文皇帝實錄》初

纂本所載國書漢文內容，詳略不同，為便於比較，可分別照錄於後。

金國二貝勒致朝鮮國書《清太宗文皇帝實錄》初纂本漢文

天聰元年正月二十八日

二十八日，答高麗書云：大滿洲國二貝勒同眾貝子致書於朝鮮國王，爾國來文云，我兩國原無仇怨，無故興兵。是矣，先年我屬國斡兒哈爾國無故出境截殺，此一宗也；又兀喇布占太曾犯搶爾國一城人民，爾知是我女婿，爾來文求我勸之罷兵，我依爾勸解，爾國無一言相謝，此二宗也；我兩國既無仇怨，爾國於己未年發兵，同南朝越境征我，蒙天護祐，將爾國兵將，令我得之，原望兩家和好，故不殺害，曾放歸爾國三四次，爾國何嘗差人來謝，此三宗也；天之以遼東賜我，毛文龍走脫，爾國窩隱，縱放奸細，誘我叛民，尚然不較，意望和好，移文將毛文龍拏送我國，兩家仍舊和好，竟不允從，此四宗也；辛酉年，我來拏毛文龍，凡係漢人，拏獲殺死，爾國人民，毫無騷擾，亦望和好，爾國並無差人來說一句好言，此五宗也；毛文龍他本國錢糧不濟，爾國給以耕牛，仍撥地土，周助糧米，此六宗也；爾國又說我如何殺害何通事，我往廣寧進兵，爾國乘虛來窺視我地方，實與奸細同，是以殺之。我先汗歸天，南朝與我正在交兵之時，尚不念仇怨，差官來弔，兼賀今上，此情此意，與爾國何如，我先汗與爾國甚好，竟無一弔問，此七宗也。若此數恨，終是不肯和好，故發大兵以討前罪，爾國如今尚自以為是而與我為仇歟？抑自認不是，差官謝罪，以求和好歟？如欲和好，作速來講，我亦欲兩國和好，共享太平，我兵在此住五日以待回信，如違約不到，我兵前進奉復，差阿本、東納密齎書，同來使去訖[26]。

金國二貝勒致朝鮮國書《朝鮮仁祖實錄》漢文：

仁祖五年四月初一日

大金國二王子同眾王致書于朝鮮國王，我兩國原無仇恨，今何為助南朝馬，侵伐我國，此一宗也；我得遼東，既係鄰國，爾曾無一句

26 《清太宗文皇帝實錄》，初纂本（臺北，國立故宮博物院），卷二，頁48。

好語，及窩隱毛文龍，助他糧草，尚不較正寫書，與爾國毛文龍等，綁來我兩國和好，爾又不肯。辛酉年我來拏毛文龍，爾國屯民鷄犬不動，爾又不謝，此二宗也；爾還把毛文龍放在爾國，招我逃民，偷我地方，此三宗也；我先汗歸天，有仇如南朝，而尚來吊問，賫禮來賀新汗，況我先汗，與爾國毫無不好心腸，爾國無一人吊賀，此四宗也。先年尚有不好事件，筆難盡述，用此我方統大兵來爾國要和好，差官認罪，火速來講[27]。

大金國的二貝勒阿敏等人致書朝鮮國王，其內容，主要在列舉七宗惱恨，作為向朝鮮興師問罪的藉口。明神宗萬曆四十六年，金國天命三年（1618），是年四月十三日，努爾哈齊率領步騎二萬攻打明朝，他臨行前書寫七大恨告天，向明朝興師問罪。天聰元年（1627），丁卯之役，皇太極如出一轍，亦列舉七大恨向朝鮮興師問罪。對照《清太宗文皇帝實錄》初纂本後可以看出《朝鮮仁祖實錄》所載大金國書，其內容頗有出入。所謂七大恨，《朝鮮仁祖實錄》僅列四大宗，其中第一宗，與《清太宗文皇帝實錄》第一、二宗文意相近，但詳略不同。其第二宗，與《清太宗文皇帝實錄》第一宗、第四宗、第五宗、第六宗部分相近。其第三宗，與《清太宗文皇帝實錄》第四宗部分相近。其第四宗，與《清太宗文皇帝實錄》第七宗部分相近。《清太宗文皇帝實錄》中第二宗惱恨，則不見於《朝鮮仁祖實錄》。對照《滿文原檔》後可知原文“amba aisin gurun”（大金國），《清太宗文皇帝實錄》初纂本改書「大滿洲國」，或因史官纂修《清太宗文皇帝實錄》時將國書原稿中“aisin”塗抹改書“manju”。《清太宗文皇帝實錄》初纂本所載七宗惱，與《滿文原檔》一致，其文意亦較相近，遣詞用字，較清晰。譬如：“membe suwe turgun akū dailaha sehebi”，意即「爾云我無故興兵」，《清太宗文皇帝實錄》作「爾國來文云，我兩國原無仇怨，

27 《朝鮮仁祖實錄》，卷一六，頁 2，仁祖五年四月丁未，大金國書。

無故興兵。」“jai ulai bujantai beile, suweni solho be dailame emdubei gaijara de, suwe meni baru hendume sini hojihon kai, si tafulacina sehe manggi, be tafulafi dain nakaha, ede emu sain gisun henduhekū”。意即「又烏拉布占太貝勒屢征爾朝鮮時，爾對我言，爾之女婿也，爾勸阻之。其後我勸之罷兵，對此未說一善言。」《清太宗文皇帝實錄》記載，「又兀喇布占太曾犯搶爾國一城人民，爾知是我女婿，爾來文求我勸之罷兵，我依爾勸解，爾國無一言相謝。」文意雖然稍有出入，但是敘述較清晰易解，大致而言，滿漢內容，彼此相近，可信度較高。

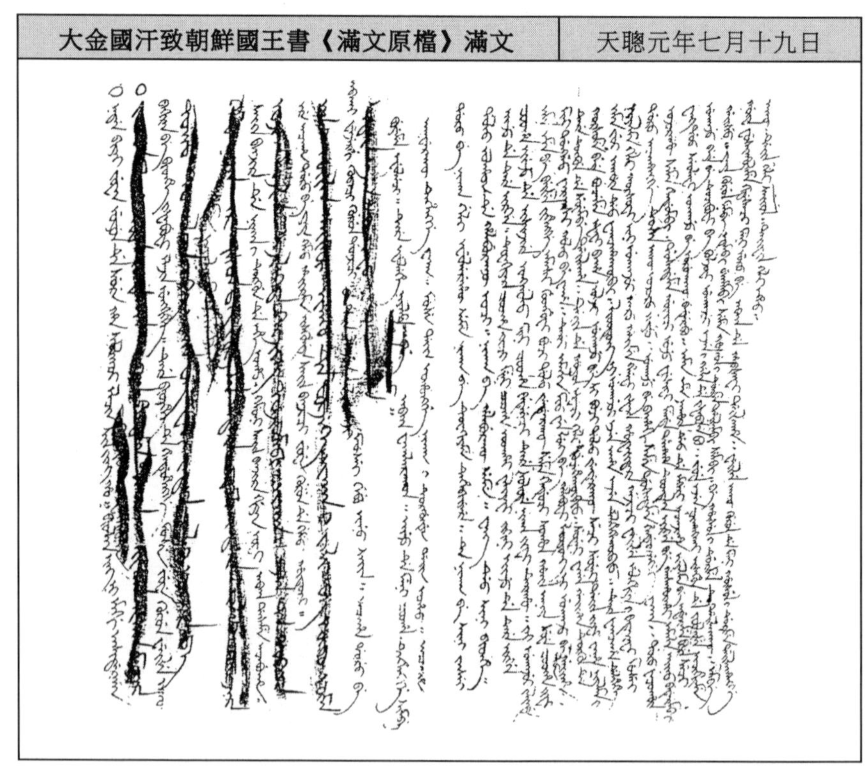

大金國汗致朝鮮國王書《滿文原檔》滿文	天聰元年七月十九日

羅馬拼音	nadan biyai juwan uyun de sure han solhoi elcin sin jing ho, piolan ing ni emgi asidaraha, bakiran be bithe i fabufi elcin unggihe, tere bithe de henduhengge, muse juwe gurun weile akū sain banjire de nikan i turgun de ehe oho, kemuni sain banjire giyan ofi abka dasame acabuha, ere acaha doro be yaya gemu hairame ishunde sain banjici juwe gurun de gemu hūturi, abkai fejergi gubci gurun donjici, musei gebu inu sain, acaha doro be buyeme efuleci, tere efulehe niyalma be abka wakalarakon, eiju de meni cooha tehengge simbe akdarakū tehengge waka, muse dain ohongge nikan i turgunde dain oho, acaha doro be nikan geli efulerehū seme nikan be tuwakiyame tehebidere, te nikan be sini jasei dolo olhon de halburakū oci, nikan be halburakū seme, wang deo sini bithe, eiju de tere irgen, tuwakiyara cooha jici meni cooha uthai waliyafi jikini eiju de tere irgen cooha eiju de isinjire onggolo mini cooha bedereci tere šolode nikan jifi terahū, jai ukanjui jalinde ama eme be baime jihengge amasi huthufi buci dolo jenderakū seme henduci sohon honin aniya suwe cooha jifi mini donggo warkasi golo be waha, terei amala moo wen lung be halbufi lioodung ni ukanju be alime gaiha, tere turgun de suwembe dailaha, dain de hoton afaci geli bucehekūbio, suweni waha gaiha turgun de korsome beye buceme afafi baha olji ukanju be si buci dolo jenderakū seci suweni dain jifi waha niyalma i ama jui ahūn deo fakcahakūbi, lioodung ni ukanjui ejen aha ejen delhehekūbio, tere fakcaha delhehe niyalma geli korsofi ini ukanjui karu gaime genefi jafara hūwaitara gajici weile ulhiyen i badarafi musei doro acahangge tusa akū ojoro ayo, ukanju be bahaki seme dosidame hendurengge waka, doro facuhūn ojorahū seme hendumbi, dosidame gūnici uju fusifi mende dahaha tuttele irgen be gashūhai amala ainu bederembi, wang doo seolefi ukanju be urunakū bederebu, ama eme ahūn deo de emgeri acanjiha niyalma be adarame bure seci ukanju beye be tucibufi ba boljofi ukanjui ejen i gala de jafabume bu, juwe ejen cihanggai ishun de joolime icihiyame gaisu, yaya gurun membe etembi bahambi seme hūsun i durime dailambi sembi, be hūsun i durime dailarakū, membe gūwa fusihūlame gidašaci meni uru be abka de habšafi dailaha, weile akū gurun de meni hūsun i durime dailahangge akū, dain geli saiyūn, taifin geli eheo[28].

28 《滿文原檔》，第六冊，頁 137。

譯漢內容	七月十九日，天聰汗遣使霸奇蘭齎書陪同朝鮮使者申景琥、朴蘭英前往，其書曰：我二國無事和好，因明朝之故所以交惡，天命理應依舊和好，若凡事合乎和好之禮，彼此相愛，則皆兩國之福，天下舉國聞之，吾名亦美。既望和好而敗之，其敗壞之人，天有不譴責者乎？吾兵留駐義州，非是不信爾而留駐。我二國交兵乃因明朝之故而兵戎相見。今恐明朝復敗和好，故駐兵防守明朝。今若不容留明兵於爾邊界內陸，王弟書內言明不容留明兵，義州居民、守軍若來，吾兵即撤離。若義州居民、兵丁未至義州之前，我兵退回後，恐明兵伺隙來駐。又言逃人來尋父母又從而綑縛送回，於心不忍。己未年爾兵來我棟鄂瓦爾哈什地方屠殺。其後窩隱毛文龍，容納遼東逃人，因此起兵征爾，攻城陷陣，又不死傷者乎？因爾殺害，所以忿不顧身攻殺俘虜，爾云送回逃人於心不忍，然爾興兵，被殺者之父母兄弟，未嘗離散乎？遼東逃人，主僕未嘗離散乎？若其離散之人，又因懷恨從而往縛其逃人，則漸生事端，恐於我二國和好無益也。非貪得逃人，恐於理不當。若有貪念，則向之剃頭歸降我者甚眾，盟誓之後，何故遣還其民，王其熟思之，逃人務須歸還。若以父母兄弟既已離散之人如何給還，可查出逃竄本人約定地方，親自交付逃人之主，任二主兩相計議情願贖取或不贖取。各國皆謂我恃力征戰而得勝，我非恃力征戰。因他欺我，我自以為是，乃告天而征戰，無事端之國，我何嘗有恃力征戰者，征戰又有何吉，太平又有何凶。

《清太宗文皇帝實錄》初纂本、《朝鮮仁祖實錄》俱載大金國汗致朝鮮國王書，為便於比較，分別照錄於後。

大金國汗致朝鮮國王書《清太宗文皇帝實錄》初纂本漢文內容

天聰元年七月十九日

我二國初本無事，因明朝所以不睦。今天命我二國依舊和好，若彼此相愛，不失和好之禮，是兩國之福，天下聞之，誰不稱美，既和而復欲敗之，此等之人，天有不譴責者乎？吾留兵義州，非是疑汝，緣我二國之好，因明朝而敗，今恐復敗和好，故留兵防守。如明朝兵不入爾界，王可即修書來，即發王之軍民，據守義州，吾兵可撤，若王之軍民未至，吾兵先回，恐明朝伺隙而來。爾書中言逃人懷思父母，又從而縛送之，決不忍為。己未年爾兵入吾東果瓦兒哈什地方，盡屠一帶人民，後存毛文龍在爾地方，納吾逃民，因此起兵往征，攻城陷陣，有不死傷者乎？爾曾殘害吾民，所以皆忿不顧身攻戰擒獲。爾云與之則不忍，然爾曩日興兵，吾民之被殺者，父母兄弟，未嘗離散乎？遼東人逃竄者，主僕未嘗離散乎？離散之主，若懷恨從而往縛之，其事愈大，和好從此壞矣。我非貪此逃民，但於理不當。我若貪得，向之剃頭歸降者甚眾，盟誓之後，何故盡遣還，王其熟思之。逃民必須還吾，若以為父母兄弟不忍拆散，可約定一地方，將逃民付與原主，任其贖與不贖，人見我國得勝，皆謂恃力強戰，非也。因人欺我，自諒我直，是以昭告於天而征戰耳。無辜之國，豈有恃力強戰者耶！征戰何吉，太平何凶[29]。

金國使臣阿什打喇漢納哈處，《朝鮮仁祖實錄》作「阿叱月介」，霸奇蘭作「朴只乃」，仁祖五年八月十二日，朝鮮回答護行官申景琥、朴蘭英等率領阿什打喇漢納哈處、霸奇蘭及隨從五十三名入朝鮮王城。八月十四日，朝鮮國王李倧在崇政殿接見金國使臣，並接受大金國書。

大金國汗致朝鮮國王書《朝鮮仁祖實錄》內容：

仁祖五年八月十四日

大金國汗致書於朝鮮國王弟，當日我兩國相好，彼此無事，後因毛賊，致生事端，不意兩國還有相好之分，故天使重成和事，若彼此謹守，不唯兩國共享無疆之福，而美名遠播於天下矣。倘立心不正，復壞和事者，難逃上天降罪。我兵留住義州，非疑貴國，意謂兩國仇隙，皆因毛賊所致，幸得事成，恐毛將復為壞之，故留兵防守耳。今王弟邊內，不容毛賊上岸，宜速具書及發住民與護守之兵，到了義州，我兵即時過江退回，若住民護兵未到，我兵先回，恐毛賊乘空住擾不便。又為逃民言，懷思父母鄉土，舍命脫來，而縛送之，決不忍為。則己未年兵入我境，殺擄東窩乞兒哈失等處之民，後容住毛賊，收我逃走遼民，以致起兵，雖攻剋城池，豈不損人，其原受害之人，舍命攻戰，所得人民，逃去不肯刷送，仍言懷思父母鄉土。昔日我國受害人民，豈無父母鄉土，何嘗原走之人，混拏綁來，那時兩國和好，反致無益矣。此非因得逃民，恐兩國和事之壞也可離，只恐逃人之主怯忿趕至貴國查拏？既為逃民則剃頭歸順之民，立誓之後，又何送回，惟王

29 《清太祖文皇帝實錄》，初纂本，卷二，頁 48。

弟裁思，逃民務要與來，若父母兄弟不忍分離，亦當查出，交與原主，兩相計議贖取可也。但各國皆謂我恃強圖利，倚力征戰，原無此意，皆因人之欺辱，中心不快，方敢以事之曲直，昭告皇天，以行征戰，於無事之國，恃力征戰者無之，干戈何吉，太平何凶，尚冀裁度[30]。

將前引國書內容，與滿文對照後，可以看出《朝鮮仁祖實錄》所載國書，與滿文原稿相近，但非朝鮮方面據滿文原稿直譯而來，而是由金國內部先行譯出漢文，然後差遣使臣齎遞到朝鮮，以漢字國書進呈朝鮮國王，朝鮮君臣俱未見過滿文國書。《清太宗文皇帝實錄》初纂本所載漢字國書，則是就《滿文原檔》直譯而來。例如《滿文原檔》最後兩句是: "dain geli saiyūn, taifin geli eheo. " 實錄初纂本譯作：「征戰何吉，太平何凶。」《朝鮮仁祖實錄》所載國書作：「干戈何吉，太平何凶，尚冀裁度。」文意相近，但增入「尚冀裁度」一句，以符文書體例，由此例，足以說明增入文句，確實出自金國內部掌文書人員之手。在《滿文原檔》內，「明朝」（nikan）和「毛文龍」（mo wen lung）分別得很清楚，《朝鮮仁祖實錄》所載國書，俱作「毛賊」，或「毛將」，不見「明朝」字樣。例如《滿文原檔》內「我二國初本無事，因明朝所以不睦。」句中「明朝」，《朝鮮仁祖實錄》作「毛賊」，其餘文意，出入不大。

五、結語

清太祖努爾哈齊創製了滿文以後，即以滿文記注政事，金國給朝鮮的漢字文書，固然有滿文原稿，朝鮮給金國的書信，亦多譯出滿文，記錄歸檔。朝鮮史籍中抄錄頗多金國書信內容，對照臺北國立故宮博物院現存《滿文原檔》的書信滿文原檔後，發現滿、漢文的書信內容，其文意頗有出人，探討早期滿鮮交涉，滿、漢文字的書信繙譯，是一個不可忽略的問題。滿文與漢文，語法

30 《朝鮮仁祖實錄》，卷一七，頁 7，仁祖五年八月丁未，大金國書。

不同，朝鮮致金國書信，因使用漢字，長於遣詞用字，喜作文字遊戲，金國內部雖有掌管漢字文書人員，但對朝鮮方面以遊戲文字愚弄滿族的作法，頗不以為然。天命六年，光海君十三年（1621）九月二十四日，朝鮮滿浦僉使鄭忠信進入建州後，達海向鄭忠信傳達努爾哈齊的意思說：「貴國既已遣官相問，則我亦當遣官相謝，我欲修禮，差官一何牢拒？既與之相交，則通差通貨，是無內外之意，而今則有若閉門請客，相交之義，可言以信乎？且我既累修書問，而一不答此，此不過欲書建州衛馬法則恐見怪，欲書後金國汗則以為辱，故以游辭玩我，何其視人如嬰兒乎？」朝鮮君臣面對明朝和金國，為避免傷害自己，其外交文書的措辭，必須十分審慎，遂因此使努爾哈齊認為朝鮮方面是「以游辭玩我。」從現存滿、漢文書信探討早期滿鮮關係的發展，是一個值得重視的問題。將朝鮮史籍所錄滿鮮交涉文書與《滿文原檔》所載滿文原稿互相對照後，可以發現滿、漢文的內容，詳略不同，但並非朝鮮方面的繙譯問題，也不是因為隱諱而造成的，從現存滿鮮往返文書的內容及其文字加以比較，足以說明金國時期雖以滿文記注政事，但對朝鮮行文時是使用漢字書寫，有時候鈐蓋滿文印信，金國內部達海等人兼掌滿漢文書的繙譯，滿文書信先譯出漢文，然後發出。由於滿、漢文字，語法不同，繙譯時亦有詳略，以致滿、漢文書信的文意，頗有出入，然而並未因此引起嚴重的誤會，滿洲用兵於朝鮮的根本原因，主要是想解除後顧之憂，並取得生活物資等方面的補給。惟因滿、漢文書信內容常有出入，而且朝鮮史籍所錄書信文字，往往詳略不同，所以引用朝鮮史籍時，先行查閱金國方面的原稿，是有必要的。清太祖努爾哈齊、清太宗皇太極時期，記注政事及抄錄往來文書的檔冊，主要是以無圈點老滿文、加圈點新滿文及新舊過渡時期滿文記載的檔子。《滿文原檔》是使用早期滿文字體所記載的原檔冊，對滿文由舊變新發展變化的過程，提供了珍貴的語文研究資料。乾隆年間，內閣大學士鄂爾泰等人已指出，滿文肇端於無圈點字，內閣大庫所保存的「無圈點檔」，檔內之字，不僅無圈點，復有假借者，若不融會上下文字的意義，誠屬不易辨識。因此，遵旨將檔內文字加設圈點，除可認識者外，其有難於辨識者，均行檢出，附註乾隆年間通行字體，依據十二字頭編製成書。張玉全撰〈述滿文老檔〉一文已指出，乾隆年間重抄的加圈點《滿文老檔》，將老滿字改書新體字，檔內有費解的舊滿語，則以新滿語詳加注釋，並將蒙文迻譯滿文，其功用較之鄂爾泰所編的無圈點字書，似覺更有價值，並非僅重抄而已。誠然，重抄本《滿文老檔》的價值，不僅是加圈點而已。《內閣藏本滿文老檔》對詮釋《滿文原檔》文字之處，確實值得重視。譬如：天命四年（1619）三月二十一日，努爾哈齊致朝鮮國書中「趙徽宗」，《滿文原檔》作“ ”，《內閣藏本滿文老檔》作“ ”。「諸凡」，《滿文原檔》作“ ”，《內閣藏本滿文老檔》作“ ”。「生擒」，《滿文原檔》作“ ”，《內閣藏本滿文老檔》作“ ”。天命四年（1619）五月二十八日，朝鮮平安道觀察使書中「滿洲國主」，《滿洲實錄》作“ ”，《滿文原檔》作“ ”，《內閣藏本滿文老檔》作“ ”。但因乾隆年間重抄時的改動，而頗有出入，譬如：「觀察使」，《內閣藏本滿文老檔》作“ ”，《滿文原檔》作“ ”。觀察使的名字，《春坡堂日月錄》作「朴燁」，《內閣藏本滿文老檔》作“ ”，讀如“piyoo hūwa”，《清太祖武皇帝實錄》作“ ”，讀如“boo hūwa”，《滿文原檔》作“ ”，讀如“buhūwa”，「朴」，讀音，初作“bu”，或“boo”，「燁」，滿文俱讀如“hūwa”，漢字音譯作「化」。《內閣藏本滿文老檔》在重抄時，曾經作了部分的改動。探討朝鮮國書時，一方面可對照清朝與朝鮮的漢文典籍，一方面仍須對照滿文檔案，充分利用《滿文原檔》。

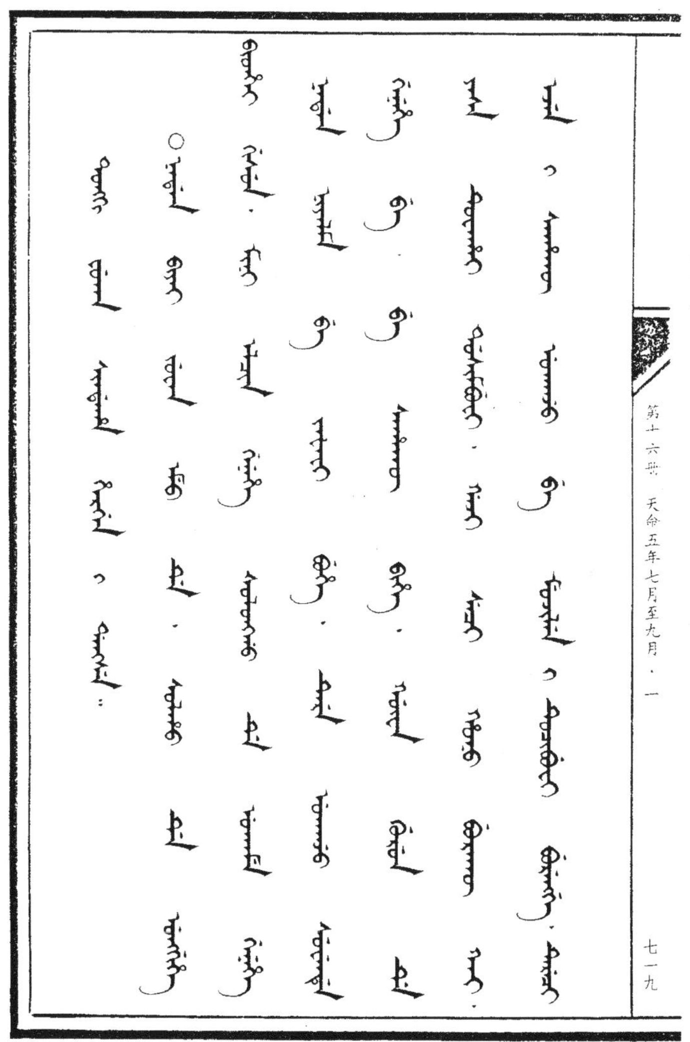

金國致朝鮮書（局部）天命五年七月十一日
《內閣藏本滿文老檔》，北京，中國第一歷史檔案館典藏

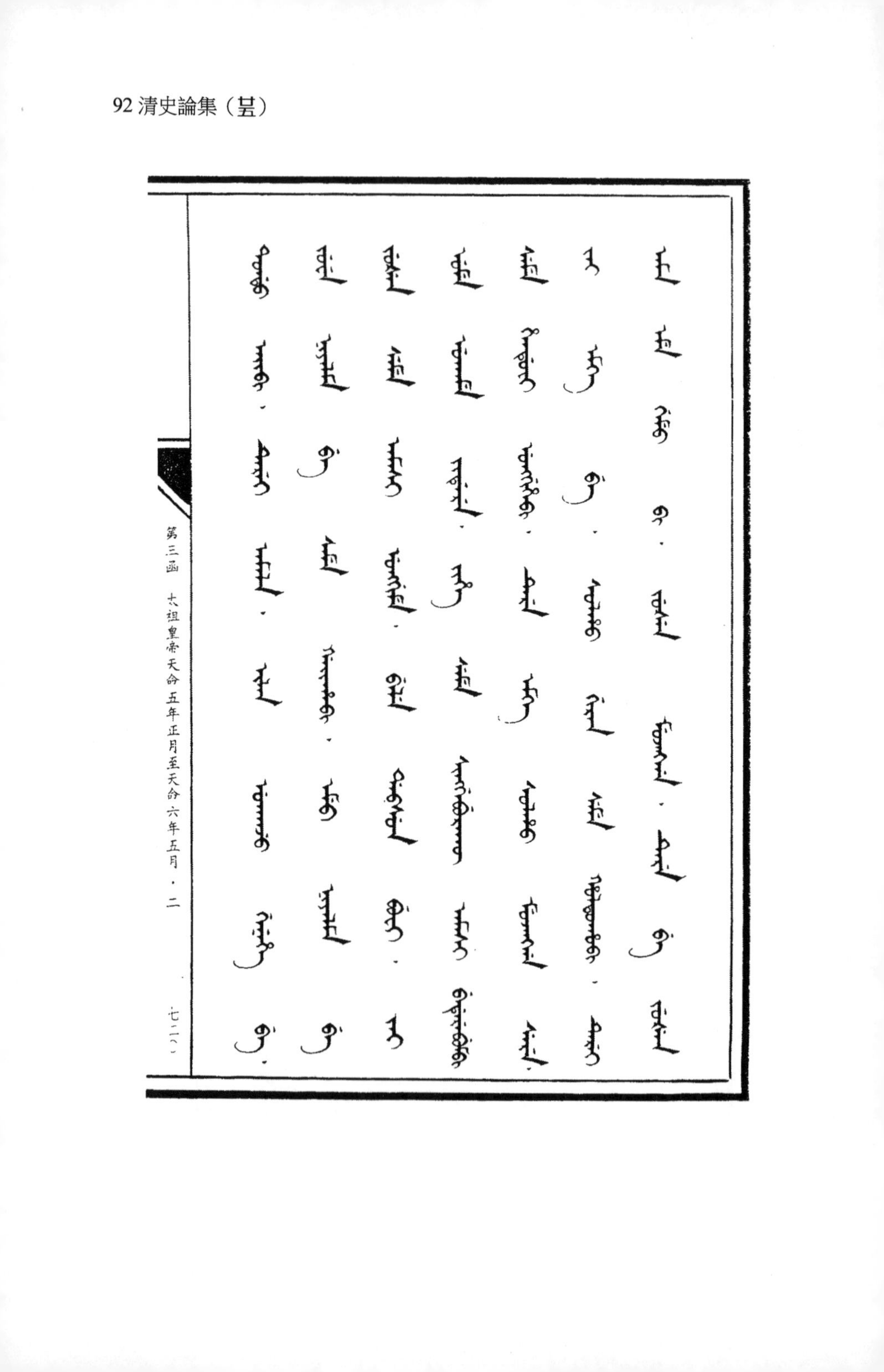

第三函 太祖皇帝天命五年正月至天命六年五月・二

七二八

公聽並觀—清朝雍正十三年條奏檔的史料價值

國立故宮博物院現藏宮中檔，除部分上諭、廷寄、清單及夾片外，最主要的就是清朝臣工繳回宮中，置放於懋勤殿等處的御批奏摺。依奏摺書寫文字的不同，可分為漢字摺、滿字摺與滿漢合璧摺等；依奏摺性質的差異，則可分為請安摺、謝恩摺、奏事摺與條陳摺等。臣工凡有建白，即可具摺條陳，此類摺件就是所謂條陳摺（hacilame wesimbure jedz）。雍正十三年（1735）八月二十三日，清世宗崩殂，清高宗御極後，為欲周知庶務，洞悉利弊，於同年九月十九日頒降諭旨，命廷臣輪班條奏。其諭旨云：「帝王御宇，必周知庶務，洞悉民依，方能措置咸宜，敷施悉協，是以明目達聰，廣咨博採，俾上無不知之隱，下無不達之情，乃治平天下之要道也。我皇考聖明天縱，生知安行，智周道濟，昭晰靡遺，然猶虛衷延訪，公聽並觀，時令在廷臣工條奏事件。凡有敷陳當理，裨益庶政者，立見施行，並加獎敘。十三年以來，政治澄清，蕩平正直，貽天下萬世以久安長治之庥。蓋所取於集思廣益者，非淺鮮也。以朕藐躬何敢上擬皇考盛德於萬一，且自幼讀書宮中，從未與聞外事，耳目未及之處甚多，允宜恪遵皇考開誠布公之舊典，令在京滿漢文武諸臣仍照舊例，輪班條奏，其各抒所見，深籌國計民生之要務，詳酌人心風俗之攸宜，毋欺毋隱，小心慎密，不得互相商搉，及私為指授，如此則朕採擇有資，既可為萬幾之助，而條奏之人，其識見心胸，朕亦可觀其大略矣。再翰林讀講以下，編檢以上，從前曾蒙皇考特旨，令其條奏，不在輪班之列，今若確有所見，亦准隨時封奏[1]。」滿漢文武大臣遵旨敬陳「管見」，以為朝廷施政的參考，奏摺進呈御覽後，俱發下總理事務王大臣議奏。其中滿文條奏檔計約八十餘件，具奏人包括宗人府衙門稽查事務監察御史宗室塞魯（dzung žin fu yamun i baita be baicara, baicame tuwara hafan uksun seru）等六十餘人，除少數部院文職人員外，大多數為八旗武職人員；漢文條奏檔計約二百餘件，具奏人包括大學士朱軾等一百餘人，除少數漢軍旗都統、副都統外，大多數為部院大臣。

滿文條奏檔因以滿文書寫，故不失為研究清初滿文的珍貴語文資料，例如漢文「為敬陳管見事」一語，滿文原摺或作「ser sere saha babe tacibume gingguleme wesimbure jalin」，或作「majige saha babe tacibume gingguleme wesimbure jalin」，或作「heni saha babe gingguleme tacibume wesimbure jalin」，或作「heni majige saha babe gingguleme tacibure jalin」，或作「majige saha babe tacibufi wesimbure jalin」，或作「majige saha babe gingguleme tacibufi wesimbure jalin」。前引各句中對「管見」的表達方式不同，而且tucibume與tucibufi的用法亦略異。又如漢文「馬略瘦」一詞，新滿文應讀如「yali jokson」，但鑲白旗蒙古副都統官保（kubuhe šanggiyan i monggo gūsai meiren i janggin guwamboo）原摺却作「yali joksun」。漢文「抵罪」一詞，新滿文應讀如「weile de fangkabumbi」，宗人府衙門稽查事務監察御史宗室塞魯原摺則作「weile de fanggabumbi」。品級較高的官員，新滿文應讀如「ambakasi hafan」，正黃旗蒙古副都統塞爾登（gulu suwayan i

1 《大清高宗純皇帝實錄》，卷三，頁六，雍正十三年九月乙卯，上諭。

monggo gūsai meiren i janggin selden）原摺則作「ambagasi hafan」。漢文「殺淨了」一詞，新滿文應讀如「gisabume waha」，鑲紅旗滿洲副都統阿克敦（kubuhe fulgiyan i manju gūsai meiren i janggin akdun）原摺則作「gisebume waha」。在各例中「ka」與「ga」，「sa」與「se」的發音略有不同，可供探討滿洲語文的參考。

條奏檔所指陳的內容，具有極高的史料價值，涉及的範圍頗為廣泛，舉凡滿洲漢化、八旗生計、旗員陞遷，以及財政經濟等方面的資料，俱有助於清史的研究，其中關於旗務問題的檢討，尤為詳盡。清高宗即位後曾指出八旗大臣辦理旗務，錯謬之處甚多，輕視公務，以至於旗務廢弛。易言之，條奏檔也可說是檢討清世宗朝施政得失的重要資料。雍正十三年（1735）十一月初五日，宗人府衙門稽查事務監察御史奉恩將軍宗室都隆額（dzung žin fu yamun i baita be baicara, baicame tuwara hafan, kesi be tuwakiyara janggin, uksun durungge）條陳時指出旗人風俗日益澆漓，定例子女居喪期間不得嫁娶，但旗人中有因父母疾篤，慮喪服之後不能成婚，而於數日內擇定吉日，匆促趕辦喜事者。又有因父母去世，於殯殮之前，將喪事暫時延後，先行嫁娶者。都隆額於原摺內稱「ere tacin, daci nikan ujen coohai urse ci deribuhengge, te manju sa inu alhūdame yaburengge bi.[2]」意即「此種習俗，原始自漢軍旗之人，今滿洲們亦有效法者。」為正人倫，端正風俗，都隆額奏請通飭八旗於喪事期間，嚴禁嫁娶。巡視東城翰林院侍讀學士，兼掌京畿道事監察御史石介亦奏稱「臣雖旗人，自幼隨父母鄉居二十餘年，見直隸地方紳衿居民時有當父母或祖父母既歿之後，未卜送葬時日，預選婚娶良辰。至期，孝裔新婦俱著吉服，成夫婦

2 《宮中檔雍正朝滿文奏摺》，第三十三號，雍正十三年十一月初五日，都隆額奏摺。

禮，名曰孝裏服，鄉鄰親友猶群相稱慶，以為克全大事焉。聞南直亦有此惡習，名曰成凶。數年來，外城居民以及八旗無知輩竟有從而傚尤者[3]。」是月初十日，清高宗頒諭飭令居喪禁止嫁娶，自齒朝之士，下逮門內有生監者，三年之喪，終喪不得嫁娶，違者奪爵褫服。

滿洲在入關前，其文化方面的發展已極迅速，滿文的創製與八旗制度的建立就是想創造適合於滿洲社會的文化成分[4]。但由於滿洲文化的力量居於劣勢，始終處於漢文化的寄生狀態之下。因此，滿洲在軍事方面雖征服漢族，然而其文化終為漢族所同化。清初由於八旗生齒日繁，錢糧短缺，一方面為提供兵源，一方面為解決旗人的生計問題，故特重養育兵（hūwašabure cooha）的教育訓練。護軍營、前鋒營俱為八旗精銳營，其兵源即由養育兵內抽調。這些養育兵是八旗滿洲、蒙古、漢軍的幼年子弟，揀選其中身材較魁梧者為養育兵，此外亦揀選寡婦幼童及無錢糧的孤兒。養育兵每人各吃錢糧三兩，不必當差，由各旗派出參領（jalan i janggin）、閑散官（sula hafan）、驍騎校（funde bošokū）負責教導騎射及滿洲語。清初滿洲老人仍相傳滿洲兵若滿三百則所向無敵，其原因就是由於滿洲長於騎射。平日練習射箭，命中率較高，騎射出眾者，賞給銀兩。但因承平日久，年少旗人多忘根本，只求弓箭強大，外型美觀，姿態好看，命中率却不高。輪班射擊時，箭靶使用二三次，仍未損壞，完整的帶回。大理寺少卿巴德保（dai li sy yamun i ilhi hafan badeboo）具摺指出這些惡習是由於倣效漢教習所致。內閣侍讀學士佟濟（dorgi yamun i adaha bithei da tungji）

3 《宮中檔雍正朝漢文奏摺》，第七十七箱，三〇六包，五五一七號，雍正十三年十一月，石介奏摺。

4 管東貴撰，〈滿族入關前的文化發展對他們後來漢化的影響〉，中央研究院歷史語言研究所集刊，第四十本，民國五十七年十月，頁 264。

亦奏稱旗人多染漢人惡習，騎射時並不騎自己的馬匹，常租用馬匹，收馬放馬，未經嚴格訓練，回頭就跑。清初諸帝雖然三令五申飭諭滿人使用滿洲語文，以守本習。但皇帝本人在訓諭中動輒長篇累牘的引用漢人經典，以曉諭滿人，漢化的潮流，已難遏阻。清世宗披閱滿文奏摺時，往往以漢文批諭，例如雍正二年（1724）四月十八日，撫遠大將軍年羹堯奏聞達賴喇嘛遣使一摺，原件為滿文奏摺，清世宗以漢文批諭云「剌麻和尚道士就是此一種婦人之仁，不論是非四字，回得甚好。但西藏備萬餘兵拒捕羅卜藏丹盡，今又替他討饒恕，朕略不解，依你看來，他們是什麼主意，來人光景如何？丹盡若逃往藏，他們如何區處，可將乞寬來字翻譯的閑帶來看看[5]。」漢軍旗的奏摺（wesimbure jedz）、綠頭牌（niowanggiyan uju），例應以滿文書寫，但在雍正年間多已改用漢字。雍正十三年（1735）十一月十四日，正紅旗漢軍副都統巴什（gulu fulgiyan i ujen coohai gūsai meiren i janggin baši）條陳時曾指出奏摺、綠頭牌若仍書寫漢字，日久之後，漢軍旗人學習滿洲語文者，必漸稀少，以至於不諳滿洲禮法。故奏請飭令八旗漢軍所有奏摺、綠頭牌仍照舊例書寫滿字，一方面使漢軍旗人各自得以學習滿洲語文，效法滿洲禮法；一方面八旗奏事亦可畫一。天聰初年，漢人日眾，清太宗為緩和滿洲社會內部的不安，借重漢人的政治經驗，推行中央集權政策，而於天聰四年（1630），將漢官漢民自滿洲大臣家中拔出，另成漢軍旗[6]。但由於漢軍旗的成立，更加速了滿洲的漢化，漢軍旗遂成為滿洲漢化的催化劑。滿洲固然深染漢習，蒙古亦然，清聖祖有鑒於此，特將清文鑑（manju

---

5 《年羹堯奏摺專輯》（國立故宮博物院，民國六十年十二月），中冊，頁 491。

6 趙綺娜撰，〈清初八旗漢軍研究〉，《故宮文獻》（國立故宮博物院，民國六十二年三月），第四卷，第二期，頁 61。

gisun i buleku bithe）一書譯出蒙文，付刻印刷，頒給外蒙古扎薩克及八旗各學塾。雍正十三年（1735）十一月十三日，內閣侍讀學士舒魯克（dorgi yamun i adaha bithei da suluk）具摺指出八旗蒙古生長於京師的年輕子弟，多忘根本，能說蒙古話者已甚少。舒魯克指出清文鑑書板仍存武英殿，請飭令八旗若有情願刷印滿蒙文合璧清文鑑之人，可預領紙墨租金刷印，俾對有志於學習蒙古語文者有所裨益。各部院衙門筆帖式，定例三年舉行一次繙譯考試，其中漢軍筆帖式不能繙譯者，令其離職，考列頭等者，以中書補用。滿洲、蒙古筆帖式內不能繙譯者，令其離職，列入頭等者，並無獎勵條例，以致考試優異者，因無晉陞之途，故不重視滿蒙語文。雍正十三年（1735）十一月初九日，監察御史、佐領明圖（mingtu）奏請嗣後滿洲、蒙古筆帖式不能繙譯者，除照舊令其離職以外，其考入頭等無品級的筆帖式，給與品級，已有品級的筆帖式，亦照漢軍筆帖式之例，給與晉陞之途即以中書補用。據清高宗指出當時繙譯多不能順滿文會意，按照滿文本義繙譯。清高宗提倡及維護滿洲語文不遺餘力，曾經屢頒諭旨，繙譯滿文必順滿文會意，不得捨滿文語氣，因循漢文繙譯。各部院會奏事件，多繕寫滿漢合璧摺，但雍正三年（1725）以降，此類奏摺已屬罕見，各部院為圖簡便，僅書寫漢文，不復譯出滿文。雍正十三年（1735）十月，清高宗頒諭云「從前當皇考元年二年間，各部院奏事，俱兼清漢文，近見衹用漢文者甚多，著諭各部院嗣後凡奏事，俱兼清漢文具奏[7]。」惟終乾隆一朝，不僅滿漢合璧摺罕見，即滿文奏摺件數亦少。乾隆五十二年（1787）十一月，據喀寧阿等奏稱考試八旗各處滿洲教習，在進呈試卷內，所繙「風俗」字樣，俱繙作「安科禮」（an kooli）。清高宗指出其繙清雖照舊定

7 《大清高宗純皇帝實錄》，卷五，頁 40，雍正十三年十月癸巳，上諭。

成語，但初定成語時已失字意。因久行不易者，稱為「科禮」（kooli），隨時成習者，稱為風俗。因此，漢文「風俗」字樣應繙作「格掄尼塔親」（geren i tacin）。

滿洲入關之初，各人頗有家產，但因年久，丁口蕃衍眾多，一戶分為數戶，又再嫁娶，生計日艱。而且旗人受朝廷豢育，不思衣食所自來，競尚奢華，爭習僭侈，器用服飾稍不精麗，無不深以為恥，每月所得錢糧米石，耗費殆盡，及至家計窘迫，父母妻子多有凍餒者，不得不將家產田地以賤價出售或典押，其生活遂更不如昔日，志衰氣靡，無心習練技藝。考其原因，一方面是由於生齒日繁，一方面則因俗尚奢侈所致。雍正十三年（1735）十二月初五日，正藍旗蒙古都統宗室塞貝（gulu lamun i monggo gūsai gūsa be kadalara amban uksun sebei）具摺指出滿洲家奴（booi ahasi）跟隨其主人年久，侵蝕銀財，將滿洲出售或典押的田地，以賤價購買，而擁有廣大產業，家奴因多置產業，以致僭越鑽營，仗勢滋事，滿洲家產却傾蕩殆盡[8]。旗員向倚錢糧為生，其中八旗護軍校（juwan i da）、驍騎校（funde bošokū），多由兵丁出身，家中鮮有蓄積，僅仰賴一人的俸祿（funglu），上當官差，下贍家口。此二項微員應領俸祿，每年分春秋二季支領，雍正十年（1732）三月，和碩果親王允禮奏請依照兵丁之例，按月關領，每月得銀五兩。但每年分為十二次發放，逢閏月時則無俸祿可領，生活遂無以為繼。雍正十三年十一月十九日，鑲白旗蒙古副都統鄂齊爾（kubuhe šanggiyan i monggo gūsai meiren i janggin ocir）奏請嗣後每三年逢二次閏月時，護軍校、驍騎校各增給一個月俸祿，全年領十三個月俸祿。

---

8 《宮中檔雍正朝滿文奏摺》，第七十六號，雍正十三年十二月初五日，塞貝奏摺。

各部院衙門學習行走的候缺筆帖式是由八旗前鋒、護軍、領催及拜唐阿（baitangga）在當差吃錢糧時經由繙譯考試後所錄取的舉人、秀才、監生。但前鋒、護軍、領催分發各部院衙門以後，並無俸祿，其原來所吃的錢糧米石却被裁去，不再支給。每月僅照部院筆帖式之例，支給一兩公費，以致窮苦難度。雍正十三年（1735）十二月初五日，正藍蒙古旗都統宗室塞貝（sebei）奏陳吃錢糧的拜唐阿等經繙譯考試分發各部院學習行走後，請仍准其吃原來的錢糧米石，俟補得筆帖式正缺後，再將其原吃的錢糧米石裁去。

從條奏檔內滿漢文武大臣所指陳的旗務問題，可以看出八旗武職人員的陞遷，辦理頗不一致，亦多不合理之處。例如八旗滿洲蒙古每旗除甲喇章京（jalan i janggin）、副甲喇章京（ilhi jalan i janggin）各定為五人以外，其委甲喇章京（araha jalan i janggin）亦定為五人，甲喇章京出缺時，由副甲喇章京內揀選補放，副甲喇章京出缺時，由委甲喇章京內揀選補放。然而漢軍旗（ujen coohai gūsa）只有正副甲喇章京各五人，並無委甲喇章京，當漢軍旗副甲喇章京出缺時，即以閑散官（sula hafan）、驍騎校（funde bošokū）內揀選補放。惟閑散官、驍騎校品級既低，又未曾管理甲喇事務，補放副甲喇章京後，因缺乏經驗，絲毫不能辦事。雍正十三年（1735）十月初三日，鑲黃旗滿洲都統查爾泰（kubuhe suwayan i manju gūsai gūsa be kadalara amban jartai）具摺指出副甲喇章京為正四品，閑散官、驍騎校補放為副甲喇章京是躐等晉陞，故奏請於漢軍旗內亦照滿洲蒙古旗設置委甲喇章京五人，應於閑散官、驍騎校內揀選補放，暫定為五品銜，副甲喇章京出缺時，即由委甲喇章京內揀選補放。在前鋒營內置八旗前鋒章京（gabsihiyan i janggin）、前鋒侍衞（gabsihiyan i hiya）各十六員，前鋒章京出缺時，俱由護軍甲喇章京（jalan i janggin）內遴選補放，前鋒侍衛出缺時，則揀選副護軍章京、前鋒護軍校（gabsihiyan i juwan i da）奏請補放。前鋒侍衛為第五品，雍正十二年（1734），定副護軍章京為第四品，嗣後前鋒侍衛出缺時，副護軍章京停止遴選補放。但據右司前鋒章京桑格（sangge）指出前鋒侍衛雖為五品，但有管理一旗之職，與護軍章京同樣領取御前馬甲（gocika uksin）錢糧三兩，副護軍章京只領二兩。因此，桑格奏請前鋒侍衛出缺時，仍開列副護軍章京之名，帶領引見，領取三兩錢糧。護軍章京、護軍校皆有管理甲喇牛彔、護軍及教導騎射之責。八旗護軍營（bayarai kuwaran）的護軍章京、護軍校出缺時，由本旗選出應陞護軍統領（tui janggin）補放。各翼四旗彙齊甄選後連同八旗應補護軍章京、護軍校各缺所揀選的人員一併彙集繕寫在同一摺子內，於奏請補放之日，一次補放，頗需時日，要缺虛懸，有碍旗務。雍正十三年（1735）十一月初三日，正白纛護軍甲喇章京西圖庫（bayarai jalan i janggin situku）奏請嗣後護軍章京、護軍校出缺時，或定一月，或定二月期限內彙齊後即奏請補放，不必俟八旗各缺彙齊限一次補放。八旗世襲各官出缺後，俱於年終將八旗摺子家譜一律對照後始一次彙奏承襲。惟俟至年終，世襲官出缺各旗為數甚多，以致在旗差行走的承襲官即因此減少，出缺之家亦暫時得不到俸祿。向例八旗世襲牛彔章京承襲官亦俟年終奏請補放，雍正十一年（1733），訥親（necin）以牛彔章京辦理牛彔事務，職責重要，不可久懸，故奏准由各該旗辦妥後即奏請補放。雍正十三年（1735）十一月十六日，鑲白旗滿洲甲喇章京都依齊（kubuhe šanggiyan i manju gūsai jalan i janggin duici）奏請八旗世襲官出缺時亦比照牛彔章京承襲之例，將八旗有摺子家譜的世襲官由該旗辦妥後即行奏請承襲，如此世襲官可及時得到俸祿，且在旗差上行走之員亦可增多。總理事務王大臣議覆時亦指出八旗世襲官雖非牛彔章京可比，惟懸缺甚多，應照都依齊所奏，嗣後停止世襲官候至年終會奏之例，由各該旗於辦妥後即行奏請承襲。八旗武職人員，自兵丁領催上至官弁一應補放揀選俱以弓馬定其優劣，向例各省駐防漢軍每遇缺出，該將軍於應陞人員內揀選一人擬正，咨送漢軍旗，該旗揀選一人擬陪，引見補放。自雍正元年（1723）以後，僅奉天仍照舊例辦理，其餘西安、京口、杭州、廣州、福州等處，凡防禦、驍騎校員缺俱由該將軍預行揀選題補，每次揀選領催、驍騎校名數多寡不等，預行咨部帶領引見，分別等次記名交與該將軍遇有驍騎校、防禦缺出題補。惟據正白旗漢軍左司掌關防参領金珩具摺指出其中題補先後有候至二三年者，有遲至七八年者，更有自領催既得題補驍騎校，旋遇防禦缺出，並不論其已滿三年或未滿三年之員，概不送部引見，復行題補防禦。旗員既經揀選，以為題補有期，不以弓馬為事，而未經揀選之人，則以為各缺題補有人，懶於學習騎射，因此，金珩奏請各省駐防驍騎校、防禦缺出時仍遵向例辦理[9]。

清初勳舊佐領（fujun niru）及世管佐領（jalan halame bošokū）的驍騎校皆辦理本牛彔的事務，其後恐驍騎校逢迎牛彔章京（nirui janggin），而將驍騎校全部改調到異姓勳舊佐領及世管佐領內辦事，因其不諳牛彔的根由，對於辦理牛彔事務實無裨益。雍正十三年（1735）十一月十四日，正紅旗漢軍副都統巴什（gulu fulgiyan i ujen coohai gūsai meiren i janggin baši）奏請將被調出的驍騎校仍令其回到本牛彔辦事。由於八旗牛彔的異動，日久以後，遂有不明其根由者。凡有不明的牛彔皆須查看內閣收藏的實錄，始能得

9 《宮中檔雍正朝漢文奏摺》，第七七箱，三〇六包，五六一〇號，雍正十三年十一月初二日，金珩奏摺。

悉其根由。太僕寺衙門少卿定柱（dingju）指出查看牛彔之事，皆始自天命(abkai fulingga)元年(1616)至崇德(wesihun erdemungge)八年（1643)。舊例規定查閱實錄時應由該旗大臣率領甲喇各官、領催（bošokū)、馬甲（uksin）前往內閣詳查實錄，惟因實錄關係重大，外人不許閱看，故巴什奏請乘當時整理實錄之便，飭令內閣將所有牛彔根由，按年月日逐件查明，另立檔冊，嗣後查閱牛彔之事時，僅需調閱牛彔檔冊即可。雍正十三年（1735）十月十八日，和碩莊親王允祿（hošoi tob cin wang yūn lu）指出滿洲八旗皆有收貯抄寫的實錄，八旗承襲官爵發生爭執及查明牛彔根由時，俱以實錄為依據。惟因各旗查閱實錄時，旗上人員眾多，不免洩露，甚至有無知之輩，乘查閱檔冊之便，見有與其祖先名字相似者，即行記下，橫生枝節，爭索互控，堅持不讓。因旗上無法決斷，仍須行文內閣查閱實錄及無圈點檔冊，或行文戶兵各部查閱舊檔。易言之，八旗所收貯抄寫的實錄，並無益處，徒生爭執。因此，允祿奏請將八旗所收貯的實錄俱送交內閣，嗣後八旗若有應查事件，即循舊例行文內閣查閱實錄及無圈點檔冊[10]。允祿所指無圈點檔（tongki fuka akū dangse）應即為《滿文原檔》，由此亦可知實錄、《滿文原檔》的功用及其重要性。

條奏檔內所含財政經濟史料亦極重要，例如臣工對耗羨歸公的意見，頗值重視。耗羨是正賦以外所徵收的一種附加稅，內含米耗即鼠耗、雀耗以及火耗等項，米耗起源較早，火耗似起源於徵銀以後，至遲在明代已有火耗[11]。元寶銀是秤量貨幣，而非計數貨幣，本色折銀鎔銷改鑄時，不無折耗，而輾轉解送，在在需費，

10 《宮中檔雍正朝滿文奏摺》，第四號，雍正十三年十月十八日，允祿奏摺。

11 王慶雲著，《熙朝紀政》，卷三，頁 46；莫東寅撰，〈地丁錢糧考〉，見《中和月刊史料選輯》，第二冊，頁 682。

州縣徵收錢糧時遂於正項之外稍取盈餘，以補折耗之數[12]。銀色優劣有差等，最佳者為足色紋銀，不良銀色，徵收鎔鑄時損耗更多。其初僅限於不良銀色徵收火耗，後來相沿成例，折銀交納時一律徵收附加稅。民間完糧，多為小錠碎銀，州縣必須傾鎔，有火則必有耗。其提解赴司，又有平頭脚費，沿路盤纏，俱由納稅者負擔。清初課稅方針，極力避免增加正賦，州縣遂藉口種種名目，公然加添重耗，火耗病民由斯而起。清世宗御極之初，財政上困難重重，直省庫帑虧空纍纍，上司津貼取資於下屬，州縣侵用耗羨，上司索取無窮，州縣巧於逢迎，加派百姓，上下相蒙，地方吏治，積弊叢生。雍正二年（1724），清世宗正式准許將提解耗羨合法化以後，遂以通省耗羨定為通省養廉，彌補虧空及各項公用等，上既不累官，下亦不擾民，堪稱兩便。一省之中不能無公費，各官不能無養廉，故提解耗羨為實際需要。耗羨歸公以後，各省虧空逐年清理完補，督撫藩臬等員的養廉俱由耗羨內支給，餽贈陋弊漸漸革除，道府州縣各員養廉銀兩，亦無多寡不均之患，遇有公事亦可取給於耗羨，既免攤派，於地方公事，亦不致貽誤，對整飭地方吏治頗有稗益。但所謂耗羨歸公，乃是將耗羨提解司庫，以備地方臨時需用，不同於正項，更不可撥解中央[13]。易言之，耗羨歸公的公是指「地方之公用，乃私用之公用，非國家之公用[14]。」而且提解耗羨原為一時權宜之計，清世宗初意亦欲俟虧空清完後即停止提解。但直省奉行數年以後，頗有裨益，紛紛奏請照舊提解，毋庸提解，嗣後提解耗羨遂成定例。清世宗提解耗羨，原期

12 鑄版《清史稿》（香港文學研究社出版）上冊，食貨志，賦役，頁 438。

13 拙撰，〈清世宗與耗羨歸公〉，《東吳文史學報》（民國六十五年三月），第一號，頁 15。

14 《宮中檔雍正朝漢文奏摺》，第七十七箱，五一二包，一九三七八號，雍正五年八月二十六日，塞楞額奏摺。

有益於國計民生，同時為朝廷與百姓設想，府庫充裕之後，即可議減耗羨。然而督撫中若有議減火耗者，又不免遭受嚴斥。州縣以養廉微薄，私侵火耗，地方紳衿包攬錢糧，暗徵重耗，百姓額外負擔並未輕減。耗羨提解既久，遂漸同正項，州縣胥役重複徵收，於耗羨之外又增耗羨，養廉之中又私取養廉。雍正十三年（1735）十一月二十日，詹事府少詹事許王猷條陳時指出雍正年間提解耗羨之流弊云：「夫州縣之有耗羨也，緣州縣徵解錢糧其平色傾銷必有折耗，解司解部必有路費，於是乎有耗羨之名。州縣之廉潔者，不藉是以肥己則取之甚輕，其有重耗者，督撫即列以為款而糾參之，誠以耗羨乃私項而非公項也。自後相沿成例，日漸加增，至有加一加二加三之不等，州縣以之飽私槖餽上官，上下相蒙，公行無忌，山西巡撫諾岷、河南巡撫田文鏡遂有提解耗羨之請，以為取州縣之私槖作公共之養廉，陋規既除，公事可辦，似無累於民生而有益於國計，一時廷臣議准所請，各省遵行在案。獨是耗羨未經提解之時則為私項，小民尚望有輕減之一日，既經提解，便屬公項，小民永難望一毫之減少。況乎平色傾銷及解費等項，仍有折耗，州縣必不肯以己之養廉代為賠墊，勢不得不暗加之小民，雖有委員拆封及同城官公同拆封之例，總屬虛文，徒滋煩擾。初行之時或以功令森嚴，不敢驟為加重，今行之數年，已漸漸加增矣，將行之既久，勢必又如前此之相沿成例，而公行無忌，在百姓無可告訴，惟有竭蹶奉公，以免追呼[15]。」質言之，耗羨歸公固為清世宗整理財政中顯著成就之一，然而利弊相循，行之數年，積漸而成擾民之政，雖有益於國計，惟其加累於小民者亦甚鉅。

15 同前檔，第七十七箱，三〇六包，五五九九號，雍正十三年十一月二十日，許王猷奏摺。

在條奏檔內亦含有極豐富的錢法史料，足供探討清初的貨幣制度，於考察當時社會經濟的發展，頗有裨益。有清一代的幣制，是屬於一種銀錢並用的雙本位制度[16]，銀錢兼權，亦即「銀與錢相為表裏，以錢輔銀，亦以銀權錢，二者不容畸重。」銀有元寶、中錠、小錁、福珠及銀條、碎銀等種類。其中元寶是以大條銀或碎銀鑄成，形似馬蹄，俗稱馬蹄銀，又稱紋銀，適用於大宗貿易。但嚴格而言，銀以兩計，衹是一種秤量單位，尚非眞正的貨幣。在貨幣中流通最廣，為民生日用所不可或缺者則為錢，這是一種以文計算的計數貨幣。其幣材主要為黃銅，惟其形式、文字、重量、成色都有定制，由官方設局鼓鑄，故稱為制錢。銀兩與銅錢雖然同時流通，但兩者相互之間並沒有一定的法定價值聯系，所以是不完整的銀錢平行本位制度。清初銀錢的比價，大致而言是以紋銀一兩兌換制錢一千文為標準，若其兌換制錢之數，在一千文以上時，即發生銀貴錢賤的現象，反之，即發生銀賤錢貴的現象[17]。清太祖時期初鑄「天命通寶」，以滿漢文別為二品，清太宗因之，鑄「天聰通寶」，滿文作「淑勒汗之錢」（sure han ni jiha）。清世祖順治元年（1644），於戶部置寶泉局，工部置寶源局，分鑄「順治通寶」，每文重量為一錢。次年，改鑄一錢二分。順治十四年，加至一錢四分。順治十八年（1661）三月，清聖祖即位後，以各省滿漢字新錢鑄造無多，舊鑄厘字制錢，暫准行使二年後收燬，以便小民貿易。是時由於錢法漸弛，鼓鑄收銅，滋生弊端，以致制錢日少，錢價昂貴，百姓甚感不便。康熙十八年（1679）九月，清聖祖一面命戶、工等部整頓弊端，定議具奏；一面命各

16 譚彼岸撰，《清中葉之貨幣改革運動》，見包遵彭等編《中國近代史論叢》（正中書局，民國四十七年十月），第二輯，第三冊，頁38。
17 劉翠溶著，《順治康熙年間的財政平衡問題》（嘉新水泥公司文化基金會出版，民國五十八年八月），頁9。

部院衙門將所有廢銅、器皿、毀壞銅鐘，及直隸各省所存廢棄紅衣大小銅礮等盡行解部鼓鑄。

清末宣宗道光年間，由於紋銀大量外流，而發生銀貴錢賤的現象。在道光初年，紋銀每兩尚可兌換制錢一千二百文，至道光十八、九年，銀價騰貴，每兩易制錢一千六百文，較前增加四百文。至道光二十五年（1845），京師銀每兩竟易制錢二千文，各省所易制錢多達二千三、四百文。其主要原因是受鴉片輸入、國際貿易、制錢實質減輕、制錢私鑄、紋銀積蓄、銅產發達等因素的影響，終於造成道光末年的嚴重銀荒[18]。然而清朝初年社會經濟方面最嚴重的問題，却是銀賤錢貴，與道光年間的銀貴錢賤的情形恰恰相反。按向例每錢一串，值銀一兩，但至康熙二十三年（1684）每銀一兩，僅易制錢八九百文，錢日少而價日昂，其主要原因實由於「奸民」燬錢作銅牟利所致。當時銀一兩僅買銅七觔有餘，若燬錢一串，却可得銅八觔十二兩，有利可圖。同年七月，管理錢法侍郎陳廷敬奏請改鑄稍輕制錢，每錢約重一錢，如此，燬錢為銅，既無厚利，則燬錢之弊不自絕，錢價可平。清聖祖准其所請，將大制錢改鑄重一錢。錢式改小固易，但錢價低賤，諸物騰貴。康熙三十六年（1697），田禾大有，而米價高昂，即因錢輕價賤，所以米貴。康熙四十一年十月，大學士會同九卿議准仍鑄大錢，重一錢四分，停止鼓鑄小錢，惟錢重價昂，銷燬盛行，錢貴如故。康熙六十一年（1722）十一月，清世宗即位後，大學士等奏頒雍正年號錢文式樣，惟是時錢價騰貴，故如何平抑錢價，方為當前急務。清世宗有鑒於此，乃令總理事務王大臣九卿等公同會議具奏，旋經議准於雲南、四川兩省設爐鼓鑄。是年十二月，

---

18 湯象龍撰，〈道光時期的銀貴問題〉，《中國近代史論叢》，第二輯，第三冊，頁28。

戶部議奏，雲南鑄錢，錢上滿字，鑄雲泉字樣，京城二局則係寶泉、寶源字樣。因錢為國寶，清世宗又降旨，將雲南鑄錢滿字，鑄「寶雲」、四川鑄「寶川」，其餘各省俱將「寶」字為首，次將本省字樣鼓鑄。京師錢局，每年鼓鑄，制錢雖尚不至於缺乏，但各省未能流布，民用不敷。清世宗指出其癥結，主要為私鑄盛行，將制錢暗行銷燬，以致不能遠近流通。雍正三年（1725）五月，清世宗命直隸及各省督撫申飭地方官密訪查拏，嚴行禁止。雍正四年正月，陝西道監察御史覺羅勒因特指出私燬不絕制錢日少的原因，是因當時大制錢，每文仍重一錢四分，以銀一兩，可易大錢八百四五十文，約重七斤有餘，製造銅器，却可賣銀二三兩，其中如烟袋一物，雖屬微小，然而用者多，銷路廣，燬錢十文，製成烟袋一具，售價值百文有餘，奸民可圖十倍之利，安得不爭相銷燬大錢。因此，覺羅勒因特奏請飭令步軍統領、五城、順天府嚴行禁止。戶部衙門議覆稱「康熙十八年已嚴銅器之禁，三十六年又定失察銷燬制錢處分之例，而弊仍未除者，以但禁未造之銅，其已成者置之不議也。臣等酌議，欲杜銷燬制錢之源，惟在嚴立黃銅器皿之禁，今請紅白銅器，仍照常行用，其黃銅所鑄，除樂器、軍器、天平法馬、戥子及五斤以下之圓鏡不禁外，其餘不論大小器物，俱不得用黃銅鑄造，其已成者，俱作廢銅交官，估價給值。儻再有置造者，照違例造禁物律治罪，失察官員，及買用之人，亦照例議處，則私燬之弊可息，而於錢法亦有裨益[19]。」「順治通寶」已定制以紅銅七成，白鉛三成搭配即黃銅鼓鑄而成，清廷但禁用黃銅器，不禁民間使用純銅，即紅銅器皿。是年九月，為永杜燬錢製器弊端，復降諭內閣，除三品以上官員准用銅器外，

19 《大清世宗憲皇帝實錄》，卷四〇，頁 30，雍正四年正月己未，據戶部議覆。

其餘人等不得使用黃銅器皿，定期三年，令將所有黃銅器皿，悉行報出，官給應得之價，如係旗人，則於本旗交官領價，漢官民人，則於五城交官領價，不論輕重多寡，隨便收買，違者重處。

清初民間私燬制錢，減少制錢流通數量，以致錢價昂貴，此與道光年間紋銀外流導致銀荒，其情形極其相似。清初黃銅器皿，價值昂貴，奸民遂銷燬制錢，以製造器皿。清世宗洞悉其弊，於是一方面不准各處舖戶人等添造黃銅器皿，一方面復將民間所用黃銅器皿，俱給價收買，以杜銷燬之源，並將收買的黃銅用來鼓鑄，以增加制錢數量。清世宗認為民間器皿，並非必定需用黃銅製造，有力之家，可以白銅、紅銅、鉛、錫代替，無力之家，則可使用價廉工省的木器、磁器。易言之，清世宗希望民間與朝廷合作，踴躍急公，亦可見清世宗為制錢籌畫，宵旰焦勞，委曲周詳。但畢竟因官價過低，雖經地方官嚴催，人民並不肯即行交納，甚至有遷移隱匿者。雍正五年（1727）四月，步軍統領阿齊圖竟於京師崇文門外，拏獲銷燬制錢的奸徒。近在輦轂，尚且如此，則鄉邑偏僻地方不問可知。是年九月，據奏各處督撫所駐省城銅器舖戶，鑄造黃銅器皿者仍不乏其人。清世宗雖曾斟酌三品以上官員許用黃銅器皿，惟鑒於濫用者甚多，乃降旨一品官員許用黃銅器皿，其餘概行禁止。雍正九年（1731）七月，因京師錢價益昂，清世宗飭令戶部議奏，戶部遵旨議覆應行應革事宜，所有將制錢販運出京及囤積居奇者，嚴行拏究，大小舖戶賤買貴賣多藏堆積長短錢，亦嚴行查禁，並令五城各廠發糶米石，所得錢文，發於各錢舖，照定價九百五十文兌換。自康熙四十一年（1702）復鑄重一錢四分制錢以來，至清世宗即位之後，繼續通行使用，惟因銅價騰貴，以致工本愈重，寶泉、寶源二局所鑄錢文，歲計虧折工本約銀三十萬兩之多。雍正十一年（1733）十一月，清世宗以錢重銅多，徒滋銷燬，踋緝不易，故令仍照順治二年（1645）例，每文鑄重一錢二分。總之，錢重則私銷盛行，錢輕則私鑄猖熾，清世宗解決錢貴問題的方法，但求如何因時制宜權衡得中，欲使銷燬者無利，而私鑄者亦不易，惟其結果仍無法杜絕私鑄之源，錢貴如故。

陳昭南氏著《雍正乾隆年間的銀錢比價變動》一書曾指出「雍正到乾隆中葉這段期間，錢價之所以昂貴，是因為制錢的供給不足；而制錢供給量之所以不足，則由於工業用銅的不足。歸根究底，這段期間錢價之所以昂貴，是因為全國銅供給量不足以滿足全社會的需要 —— 包括貨幣用途和工業用途的需要 —— 而引起的[20]。」清初工業用銅固然有欠充裕，惟其產量若用於鼓鑄制錢，實足以供應當時社會的流通需求，因此，制錢不足的癥結，仍在銷燬囤積以圖厚利的問題上，清廷嚴禁民間使用黃銅器，而仍准其使用紅銅器皿，即是有力證據。陳氏於同書中亦稱制錢不足，是促使銀錢比價昂貴的直接原因，因為在這段期間，制錢的鑄造量為數不少。京師戶、工兩局自康熙元年至十四年（1662-1675），每年約鑄三十萬串，雍正九年（1731）一年所鑄竟超過一百萬串。雍正十三年（1735）十月初八日，管理山西道事務監察御史七格（šansi doo i baita be kadalara baicame tuwara hafan cige）條陳時略謂「伏思制錢者，國之寶，天下兵民皆倚以為生，錢銀價值應令平穩。臣為令五城錢價平穩，曾出告示，嚴令執行，惟京城錢價仍未下跌，一兩之銀，僅兌換八百四十制錢。臣愚以為，嗣後除五城照常禁止以外，可否將五城售糧局廠所賣陸續交庫折錢交由該城眾官，其所賣之錢以公平價格兌換銀兩，按期限將銀交庫。

20 陳昭南著，《雍正乾隆年間的銀錢比價變動（1723-95）》（中國學術著作獎助委員會出版，民國五十五年六月），頁 42。

又查八旗兵每月支給錢糧一分或二分不等，得錢以後，於應支餉之月給錢一分者，即增給一分，而支給二分錢，於應支餉之月，給錢二三分者，亦增加一分，而支給三四分錢，則錢價自然平穩，於兵民實多益處，臣儘就所知，敬陳管見，應否可行之處，仰祈聖主明鑒，交部妥議，為此謹奏[21]。」銀一兩，僅易制錢八百四十文，銀賤錢貴的情形已極嚴重。同年十月二十一日，正白滿洲旗副都統偏圖於「敬陳管見」一摺中，首先指出順治年間舊錢，至康熙末年仍流通行使，但康熙末年所鑄制錢，於雍正十三年（1723-1735）之間，竟不見於市面，其主要原因仍在銷燬制錢以鍍煙袋等物，而且清世宗頒旨嚴禁使用黃銅器皿，惟未禁止收貯黃銅，遂啓銷燬制錢的弊端，其原摺略謂「竊思所謂錢者，國之寶，若其充裕，於眾人生活有益，因此禁用黃銅器皿，捉拏將制錢暗行銷燬之人，每月頒給制錢，惟錢並不寬裕，錢價並不便宜。將此細加思考，康熙五十幾年以前所用之錢內，仍雜有順治年間之錢。現在所用錢內，數百錢之中竟不見一二枚康熙年間之錢。順治十八年所鑄之錢，至康熙四十五十年仍存在，康熙六十一年所鑄之錢，於此十三年中間，幾已無存。詳察其事，竊思仍有暗行銷燬制錢者亦未可定，惟不知何人暗行銷燬。奴才為探查其事，差人購買吃煙銅袋。雜銅一袋內用制錢三十三枚，此三十三枚錢之重量為四兩二錢，一袋之重量為一兩五分，因袋之顏色不如錢，賣一袋若將錢銷燬則可鍍四袋，因此或有暗行銷燬制錢鍍袋圖利之惡徒。況且無私人賣銅者，而出售鍍袋之商舖懸掛所賣煙袋竟多達成百成千。每舖許多人每日工作不息，其銅並未斷絕，細思之，不可謂其無緣故。將制錢暗行銷燬，雖曾頒大禁令，惟甚難

21 《宮中檔雍正朝滿文奏摺》，第十號，雍正十三年十月初八日，七格奏摺。

捉拏。因未鎔燬之前係錢，不可捉拏，燬壞之後復為銅，亦不可捉拏，惟當鎔化之際，以及尚未鎔完以前，可以捉拏。若在屋內夜間秘密鎔化，則轉瞬之間，百串制錢即無痕迹。若其黨夥內不自行出首，實難拏獲。臣細思，吃煙之事，無益於飢渴冷暖，惟眾人皆成習慣，亦不便概行禁止。臣懇請自京城至各省，將吃煙之袋皆不准鍍銅，或改用紅銅鐵，或改用銀，永遠禁止使用黃銅袋。自公佈禁令日起限期三月，將現有黃銅袋飭令所屬各員儘速查收，其所獲者陸續解繳錢幣局，將黃銅價值由鑄錢局另給錢幣。若復鍍銅袋，即照銷燬制錢律例定罪，使用黃銅袋之人，即照使用黃銅物件律例定罪，如此禁止，暗行銷燬制錢之人，似易查拏。奴才粗陋寡聞，謹此奏聞，應否可行之處懇請聖主明鑒[22]。」雍正十三年（1735）十二月二十八日，戶部左侍郎仍管三庫署理兵部侍郎李紱於「請清銷燬制錢之源以重國寶以平錢價事」一摺中亦奏稱：「本年十一月二十六日欽奉上諭，嚴禁奸徒銷燬制錢，以康熙錢文稀少為銷燬之證，此誠我皇上至聖至明灼見弊源，確然而無可疑者也，但嚴禁銷燬之令屢下而奸徒之銷燬如故者，固由有司奉行不力，亦由銷燬之弊，難於查捕，非若私鑄者之廣聚徒眾，有爐有器，一捕而即得也。錢文入銅舖之爐即化為銅，未化之前原係制錢，不可得而捕也，既化之後，已成廢銅，又不可得而捕也，惟禁斷打造銅器之舖則銷燬亦無所用，而銷燬之弊不禁而自除矣。今現在功令亦既嚴禁打造黃銅器皿而銷燬公行，錢價不平者，止禁黃銅，未禁白銅與紅銅也。議者以白銅非制錢所用，不知今之所謂白銅皆黃銅也，議者以紅銅非制錢所化，不知今之所謂紅銅皆黃銅也。銅為錠錁煮以藥水，可為假銀，豈不能為白銅，嘉興烘罏以藥水染之作古銅色，豈不可充紅銅，故臣謂今所行白

22 同前檔，第六號，雍正十三年十月二十一日，偏圖奏摺。

銅紅銅皆黃銅也。或謂現今禁用黃銅器皿，則用銅之處甚少，不知即煙袋一物足以耗制錢而有餘。臣訪聞外間用制錢十數文打造煙袋一枝即可賣制錢六十八十文，小民嗜利，毫末必爭，頃刻取數倍之利，有不冒險為之者乎，今天下不用煙袋之人百不得一，猶有一人用數枝者，人之數千萬而無算，則煙袋之數亦千萬而無算，鼓鑄所出，豈足當銷燬之數哉[23]！」李紱於是奏請除鑄鏡及樂器而外，一切打造黃銅、紅銅、白銅各舖盡行禁絕。是年十一月十八日，殷扎納亦具滿文奏摺敬陳錢貴原因及其補救辦法，殷扎納奏陳八旗、五城各局廠，預備買米而收貯制錢，賣米所得制錢亦暫行收貯，如此，乃減少制錢流通數量，至於各當舖囤積制錢，高利借貸，同樣減少錢量，以至錢少價昂，因此殷扎納奏請將各局廠所貯制錢交戶部支放兵丁錢糧，並禁止開設囤積制錢各當舖，惟其建議，未為總理事務王大臣所採納，其原摺略謂「奴才伏思，有益於兵民生活之事，無較每日用錢更緊要者。先是十、十五年以前，以一兩之銀所兌換之大制錢，尚及九百五十餘錢，其後錢價漸昇，現今一兩之銀所兌換之大制錢僅及八百餘錢，若與從前相比，一兩之銀，其所減少之大制錢達一百五十錢，看來不可謂無緣故。詳細思之，八旗、五城有官糧局，為預備買賣米糧而蓄積錢。現今所開當舖，取四、五分利息者甚多，此等當舖亦因囤積錢之故，以致制錢不僅不敷兌換周轉，而且以重利為生之兵民亦甚困窘。奴才我之愚意，可否將各官糧局所蓄積之錢，皆交至戶部，攙於每月錢糧內支放給兵丁。再將取四、五分重利囤積制錢之當舖，悉行嚴禁，不准開設，如此，囤積之處可減少，錢價得以平穩，於兵民生活必多益處。奴才我愚昧之至，所知膚

23 《宮中檔雍正朝漢文奏摺》，第七十八箱，五四包，二〇九〇〇號，雍正十三年十二月二十八日，李紱奏摺。

淺，是否可行之處，仰祈聖主明鑒[24]。」

清世宗在位期間，積極整理財政，釐剔積弊，歲入頗增。同時為謀改善旗人生計，厲行中央集權，對八旗制度頗多變革。然而各項改革利弊相隨，得失互見，旗員陞遷，田賦改革，或因制度不善，或因人謀不臧，民人多感不便。因此，條奏檔實為探討雍正朝施政得失的重要史料。

24 《宮中檔雍正朝滿文奏摺》，第六十七號，雍正十三年十一月十八日，殷扎納奏摺。

通政使司左通政兼佐領降壹級留任臣蔣泰祿謹
奏為請定本章畫一之例以便遵行事查臣衙門
於雍正七年八月內准內閣典籍廳來文內開
外省題奏本章凡一切地方公事照例用題本
外其各官到任接印離任交印及奉到
上諭頒發各直省衙門之書籍皆係公事俱用題本
其各官到任陞轉加級紀錄寬免降罰或降革
留任或特荷
賞賚等謝
恩代屬官一人謝
恩者俱應用奏本概不用印又定例地方公事用題
本本身私事用奏本違者通政司題參等因各
通行在案伏思題奏本章既經內閣分晰條例
頒行而直省督撫提鎮猶不免錯悞時邀參奏
者因事類繁多例既不能盡行開載而事之公
私又或介於兩可則應題應奏遂不能無疑似
也臣愚以為章疏惟貴簡明條達何必分以公
私別以題奏以格式為重本章關係
御覽最為緊要難容絲毫舛錯與其例設兩端徒滋
紛擾何若事歸一制咸於遵循請嗣後不必分
別事之公私凡係投送通政司者概令其用有
印之題本其奏本似可毋庸另設至於京官一
堂滿漢數人原與直省督撫不同凡有謝
恩以及自陳之本俱令其用題本字樣不必用印如
此畫一定例庶督撫可免錯悞之咎而臣衙門
亦不致以無益之章瑣瀆
聖聽矣臣管窺之見是否可採伏祈
皇上睿鑒施行謹
奏
雍正拾叁年拾壹月　貳拾貳　日
此摺無庸議

巡視東城翰林院侍講學士兼掌京畿道事監察御史臣石介謹
奏為敬陳管見仰祈
睿鑒事欽惟我
皇上秉乾御極以正人心端風俗為要務
特命直省大臣禁止火化停柩併聞喪諸惡習凡有
血氣者莫不心悅誠服蒸蒸向化矣惟是澆薄
之陋習不盡除而郅隆之盛治猶有間謹將臣
所素知有乖倫常有礙治化之事敬為我
皇上陳之臣雖旗人自幼隨父母鄉居二十餘年見
直隸地方紳衿居民時有當父母或祖父母既
歿之後未卜送葬時日預選婚娶良辰至期孝
裔新婦俱著吉服成夫婦禮名曰孝裡服鄉鄰
親友猶羣相稱慶以為克全大事為閭南直亦
有此惡習名曰成凶數年來外城居民以及八
旗無知輩竟有從而傚尤者伏思為人子孫不
幸當父母祖父母背棄正哀痛迫切之時何忍
擇吉成婚此蓋由於相沿成俗竟不自知為非
而蹈此澆薄不情之舉蔑禮喪心莫此為甚臣
仰請
皇上勅諭八旗大臣併直省督撫嚴行禁止庶人心
日正民風愈淳矣臣因人情風俗起見不揣愚
陋謹據所見所聞冒昧陳
奏是否可採伏祈
睿鑒施行為此謹
奏
雍正十三年十一月　日
此摺無庸議

巡視南城掌京畿道事浙江道監察御史臣楊嗣璟謹
奏為敬陳管見事竊維節儉可以足用而侈靡必
至傷財故婚喪之儀官兵庶民確有定制載在
會典所以昭法守而防淫侈無非愛養斯民之至
意也乃地方官每以其事為無關緊要而奉行
不力以致百姓無由遵守往往奢僭妄為如漢
人喪事惟務飾觀一切虛文縟極繁華不顧越
禮犯分甚且出殯前一日公然演戲作樂歡歌
竟夕躬蹈忘親之罪而不知至於婚嫁則必誇
耀禮物稍涉簡陋即恐鄉鄰非笑嘗有一婚一
嫁蕩產廢業終身無以為生尤堪憫者無力之
家艱於賠送忍為溺女之事此雖愚民無知亦
地方官之過伏查八旗官兵婚喪不按定例者
都統及查旗等官俱有處分至於漢人則定例
所在非惟不行並且不知臣不揣愚昧仰請
聖恩勅下禮部將一應婚喪之儀詳悉刊布令地方
有司明白曉諭併請寬以限期務使遠鄉僻壤
無不周知如逾期仍有奢僭妄為別經發覺者
除本人依律治罪外將地方官一併議處庶幾
實力遵行俾閭閻咸知謹身節用於民生似有
裨益臣言是否可採伏乞
皇上訓示謹
奏
雍正十三年十一月 初二 日

此摺無庸議

協理河南道事雲南道監察御史紀錄壹次臣鄒一桂謹
奏為請禁陋習以端風化事。竊惟民間喪葬，宜稱家有無。記曰：與其哀不足而禮有餘，不若禮不足而哀有餘。正以民之貧富不齊，各循其分，即為盡孝也。乃臣訪得安徽、陝西、河南等省地方，其民稍有貲財者，每遇家中有殯葬之事，必於停喪處所演戲一二日或五六日不等，聚集親朋鄰族飲酒宴會，謂之鬧喪。竊思人子葬親，宜哀毀迫切，以盡孝道，而乃費不貲之財，為此非禮之事，以博親朋之一快。此風不息，有力者踵事增華，無力者亦效尤竭蹶。間有儉樸從事者，親朋輩即以不孝譏之，故力有不贍，寧停喪不舉，以需時日。夫祖父所遺財產，必望其子孫世守之以為恒業，今乃費之於無益之地以為盡孝。況飲酒演戲乃喜慶之事，而用之於喪葬，不特於禮有乖，抑亦於情不忍。臣請
勅諭直省督撫轉飭地方官，凡有此等積習，愷切曉
諭，嚴行禁止，務從儉以盡哀，毋糜費以越禮，庶停喪易舉，而風化由此日淳矣。是否可採，伏乞
皇上睿鑒施行。謹
奏

雍正拾叁年拾月貳拾玖日

此摺已領
諭旨

監察御史臣三圖謹

奏為敬陳管見事伏思京師為首善之地所以維

風關化關係甚重而左道惑人之事尤宜先行

肅清禁止者也近見京城內外有一種名老君

會龍華會大成會朝陽會清淨無為等名色不

下數十種不擇村莊明修假託為求功德搭出

部隨之詞編成歌曲各立門頭互相附和牽引

愚夫愚婦若病若狂信其恐嚇矯詐希冀將來

福報是以每至會期爭前恐後雖典衣借貸毫

無嗟怨而家中父母衣食有缺亦不暇顧方且

免車辦香前往上會即數百里之外亦必廢工

棄業晝夜奔馳千百成群男女雜處殊為駭異

良可悲恨以此邪說害人之徒豈可稍為姑容

且

世宗憲皇帝亦嘗嚴禁革盡因奉行者不力以致流行轉

滋臣請

皇上勅下各該衙門令遍示曉諭永行嚴禁嗣後倘

有仍前聚集男婦拜師上會者俱照左道惑人

律治罪如此則京師重地可以肅清而於風俗

人心庶有裨益此臣愚昧之見是否有當伏祈

皇上睿鑒謹

奏

雍正拾叁年拾壹月　貳拾肆　日

此摺無庸議

户部左侍郎仍管三庫事署理兵部侍郎臣李紱謹
奏為請清銷燬制錢之源以重
國寶以平錢價事本年十一月二十六日欽奉
上諭嚴禁奸徒銷燬制錢以康熙錢文稀少為銷燬
之証此誠我
皇上至聖至明灼見弊源確然而無可疑者也但嚴
禁銷燬之令屢下而奸徒之銷燬如故者固由
有司奉行不力亦由銷燬之弊難於查捕非若
私鑄者之廣聚徒衆有爐有器一捕而即得也
錢文入銅舖之爐即化為銅未化之前原係制
錢不可得而捕也既化之後已成廢銅又不可
得而捕也惟禁斷打造銅器之舖則銷燬亦無
所用而銷燬之弊不禁而自除矣今見在
功令亦既嚴禁打造黃銅器皿而銷燬公行錢價不
平者止禁黃銅未禁白銅與紅銅也議者以白
銅非制錢所用不知今之所謂白銅皆黃銅也
議者以紅銅非制錢所化不知今之所謂紅銅
皆黃銅也銅為錠鏍煮以藥水可為假銀豈不
能為白銅嘉興烘爐以藥水染之作古銅色豈
不可充紅銅故臣謂今所行白銅紅銅皆黃銅
也或謂現今禁用黃銅器皿則用銅之處甚少
不知即煙袋一物足以耗制錢而有餘臣訪聞

外間用制錢十數文打造煙袋一枝即可賣制
錢六十八十文小民嗜利毫末必爭頃刻取數

倍之利有不冒險為之者乎今天下不用煙袋
之人百不得一猶有一人用數枝者人之數千
萬而無算則煙袋之數亦千萬而無算鼓鑄所
出豈足當銷燬之數哉或謂禁銅恐致擾民不
知禁用銅器則搜括易致滋擾但禁銅鋪則事
簡而易行又或謂器用亦有必需銅者恐難全
禁不知富貴之家金銀可用士大夫以下錫鐵
瓷漆無不可者必欲饜紛華之好則廣東上錫
雲南精鐵備極華美何必分用鑄錢之銅致滋
奸弊臣請自鑄鏡及樂器而外一切打造黃銅
紅銅白銅之鋪盡行禁絕犯者發充邊遠使夫
天下之銅盡歸鼓鑄

國寶流通永無銷燬而錢不可勝用矣臣愚昧之
見是否有當伏乞
皇上睿鑑施行臣謹
奏

雍正十三年十二月二十八日

此摺已交九卿會議

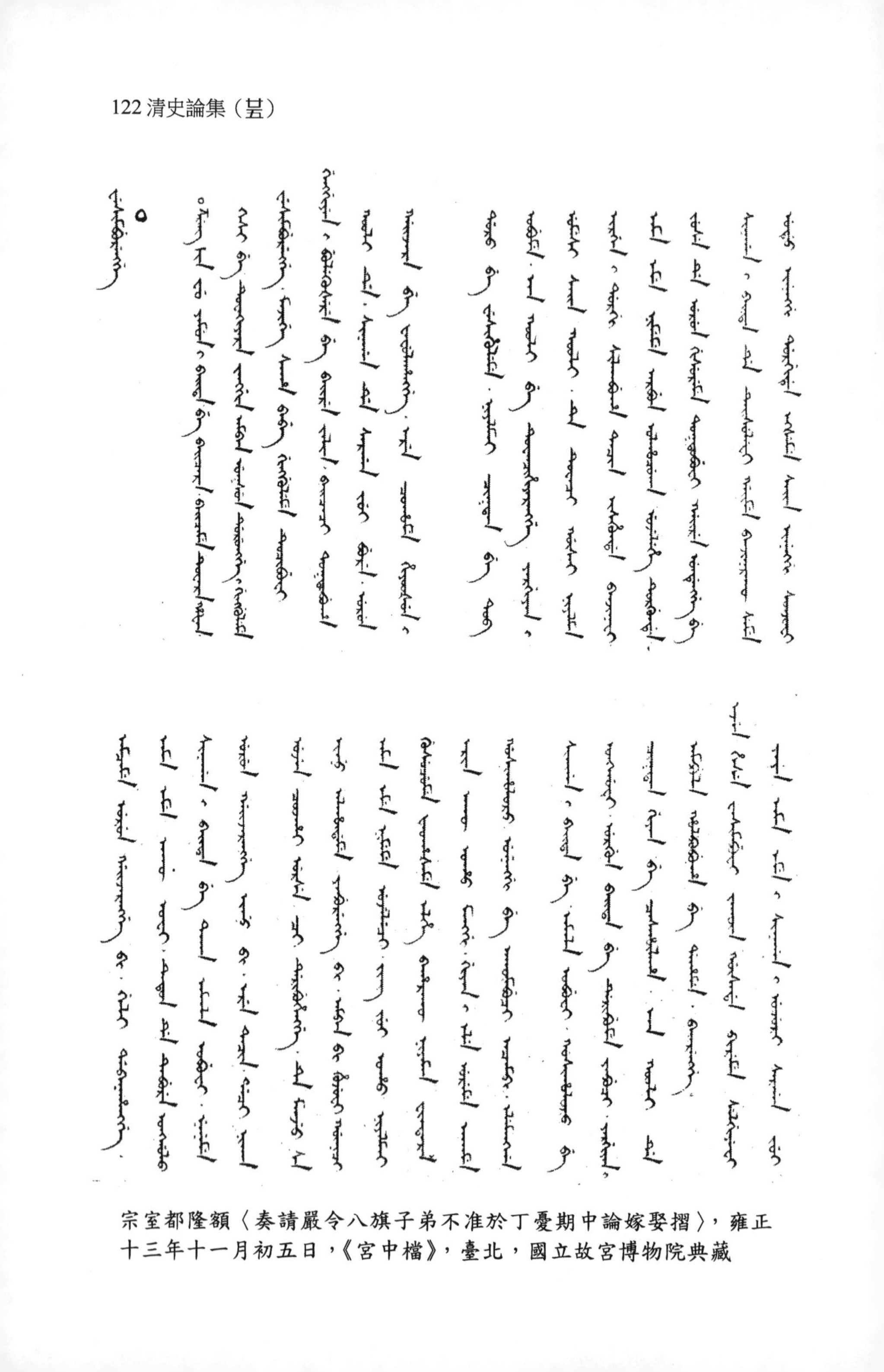

宗室都隆額〈奏請嚴令八旗子弟不准於丁憂期中論嫁娶摺〉，雍正十三年十一月初五日，《宮中檔》，臺北，國立故宮博物院典藏

協理山東道事山東道監察御史加一級臣曹一士謹
奏爲請釐定四書朱子本義以正學術事臣聞堯
舜禹湯文武之爲君皋夔稷契伊傅周召之爲
臣莫不加意於學誠以學術正而後人才出人
才出而後治道成學術者人心風俗之本道統
治統胥淵源於是者也欲正學術必求之學庸
論孟之書欲明四書必從事於紫陽章句集註
而義蘊精微毫釐千里苟非體驗服膺心知其
意末由能折其衷查明代永樂中命廷臣彙輯
四書大全其意甚美惜爾時胡廣楊榮金幼孜
諸臣未爲升堂入室之儒又迫於期限僅掇拾
元儒倪氏輯釋所載籍以塞責臣嘗讀之病其

曹一士〈奏請釐定四書朱子本義摺〉（局部），雍正十三年十一月二十七日，《宮中檔》，臺北，國立故宮博物院典藏

東珠生輝—以東珠爲飾看清朝冠服制度的特色

珠是串飾的個體，可供製作穿珠的資料，異常豐富，常見的有石珠、骨珠、陶珠、玉珠、金珠、銀珠、水晶珠、瑪瑙珠、琥珀珠、琉璃珠、珊瑚珠、綠松石珠、孔雀石珠、蚌珠等，不勝枚舉。就蚌珠而言，又有夜光珠、走珠、滑珠、螺蚵珠、官雨珠、稅珠、蔥符珠、幼珠、常珠、碎磯、珍珠、東珠等等不同名稱。

從前因珍珠為民間所罕見，常被視為希世珍寶，甚至抹上一股神祕的色彩，把珍珠稱為陰精，傳說蚌蛤聽到雷聲，立即瘦弱。蚌腹映月，就開始成胎，蚌蛤孕珠，如人懷孕，所以叫做珠胎，雖千仞水底，一逢圓月中天，即開甲仰照，吸取月精而成其魄，中秋無月，則蚌無胎，正所謂蚌蛤珠胎，與月盈虧。

古人相信珍珠是吸取天地的靈氣孕育而成的，所以靈異的珍珠能夠飛昇。苻秦方士王嘉撰《拾遺記》說古代有一個黑蚌飛到寒山嶺上，經過千年始生珠。戰國時，燕昭王得到這顆珍珠，每天掛在胸前，當酷暑夏日來臨時，「體自輕涼」，於是命名為「銷暑招涼之珠」。《聞見近錄》記載，廣東老嫗在江邊得到一顆巨蚌大珠，把它藏在棉絮裡，入夜便飛走，天亮前又回家。清代乾隆年間（1736-1795），流傳著一則巨蚌獻珠的故事，乾隆皇帝把這顆紅光閃閃的大珠嵌上冠頂後，就覺得身體輕飄飄的，每出宮門，便覺得雙腳離地，好像要飛起來似的。其實，珍珠是蚌蛤的病態產物，在蚌蛤的內部有珍珠層，當砂礫等物竄入，蚌體受到刺激，常以膜緣摩擦，消除圭角，所分泌的珍珠體便附加於砂礫的表面，逐漸形成晶瑩的珍珠，有天然生長的，也有人工養殖的。根據文獻記載，我國漢代就已經採集天然珍珠，而人工養殖珍珠，則始於宋代。不過，清朝皇帝戴著嵌上纍纍珠寶的帽子，後面插著尾翎，確實令人有飄逸的感覺。

在滿族社會裡，東珠才是最名貴的珠寶，和珍珠不同，不能混為一談。東珠，滿文寫作「ᡨᠠᠨᠠ」，讀作“tana”。珍珠，滿文寫作「ᠨᡳᠴᡠᡥᡝ」，讀作“nicuhe”，是一般珍珠的通稱，圓扁大小不一。東珠為河蚌所生，產於我國東北，而以吉林、黑龍江境內松花江、混同江、牡丹江、嫩江、璦琿等江及其支流所產者最為名貴，這些江河，統稱為捕珠河。桐城人方觀承作〈松花江行〉說：「松花江，江對面，布塔年年採珠獻，清泥破霧有多名，漁人偷識光如電。」可以說明松花江採捕東珠的盛況。因東珠產於東北松花等江及其支流，所以也被稱為北珠。翰林院侍講高士奇撰《扈從東巡日錄》指出，松花江一帶，土產人參，水出北珠。打牲壯丁，夏取東珠，秋取人參，冬取貂皮，以給官府之用，北珠和人參、貂皮同為東北的貴重特產，也是進呈內廷的貢品，所以又稱北珠為貢珠。

東珠的色澤，常見的有白色、天青色、淡青色、淡金色、粉紅色等等，而以勻圓瑩白有光者為最名貴。滿洲正白旗人阿桂等撰《欽定滿洲源流考》記述說：「東珠出混同及烏拉，寧古塔諸河中，勻圓瑩白，大可半寸，小者亦如菽顆，王公等冠頂飾之，以多少分等秩，招寶貴焉。」寧古塔舊城，濱臨虎爾哈河之曲，河內多蚌蛤，盛產東珠。《寧古塔紀略》記載一則故事說：「有兒童浴於河，得一蚌，剖之，有大珠徑寸，藏之歸。是夕風雨大作，龍繞其廬，舒爪入牖，攫取其珠而去，風雨頓止。」故事中的龍珠，就是一顆具有靈性的東珠。

長白山、黑龍江白山黑水之間，是我國東北一座天然寶庫，為人們進行漁獵和採集提供了豐富的資源。《璦琿縣志》有一段記載說：「孕珠之蚌，深居水底，群蚌圍護，如城垣然，漁者誤觸之，輒被傷。」孕育東珠的河蚌，因深居水底，所以採捕不易。桐城人方式濟撰《出關詩》內有一首〈布塔哈烏喇詩〉說：「部曲千驅強，前代邊疆冠。神龍起天潰，沙蟲腐頹岸。郁郁城市狀，稠沓詫井閈。生齒鮮編戶，徭役半流竄。清冷汨深淵，珠光倒星漢。南海豈寂寥，貢舶扶桑疇。令嚴私罪，官採春冰泮。巨蚌剖葳瓠，革囊繫腰骭。鮫寶凜失墜，入眼波淠淠。採參復採貂，足蠚復何憚。」布塔哈烏喇，又作布特哈烏拉，滿文寫作「ᠪᡠᡨᡥᠠᡳ ᡠᠯᠠ」，讀作“buthai ula”，是吉林打牲烏拉城的簡稱。葳瓠，又作威呼，滿文寫作「ᠸᡝᡳᡥᡠ」，讀作“weihu”，意即以整木挖造的獨木舟。鮫寶，又作鮫人，或鮫人泣。晉人張華撰《博物志》說：「南海水有鮫人，水居如魚，不廢織績，其眼能泣珠。」傳說中的東珠，是從鮫人眼中哭泣出來的寶珠，所以叫做鮫寶。詩中的鮫寶，指的就是東珠。這首詩描述了採捕東珠的艱苦和危險狀況，表達了對採珠者的同情。

女真人及其後裔滿族，都以採捕東珠為傳統生業，他們很早就已經開始採捕東珠作為進貢朝廷和邊境互市的珍品。閩縣人林壽圖撰《啟東錄》指出，契丹強盛時，女真人每年以北珠、貂皮等物進貢於契丹。遼國天祚帝嗣位後，驕汰奢侈，宮中競尚北珠。宋人徐夢莘撰《三朝北盟會編》有一段文字描述採捕北珠的情形說：「北珠美者，大如彈子，小者若梧子，皆出遼東海汊中，每八月望，月如晝，則珠必大，乃以十月方採取珠蚌，而北方沍寒，

九、十月則堅冰厚已盈尺矣，鑿冰沒水而捕之，人以病焉。」

明神宗萬曆年間（1573-1620），清太祖努爾哈齊征服完顏部而領有建州全境後，即開始以土產東珠、人參、紫貂等物，在撫順地方，和漢人互市，兵食遂日益富強。茅瑞徵撰《東夷考略》論及東珠使努爾哈齊致富的原因說：「長白山在開原城東南四百里，其嶺有潭，流水下成湖陂，湖中出東珠，今其地為建酋奴兒哈赤所有，故建酋日益富強。」《長白山江岡志略》記載松花江支流富兒河採捕東珠的經過說：「天命朝四旗兵隊，月夜渡河，見水中火光點點，密如星布，眾疑為怪，趨而過，及岸回視，光明如故，急歸營所。有白旗一兵，名富爾汗者，告本旗牛彔曰：此河產珠，今夜光必珠光也，何妨入河取之。牛彔率本隊返入河中，按火光探採，果得蛤蚌，視之皆珠，盡力索取，所獲無算，大者如鴿卵，及曉不見。後以珠易銀，充作兵餉，知者以為蛤珠獻采，實有天助。」文中「牛彔」，就是八旗的佐領。富兒河的東珠，大如鴿卵，明如火光。東北地區盛產東珠，成為清朝冠服的重要飾物。

清朝文獻多記載滿族採集東珠的方法，常熟人徐蘭撰《塞上六歌》，歌各有序，其〈採珠序〉裡就說：「嶺南北海產珠，皆不及東珠之色，如淡金者品貴。八旗舊有採珠人，以木插中流，長繩繫腰，入水取蚌，急則振繩挈之起。得珠重八分以上者充貢，次歸其主。罪人免死，發烏拉為奴者為之。」嶺南北海雖然都產珍珠，但遠不及淡金色的東珠。魏聲龢撰《雞林舊聞錄》有類似的說法，書中說：「東珠生蛤中，吉省江河巨流皆產此，尤以牡丹江上游為多。寧安府城南，並有珍珠河之稱，但色多帶紺黛，少渾圓，中半常現一紋，然佳者則光彩晶瑩，亦遠勝南省的產物。蛤插立沙內如排牆，採者挨次拾取，以熱水略炙其殼，去肉取珠，肉不可食，但得珠耳。珠亦或有，或不有，且小珠居多，大而光圓者，什中一二耳。前清時，烏拉總管旗署，設有珠子櫃，採取者有專役，名曰珠軒。十人或八人為一排，腰繫繩索，當仲秋入河掏摸，以備貢品。」名貴的東珠，大而光圓，色澤光彩晶瑩，遠勝南方珍珠。據《欽定滿洲源流考》記載：「採珠者，乃打牲烏拉包衣下食糧人戶，合數人為一起，謂之珠軒。」所謂珠軒，就是一種採珠船，有大船，也有小船獨木舟。《吉林通志》指出，每年七月，烏拉總管備文由將軍奏請來年採捕與否。如奉旨停止採捕，即移咨奉天、吉林、黑龍江三城將軍派員巡禁，以防偷捕。如遇採捕年分，則由吉林水師率領大船，總管衙門及烏拉協領衙門各造獨木舟，進行採捕。《吉林外紀》說得更清楚，書中說：「每年烏拉總管分派官兵，乘船裹糧，溯流尋採，遇水深處，用大桿插入水底，採者抱桿而下，入水搜取，蛤蚌攜出，眼同採官剝開，或百十內得一顆，包裹用印花封記，至秋後方回。將軍同總管挑選，如形體不足分數，或不光亮，仍棄之於河，以示嚴禁，不敢自私，亦漢時鍾離意委地之廉潔也。至冬底入貢驗收，按成色給賞綢緞布疋。」採珠壯丁，或腰繫長繩，或抱桿而下，入水取蚌，常常是百十巨蚌內只得一顆可以進貢的東珠，怪不得俗話說物以稀為貴了。

重賞甘餌可以聚人，國家用人期間，重賞之下，必有勇夫。萬曆四十一年（1613），清太祖努爾哈齊率兵攻破強敵葉赫部的烏蘇城，守城將領散談、胡石木二人開門出降，努爾哈齊以所戴鑲嵌三顆東珠金佛暖帽賞給他們，城內三百戶不久都投降了。努爾哈齊戴三層東珠頂暖帽，無非是一種高貴身分的顯示，但後來卻成了清朝衣冠制度中皇帝朝冠的雛型。

在明清和戰過程中，東珠也扮演了重要的角色。天聰元年（1627）正月初八日，清太宗皇太極遣方吉納致書明朝駐寧遠城總兵官袁崇煥，表示願修和好，禮成以後，滿洲每年將以東珠十顆，貂皮千張，人參千斤致送明朝。《滿文原檔》中多處記載賞賜東珠的情形，譬如天聰元年（1627）十月十六日，察哈爾奈曼部洪巴圖、敖漢部杜稜等蒙古貝勒歸順滿洲，皇太極出城以迎，行抱見禮，在盛京城內設大宴，備陳百戲。蒙古貝勒福晉們俱蒙恩賞，除金銀貂裘等物外，最名貴的禮物就是東珠。天聰五年（1631）正月二十五日，土謝圖額駙及格格覲見皇太極。次日，皇太極賞給格格的禮物中就有嵌東珠瑪瑙項圈一個。同年五月初一日，土謝圖親王和碩公主返國時，皇太極賞賜鑲東珠金荷包等物。天聰十年（1636）正月二十三日，皇太極賞給大媽媽服飾內包括嵌東珠龍項圈一個，嵌東珠耳墜二個。同年二月初二日，賞給小媽媽服飾內包括嵌東珠項圈一個，嵌東珠耳墜二個。

崇德元年（1636）十月二十五日，是皇太極的四十五歲誕辰，是日下午三點鐘在盛京清寧宮舉行朝賀禮，親王貝勒進獻禮物、和碩禮親王代善、和碩鄭親王濟爾哈朗、和碩睿親王多爾袞、和碩豫親王多鐸等人所進獻的東珠各三顆，多羅武英郡王阿濟格、多羅饒餘貝勒阿巴泰進獻東珠各一顆，皇太極誕辰這一天共收到二十顆的巨大東珠。清初官書也記載順治四年（1647）五月，清世祖賞賜大學士洪承疇東珠等物，這是一種特殊的恩賞。

早期滿洲八旗制度，不僅軍律整肅，立法尤嚴，部眾凡有所獲，必歸其主，不許隱匿，私藏東珠，更屬違制。《滿文原檔》記載天命八年（1623）五月初三日晨，努爾哈齊召見諸貝勒大臣，諭以烏拉部哈斯虎貝勒藏有用斗盛置的東珠，惟其售於滿族者僅一、二顆而已。雅蓀之妻竟以二十餘顆的東珠餽送哈達格格，額爾德尼巴克什是努爾哈齊的心腹，卻不以實相告，遂因此獲罪。崇德元年（1636）十月初七日，皇太極頒敕，凡珍珠、東珠、金銀、花緞等各色精美物品，應送各固山額真，隱匿不送者治罪。嘉慶初年，抄沒大學士和珅家產，共計一百零九號，約值銀八萬萬兩，超過了國庫歲入十年的總額。其中珍寶庫內藏有珍珠手串二百三十串，較之大內，多至數倍，桂圓大的東珠十顆，較皇帝御用冠頂的東珠更大，顯屬違制，罪情重大。和珅伏誅，籍沒家產後，國庫突然增加了銀八萬萬兩的收入，正所謂「和珅跌倒，嘉慶吃飽。」

滿洲入關前採捕東珠的活動，已經十分頻繁，天命八年（1623）二月，努爾哈齊取消了分散打牲的傳統，改為集中採捕，按八家均分，嗣後入八分就成了最優惠的待遇。崇德初年，議定衣冠制度後，東珠成為清朝官服制度中一項重要的品秩標誌，朝廷對採捕東珠的管理，日益加強。順治七年（1650），開始設置打牲烏拉總管，隸屬內務府，專司採捕，停止宗室王公派丁採捕東珠。順治十年（1653），規定烏拉打牲壯丁每十名內五名耕種，五名採捕。按照順治年間的折徵計算，上好東珠重八分者，折貂皮八十張，每一分折十張；重七分五釐者，折貂皮六十七張，不足半分小東珠，俱作珍珠算。

順治十八年（1661），定打牲烏拉總管為正五品。康熙三十七年（1698），改為正三品頭銜，並規定牲丁以珠軒為單位，編成三十三個珠軒，每珠軒設壯丁二十名至二十六名不等，設正副頭目二名，叫做珠軒達。「達」，是滿文「ᡩᠠ」（da）的漢文音譯，意即頭目。康熙四十年（1701），議定歲徵東珠共五百二十八顆。乾隆十五年（1750），珠軒編制擴大，將原編蜜戶的四百五十名內除採蜜丁一百五十名仍令採蜜外，其餘採參丁三百名改令採捕東珠，編為十二珠軒，合計原編三十三珠軒，共有四十五珠軒。

歲徵東珠，為烏拉總管會同吉林將軍，遣翼領以下官員及營兵護送進京，交給內務府，內務府將東珠逐顆稱驗，分成等第，繕寫清單，進呈御覽，然後收貯入庫。王云英撰《清代滿族服飾》一書附錄乾隆十九年（1754）十月十三日廣儲司奏呈東珠數目清單如下：

二分下一分上頭等東珠一顆，三分下二分上頭等東珠一顆，二分下一分上二等東珠四顆，未至二分二等東珠一顆，五分下三分上三等東珠一顆，二分下一分上三等東珠三顆，未至分三等東珠一顆，五分下三分上四等東珠一顆，三分下二分上四等東珠一顆，二分下一分上四等東珠五顆，未至分四等東珠三顆，二分下一分上五等東珠一顆。由珍珠內選得可入未至分頭等東珠二顆，未至分三等東珠二顆，未至分四等東珠八顆，未至分五等東珠二顆，大珍珠十八顆，小珍珠七顆。

吉林將軍及烏拉總管送交內務府的東珠二十三顆，珍珠三十九顆，內務府從珍珠內選出東珠十四顆，合計東珠共三十七顆，經乾隆皇帝御覽後，由內務府歸入匣中空閒槅內另行收貯，乾隆十九年（1754）以後，朝廷為充分掌握每年的採珠數量及等第，特令內務府總管在進呈御覽的清單中還要將上年送到的東珠數目比較具奏。譬如乾隆二十五年（1760）分吉林打牲烏拉總管送到內務府的東珠共二千一百十九顆，內含頭等東珠二十三顆，二等東珠八十二顆，三等東珠一百三十七顆，四等東珠二百六十二顆，五等東珠二百九十三顆，無光東珠二百五十七顆。乾隆二十六年（1761）分送到東珠二千顆內頭等東珠十八顆，少五顆，二等東珠六十四顆，少十八顆，三等東珠一百二十二顆，無光東珠一百八十一顆，少七十六顆。因東珠管制十分嚴格，凡有需用東珠之人，必須具單申明理由，向內務府提請，經批准後方可按規定的等級數目領取。

乾隆三十二年（1767），因東珠的需用量增加，珠軒尚覺不足，又將採蜜丁一百五十名改令採捕東珠，編為五珠軒，每珠軒設頭目一名，副頭目二名，壯丁二十七名，歲徵東珠八十顆。乾隆三十三年（1768），議准打牲烏拉現有六十五珠軒，即做為定額，永不增設。每珠軒壯丁三十名，歲徵東珠數額定為十六顆，多採者賞，不足者罰。

採捕東珠的活動，雖至清末，並未停止。《軍機處檔・月摺包》中含有頗多採捕東珠、正珠的奏摺錄副及清單。例如：光緒二十年（1894）八月初五日，吉林將軍長順等具摺呈進上三旗續獲東珠及下五旗所捕各珠，原摺於同年九月二十日奉硃批，其內容云：

> 為呈進上三旗續獲東珠並下五旗所捕各珠恭摺奏聞仰祈聖鑒事。竊照本年七月十二日承准軍機大臣字寄，光緒二十年六月二十九日，奉上諭：長順、雲生奏遵旨捕打東珠開單呈覽一摺，此次呈進上三旗所獲東珠五百七十餘顆，光采不齊，大珠尤覺色黯，著即轉飭再行捕打，揀選顏色明亮者同下五旗所捕各珠一併呈進，勿稍延誤，將此諭之長順，並諭知雲生知之，欽此，遵旨寄信前來，跪聆之下惶悚無似。伏查前次所捕東珠、珍珠、光色不齊，實緣五月水性尚寒，江底不能久居未色艱於摸覓，所獲過少，遂致揀選不精。又珠至八分以上，若蛤蚌不大，在殼即運動不舒，或失滋養，大珠色黯職是之故。奴才雲生亦知前次所採未盡美珠，是以於六月初十日會同奴才長順拜摺後仍即躬赴上江督捕滿擬於三伏水暖時飭令各莫音入水深求，不意六月望後，霪雨經旬，江水泛漲，無從摸覓，直至六月杪，天方晴霽，水見消落，各莫音始能照常捕打。茲奴才

雲生於七月二十一日旋署，陸續收得上三旗二次捕獲東珠，下五旗所捕各珠盡數帶省會同奴才長順分別驗看得上三旗續獲東珠揀得明亮者自五釐起至一錢餘重東珠二百零六顆，正珠九十四顆。謹將揀得上三旗所捕東珠，分別輕重色光，另繕漢字清單恭呈御覽，所有揀得上三旗續獲東珠敬謹盛匣封固，飭交翼領德壽等於八月初日四日啟程呈進。其下五旗所揀各珠，仍請循例由該領催珠軒達隨差自行呈進。

原摺已指出採捕東珠的困難。原摺所附清單依次照錄於後，其中「三旗採捕得東珠正珠分數清單」，計開：

鑲黃旗採捕得：壹錢餘重東珠壹顆；捌分至玖分餘重東珠壹顆；陸分至柒分餘重東珠叁顆；肆分至伍分餘重東珠捌顆；貳分至叁分餘重東珠叁拾伍顆；伍釐至壹分餘重東珠柒拾伍顆；微光東珠貳拾顆，共壹百肆拾叁顆。大正珠拾玖顆；小正珠叁拾柒顆。

正黃旗採捕得：壹錢餘重東珠壹顆；捌分至玖分餘重東珠壹顆；陸分至柒分餘重東珠叁顆；肆分至伍分餘重東珠捌顆；貳分至叁分餘重東珠叁拾伍顆；伍釐至壹分餘重東珠柒拾伍顆；微光東珠貳拾顆，共壹百肆拾叁顆。大正珠拾玖顆；小正珠叁拾柒顆。

正白旗採捕得：壹錢餘重東珠壹顆；捌分至玖分餘重東珠壹顆；陸分至柒分餘重東珠貳顆；肆分至伍分餘重東珠柒顆；貳分至叁分餘重東珠叁拾貳顆；伍釐至壹分餘重東珠柒拾壹顆；微光東珠拾捌顆，共壹百叁拾貳顆。大正珠拾柒顆；小正珠叁拾顆。以上三旗採捕得東珠、正珠共伍百柒拾柒顆。

鑲黃旗、正黃旗、正白旗上三旗捕得壹錢餘重東珠各一顆，採捕不易。其餘分數東珠，數量有限，大珠色黯，光彩不齊。長順等飭令上三旗珠軒達再行捕打，揀選顏色明亮者呈進。原摺附呈「上三旗續獲東珠正珠分數清單」，計開：

> 鑲黃旗採捕得：一錢餘重東珠二顆；八分至九分餘重東珠一顆；四分至五分餘重東珠六顆；二分至三分餘重東珠三十四顆；五釐至一分餘重東珠三十顆，共七十三顆。大正珠三十二顆。
>
> 正黃旗採捕得：一錢餘重東珠一顆；八分至九分餘重東珠二顆；四分至五分餘重東珠二顆；二分至三分餘重東珠二十五顆；五釐至一分餘重東珠四十一顆，共七十一顆。大正珠三十二顆。
>
> 正白旗採捕得：一錢餘重東珠一顆；八分至九分餘重東珠一顆；六分至七分餘重東珠一顆；四分至五分餘重東珠三顆；二分至三分餘重東珠十八顆；五釐至一分餘重東珠三十八顆，共六十二顆。大正珠三十顆。以上三旗採捕得東珠、正珠共三百顆。

我國歷代都有各具特色的冠服制度和衣冠形式，清朝服飾，一方面繼承了傳統的漢族歷史文化，一方面保留了部分鮮明的滿族特色。按照清朝會典的記載，其冠服制度，按等級分為皇帝、皇子、親王、郡王、貝勒、貝子、額駙、公、侯、伯、子、男、將軍、至九品官等各種等級，每一等級又各有冠、服、帶、朝珠等規定。皇太后、皇后、妃嬪以下至格格、福晉、夫人、命婦等，她們的服飾，也各有不同的規定，東珠就是清朝冠服制度中不可或缺的一部分。

皇帝的冠服有冬夏之分，冬朝冠以薰貂製作，十一月朔至上元節，則用黑狐皮，上綴朱緯，頂三層，貫東珠各一顆，承以金龍各四條，飾小東珠各四顆，上銜大珍珠一顆。夏朝冠以織玉草或藤竹絲製作，上綴朱緯，也是三層珠頂，前綴金佛，飾東珠十五顆，後綴舍林，飾東珠七顆。舍林，是滿文「ᡧᡝᡵᡳᠨ」（šerin）的漢文音譯，意即金佛頭。皇帝的朝冠質料和形式，都充分顯示了盛產皮毛、東珠，氣候嚴寒的東北亞的生活特質。在冠前帽正地方用金佛為飾的形式，也是沿襲入關前的滿族舊制，不僅是皇帝，即使皇子、親王等人的朝冠，都是在前面以金佛為飾，嵌上東珠。

冠服和官制，關係密切，為加強諸王貝勒服飾的明顯標誌，皇太極於天聰十年（1636）二月制定了諸王大臣的冠飾，各賜金帽頂，以示區別，在頂上按品級加飾了東珠和寶石。崇德元年（1636）五月，又進一步全面地在親王、郡王、官員的冠頂上訂立了品級制度，以東珠和寶石的多寡來區別品級的高低。譬如和碩親王的冠頂三層，上銜紅寶石，中嵌東珠八顆，前面金佛嵌東珠四顆，後面所綴金花嵌東珠三顆。和碩親王以下多羅郡王、多羅貝勒等依次遞減。順治元年（1644）十月，議定攝政王多爾袞的冠服制度，其冠頂用東珠十三顆，前面金佛嵌東珠七顆，後面金花嵌東珠六顆，合計二十六顆，足見其品秩的崇高。

朝帶是一種用四塊金屬版為裝飾而銜接絲帶的腰帶，腰帶上以荷包之類為佩飾。崇德元年（1636），皇太極明定朝帶為朝服的佩飾，入關後又作了詳細的規定。皇帝的朝帶分為二種：一種用龍紋金圓版四塊，每塊銜東珠五顆；一種用龍紋金方版四塊，每塊銜東珠五顆。親王的朝帶，和皇子相同，每塊嵌東珠四顆。

朝珠是清朝禮制中的一種佩飾，也是我國古代王公貴族佩玉之風的沿襲，皇帝要戴東珠朝珠或珍珠朝珠。佛家的念珠有十八粒、二十七粒、五十四粒，最多是一百零八粒。佛家稱這一百零八粒的念珠為百八牟尼珠，或醒百八煩惱，清朝的朝珠，也恰是一百零八顆，以四顆大珠將一百零八顆四分，叫做分珠，以象徵四季。

滿族婦女的髮式，多為綰髻，根據每個人的身分，使用不同質料作成飾物，在髮髻上加些裝飾，就是一般婦女的愛好。這可用清代小說《兒女英雄傳》第二十回「何玉鳳毀妝全孝道，安龍媒持服報恩情」中對安夫人頭飾的描述作為佐證。書中說安夫人「頭上梳著短短的兩把頭兒，扎著大人的猩紅頭把兒，撇著一枝大如意頭的扁方兒。一對三道線兒的玉簪棒兒，一枝一丈青一小耳挖子，卻不插在頭頂上，倒掖在頭把兒後邊，左邊翠花上，關著一路三根大寶石抱針釘兒，還帶著一枝方天戟，栓在八顆大東珠的大腰節墜角兒的小桃，右邊一排刮綾刷蜡的矗枝兒蘭枝花兒。」這是清代一般官宦婦人頭飾的寫照。

按照會典的規定，皇后的朝冠也是三層東珠頂，中間承以三隻金鳳，飾以東珠各三顆，珍珠各十七顆，上銜大東珠一顆。再朝冠的周圍綴著七隻展翅的金鳳，飾以東珠各九顆，貓眼石各一顆，珍珠各二十一顆。順治十一年（1654）四月，議定皇后冠頂用東珠十三顆，皇妃、和碩親王福晉、固倫公主的冠頂用東珠十顆，九嬪、世子側福晉、多羅郡王福晉、和碩格格各用東珠八顆。凡遇慶賀大典，冠頂所飾東珠較平日為多，例如皇貴妃、貴妃用東珠十二顆，皇妃用東珠十一顆。定制明確限制使用東珠，自和碩福晉以下，固山福晉以上，不准用五分以上的東珠。

朝珠也是后妃的佩飾，皇太后、皇后所戴朝珠共三盤。一盤東珠，二盤珊瑚，每盤也是一百零八顆。穿朝服時佩褂朝珠三盤，東珠朝珠佩褂於頸間，垂至胸前，珊瑚朝珠分褂於左右肩，挎過背後交叉於胸前。皇子、親王、郡王不准用東珠朝珠。金約是前寬後窄的圓形頭飾，后妃帶朝冠時，沿髮際、冠緣佩戴，皇后的金約飾東珠十三顆，皇貴妃的金約飾東珠十二顆。領約也是后妃的佩飾，穿朝服時戴在頸間，俗稱項圈。皇后的領約飾東珠十一顆，皇貴妃的領約飾東珠七顆。滿族舊俗，女孩出生後，一耳穿三孔，戴三鉗，俗稱一耳三鉗。耳鉗就是耳環，富者以金、銀、翠、玉為質料，貧者以銅圈為質料。后妃耳飾以金為質料，作龍首形，左右各三具，每具金龍銜一等東珠各二顆，皇貴妃的耳飾，每具金龍銜二等東珠各二顆。皇室嫁娶時，東珠是不可或缺的飾物。按照《欽定禮部則例》的規定，皇子娶福晉，初定禮所用金約領銜東珠七顆，金珥六副，銜東珠各一顆。

光緒十五年（1889）正月二十七日，光緒皇帝舉行大婚禮，御用大婚物品，數量龐大，其中各種朝冠共十四頂，包括金鑲珠頂冬朝冠三頂，金鑲珠頂前佛後龍涼朝冠一頂，上鑲大東珠十五顆，珠頂一顆，前佛大東珠十五顆，後龍大東珠七顆，東珠、珊瑚等朝珠、念珠、手串十五盤。皇后應用的冠服、鈿釵、寶珠、玉器等項，比起皇帝來有過之而無不及，各種朝冠就有十頂，其中海龍、薰貂冬朝冠各一頂，各綴金鳳十一隻，內八隻上鑲大東珠七十二顆，小東珠一百六十八顆。頂鳳三隻，上鑲大東珠十二顆，小東珠六十顆，貫頂大東珠三顆，珠頂一顆，金鑲青金石結上鑲東珠六顆，正珠六顆，上穿正珠四百七十九顆。金點翠鳳鈿二頂，分別鑲綴大小正珠、茄珠、東珠，共七百十一顆。此外，東珠、珊瑚等各種朝珠共十一盤。光緒皇帝大婚總共所費折銀五百五十萬兩，按當時糧價折算，可以購買近四百萬石糧食，足夠一百九十萬人吃一年，一次大婚，真是靡費不貲。

滿族興起以後，由於沿襲女真人的生活習俗，所以在穿衣打扮方面就很自然地反映他們的民族特點，無論從結構和造形上，都形成了與明代以來漢族服飾的很大差別。他們採用東珠以及各種顏色的珠寶來裝飾皇帝、后妃、諸王、貝勒、文武大臣及宮中隨侍婦女的冠服，珠圍翠繞，晶瑩光華，一方面藉以顯赫身分的崇高；一方面做為非常醒目的品秩標誌，這在歷代各朝的冠服制度中，可說是罕見的。正所謂服制鼎成，東珠生輝。

在魏晉以前，衣冠制度，寬裕而典袷交領。南北朝時期，北俗南移，唐代以後，盤領窄袖，清朝的服飾，自成一格，別異其趣，帝后冠服的規範與造形，方圓長短，數字的多寡奇偶也有一定的象徵。滿族婦女衣著，承襲遼金時期的傳統，也受到蒙古婦女長袍的影響，早期偏於瘦長，袖口較小，衣著配色調和典雅。後期的盛裝，譬如大髻簪珠翠花，橫插長約一尺的扁平翡翠玉簪，面額塗脂粉，眉加重黛，兩頰原點兩餅胭脂，高底鞋在鞋底中部還另加一個凸起約兩吋高的底子，長旗袍，大袖子，經常還加一琵琶襟短背心，上面重重叠叠加了好幾套花邊，宮中后妃的常服，幾乎已經完全採用南方的式樣了。

清朝皇太后、皇后的服飾，有袍、有褂、有襖、有裙。其中冬朝袍分為三式：一式用明黃色，披領和袖子都是石青色，片金加貂緣，兩肩上下襲朝褂的部分也加緣。繡紋有金龍九條，以五色雲相間，中間沒有裙摺部分的襞積，下幅是八寶平水。披領有行龍二條，袖端有正龍各一條，袖子相接的部分有行龍各二條，領後垂著明黃縧；一式用明黃色，不同的是片金加海龍緣。繡紋前後有正龍各一條，兩肩有行龍各一條，腰帷有行龍四條，中間有襞積，下幅有行龍八條；一式用明黃色，片金加海龍緣，裙後開，其餘部分相同。夏朝袍分為二式，都用明黃色，緞紗單袷，其餘部分和冬朝袍相似。

朝褂的形狀類似背心，而長與袍齊，對開前襟，分為三式，都是石青色，片金緣：一式繡紋前後有立龍各二條，下通襞積，四層相間，上面是正龍各四條，下面是萬福萬壽紋，各層襯飾雲紋或水紋；一式繡紋前後正龍各一條，腰帷有行龍四條，中間有襞積，下幅有行龍八條；一式繡紋前後有立龍各二條，中間沒有襞積，下幅是八寶平水。各式朝褂，都垂著明黃絛。冬朝裙是片金加海龍緣，上面用紅織金壽字緞，下面用石青行龍粧緞，都是正幅，有襞積。夏朝裙是片金緣，使用緞或紗，因時而異，其餘部分和冬朝裙相似。金約飾東珠一顆、珍珠三百二十四顆，間以青金石，紅片金裏，此外有朝珠、綵帨、耳飾等附飾，左右耳飾各三個，有金龍銜一等東珠各二顆。

據《國朝宮史》的記載，皇太后每年的衣料包括：蟒緞、補緞、織金、粧緞、金字緞、藍素緞、帽緞、宮綢各二疋，倭緞、衣素緞、潞綢各四疋，閃緞一疋，雲緞七疋，楊緞六疋，紗八疋，裏紗、綾、紡絲、杭細、綿紬、高麗布各十疋，綿布、粗布各五疋，毛青布四十疋，金線二十綹，絨十斤，棉線六斤，木棉四十斤，二、三號銀鈕各二百顆，二等貂皮十件，三等貂皮二十件，五等貂皮七十件，裏貂皮、海龍皮各十二件。在溥儀結婚後的一本帳上，記錄后妃每年使用衣料的定例，其中皇后的分例，包括：各種緞二十九疋，各種綢四十疋，各種紗十六疋，各種綾八疋，各種布六十疋，絨和線十六斤，棉花四十斤，金線二十綹，貂皮九十張，其數量仍然相當可觀。

據清宮《穿戴檔》的記載，乾隆二十五年（1760）三月二十三日傳旨：「皇太后今年七旬大慶，同六旬大慶一樣，亦做衣服九套，冠三頂，薰貂二，海龍一，皮衣服三套，貂皮一，天馬皮一，銀鼠皮一，綿衣服三套，紗衣服三套。」歲時節令，后妃的服飾也有分別。據鍾粹宮所見光緒二十三年（1897）元旦穿戴冊的記載，可以了解祭祀和節令日期皇后所穿戴的服飾。坤寧宮祭大神：戴珠頂冠，穿龍袍褂，用朝珠、項圈、手巾。進春：戴飄帶冠，穿龍袍，用朝珠。祭太廟：戴銀邊鈿子，穿八團無水龍袍，用朝珠。萬壽：戴滿簪鈿子，穿龍袍褂，用朝珠、項圈、手巾。祭天壇：戴銀邊鈿子，穿龍袍褂，用朝珠。孝全祭辰：戴雲子冠，穿綠襯衣。祭社稷壇：戴銀邊鈿子，穿八團有水龍袍，用朝珠。祭白馬關帝廟：戴銀邊鈿子，穿龍袍褂，用朝珠。孝全誕辰：戴滿鈿子，穿龍袍褂，用朝珠、項圈、手巾。清明：戴銀邊鈿子，穿八團龍袍，用朝珠。祭蠶壇：戴朝冠，穿朝服。孝貞祭辰：戴尋常鈿子，穿綠袍青褂。穆宗誕辰：戴鳳鈿子，穿龍袍，用朝珠、項圈、手巾。採桑：戴如意鈿子，穿龍袍，用朝珠。蠶壇抽絲獻繭：梳頭戴雙穗，穿花氅衣。文宗誕辰：戴桂花滿簪鈿子，穿龍袍褂，用朝珠、項圈、手巾。七夕：戴銀邊鈿子，穿龍袍，用朝珠。慈禧太后仁壽殿筵宴，賜皇后宴：戴穿冠，穿朝服。慈禧太后祭殿神：戴翠花冠，穿龍袍，用朝珠。祭竈：戴桂花鈿子，穿龍袍褂，用朝珠、項圈、手巾。清朝服飾的規定，雖然十分詳盡，但並未嚴格執行，慈禧太后的常服大多隨其所好，任意穿着，並不如會典規定那樣單調。

歷代帝后的儉德，是後世津津樂道的美談，漢文帝身穿皂綈，皇后衣不曳地，穿「再浣之衣」。隋文帝在宮中的常服，率多布帛，裝帶不過銅鐵骨角而已，規定廷臣不得穿綾綺，不能有金玉之飾。明太祖皇后親自縫破衣，明成祖衣袖敝垢。清朝皇帝提倡淳樸。嘉慶七年（1805）七月十五日，〈內閣奉上諭〉指出，「我滿洲淳樸舊風，衣服率多布素，近則狃於習俗，兵丁等競尚鮮華，多用紬緞，以穿着不及他人為恥。試思旂人原以學習清語騎射為本，伊等技藝生疎，何以不知愧恥，惟於服飾欲圖體面耶？」清末宮中，一年到頭都在大量的做衣服，每天總是穿新衣。江寧、蘇州織造每年奉命傳辦的衣料，有些花紋、顏色、樣式是慈禧太后親筆繪製的，全年耗費數十萬金。樂壽堂是慈禧太后起居的一個地方，北平故宮博物院曾將慈禧太后用品陳列於樂壽堂西間寢室，以表現慈禧太后當時生活情形的一斑，譬如繡蝶紗氅衣，繡蝶襯衣，黃絲帶、篦子、木梳、鞋等，都是外間罕見的服飾用品。

慈禧太后的日常用品重要算衣裳一項最為重要，管理衣裳的宮女可算是最忙碌的。新裝作好後，她還要親自選定黃道吉日正式穿著。她的衣服很多，有一次她到天壇祈雨，要在禁宮住四、五天，宮女整理出五十六箱服飾，帶去五十餘件不同的衣服。慈禧太后不喜歡西洋服裝，穿洋裝時，把腰束得緊緊的，很不舒服。她看到婦女穿洋裝，後面拖著長長的尾巴，就覺得好笑。慈禧太后的腰很細，但他不願意把腰束得太緊，她相信世界上沒有比旗裝更美的服裝了。婦女穿的旗裝，都是連裳，不分上下。在後宮裡沒有地毯，長裙拖在地板上，很容易損壞，更麻煩的是太監常常踩著宮眷的長裙，換上旗裝，比較舒服，做起事來也方便，宮眷穿上旗裝，才是旗人，慈禧太后才覺得是她的人。

晚上，慈禧太后卸裝換上睡衣後，只戴一對玉手鐲就寢，早晨起身的時候，首先就穿上白絲襪，用美麗的絲帶繫住。宮女常玩骰子，運氣不好時，慈禧太后就告訴宮女把襪子反穿，就會贏錢。據內務府檔冊的記錄，乾隆皇帝一年總計更換內衫二十八件，平均每一件內衫穿了十三天才換下，乾隆皇帝不勤於更換內衣的記載應是可信的。慈禧太后卻是每天更換衣服，先穿上一件粉紅色的柔軟內衣，外面套上繡著竹葉的短袍。在早晨，她總是穿著平底鞋，所以不能穿長袍。慈禧太后很愛惜自己的頭髮，然而她的頭髮很長，不容易梳理，每天梳頭都要費一、兩個鐘頭。梳燕尾不能太低，梳頭的時候，不准有一根頭髮落下。有一次，替她梳頭的太監在梳子上找到一根頭髮，不由得心裡發慌，想悄悄地把這根頭髮藏起來，不料被慈禧太后從鏡子裡看到了，她大怒，叫道:「替我放回頭上，生牢牠！」還叫人要打死太監，把梳頭的太監嚇得哭了。

慈禧太后的袍褂，樣式很多，有時候穿著黃緞袍，上面繡滿了大朵的紅牡丹，冠冕上掛滿了珠寶，兩旁各有珠花，左邊有一串珠珞，中間有一隻純玉做的鳳，繡袍外面是披肩，形狀像魚網，由三千五百顆珍珠穿織而成，又圓又光，而且大小和顏色都一樣，邊緣鑲著美玉的瓔珞，手上戴著兩副珠鐲，一副玉鐲，幾隻寶石戒指，在右手的中指和小指上戴著三吋長的金護指，左手兩個指頭上戴著同樣長的玉護指。

慈禧太后接見外國貴賓時所穿的黃緞繡袍，上面繡著彩鳳和壽字，還鑲著金邊，滿身褂著鳥卵般的東珠，手上戴著許多金鐲、金戒指和金護指，世界上恐怕沒有一個皇后像慈禧太后有那麼多珠寶。光緒二十九年（1903）四月間，慈禧太后設宴款待駐華各國公使夫人，她揀了一件最華貴的朝袍，是用孔雀翠羽織成的，上面繡著鳳凰，每隻鳳凰嘴上褂著一串二吋長的瓔珞，慈禧太后一動，這些珠瓔珞就前後搖擺起來，放出燦爛的光芒，頭上戴著玉製的鳳，鞋上和手巾上也繡著這種花樣。同年五月二十八日，因美國海軍提督伊文思覲見慈禧太后，按照規矩，她應穿的禮服是黃緞袍，上面繡著金龍。但是她最不喜歡穿黃的顏色，她認為一穿黃袍，她的臉就和袍子差不多顏色了。宮女拿出了二、三十件禮服，都不中意，她最後選定了一件淡藍色的袍子，上面繡著一百隻蝴蝶，加上一件紫色的短背心，也繡著蝴蝶，袍子的下面有許多珠瓔珞。頭上兩邊各戴一隻玉蝴蝶，手鐲和戒指都是蝴蝶花様的。每樣首飾都和袍子相稱，在珠寶之間，還夾著幾朵鮮花，白茉莉是她最喜愛的鮮花，妃嬪都不許佩戴，她認為宮眷年紀太輕，容易把鮮花損壞。慈禧太后喜歡淡藍色的衣服，她常叫妃嬪們穿著淡藍色的衣服。慈禧太后很會打扮自己，她也要宮眷們好好地打扮自己，在臉上多用些粉，嘴唇上也要塗些胭脂，這是宮中的規矩，不然，人家還以為她是個寡婦呢？

光緒二十九年（1903）閏五月二十日，經美國公使康格夫人介紹，由卡爾小姐開始替慈禧太后畫像。慈禧太后雖然不喜歡黃顏色，但她覺得在畫像上還是黃顏色最適宜。宮女們拿出好幾件黃袍，慈禧太后最後挑了一件黃袍，上面繡著紫色牡丹的花紋，鞋子和手巾都是這種花樣，又戴著一條藍色的絲織圍巾，上面繡著「壽」字，每個「壽」字中央有一顆珍珠，手上戴一對玉鐲和玉護指，頭上一邊戴著玉蝴蝶和瓔珞，另一邊戴著鮮花。

妃嬪的常服，是窄袖長袍，有的是羊皮的，有的是鼠皮的，也有精細的衣服，是黑狐皮或白狐皮的，周圍鑲著金邊和繡花，髻作橫長式，約有一尺多，俗稱「把兒頭」。到了年底，在慈禧太后生日前幾天，宮中忙著挑選衣料做冬衣和禮服，慈禧太后也會賞賜白狐皮。按照慈禧太后的意思，郡主的衣服要用大紅緞來做，再繡上金龍，護以藍色的雲彩鑲金邊，又用灰鼠皮襯裏，袖口和翻領要用貂皮。宮眷覲見慈禧太后時，都要戴上首飾，慈禧太后自己常戴的是碧綠的翡翠簪。到了立夏，宮中婦女都是穿旗裝，卸下金簪，戴上玉簪。在端午節這一天，慈禧太后把繡花衣服、家常衣服、短襖背心、鞋子、金耳環、嵌寶石的珍珠環等賞給宮眷，這些宮眷也可得到檀香木做的手鐲，雕刻得非常精細。

早朝完畢後，慈禧太后想去散步時，就有宮女拿來一面鏡子，放在桌上，慈禧太后對著鏡子把沉重的珠寶都從頭上卸下來，放進盒子裡，由宮女送回珠寶房去，頭上只剩下一個髮髻，換上小巧的珠花，插在髮髻的一邊，又揀了一隻綠玉的蜻蜓插在另一邊，換了平底鞋，穿著天青色的袍子，鑲著粉紅花邊，沒有繡花。散步遊玩的時候，慈禧太后常常喜歡坐在黃緞椅子上休息，所以都有一個捧著黃緞椅子的太監跟在她的後面。午睡起來梳洗完畢後，就有一個宮女送進鮮花來，慈禧太后揀了幾枝插在頭髮上。她喜歡新鮮的小花，她覺得那些小花比珍珠翡翠更好看。

慈禧太后喜歡洋化，對洋貨覺得很新奇，尤其喜愛法國的錦緞、香水、香粉，因為這些化粧品能使她的皮膚更美麗。可是她不喜歡外國的鞋子，她常說外國女人的腳都很大，鞋子像船。世界上最罕見的鞋子，應該算是慈禧太后的珠履，全部都是用珍珠做成的。太監小德張，氣焰薰赫，宮中呼為李蓮英第二，傳說溥儀遜位時，小德張得到了慈禧太后穿過的珠履一雙，這雙珠履四周都嵌上大珍珠，據說這雙珠履的製作費共耗銀七十萬兩。

有清一代，文武百官服飾，既複雜又繁瑣。其中袍褂是最主要的禮服，皇族宗室的長袍開四衩，百官開兩衩。開衩的袍服，在袖口裝有箭袖，以便騎馬射箭，因袖形似馬蹄，俗稱馬蹄袖，滿文讀如"wahan"，漢文音譯作「挖汗」。平時袖口翻起，跪拜行禮時，必須把袖口放下。袍上所用紋樣，除帝后繡龍紋外，王公大臣繡蟒，叫做蟒袍，以天藍為正色。所有袍服都繫腰帶，宗室都束金黃帶，叫做黃帶子；覺羅束紅帶，叫做紅帶子。腰帶上配褂著一大串的活計，如香荷包、扇套、烟袋、眼鏡盒、火鐮等等，分為紅、藍、黑、白，以配合時令。

在袍服外面罩以馬褂或坎肩，叫做外褂，分為天青和元青兩種。天青褂俗稱紅青褂，是常服；元青褂是素常服，以貂褂最為名貴。在外褂的胸背正中各綴一塊補字，俗稱補褂或補服，因為補服上有各色紋樣，又叫花衣，也稱為端罩。文官繡禽，武官繡獸。順治九年（1652）四月，規定親王、郡王、貝勒們的補服是圓補，從一品至九品的文武官員都是方補，公侯伯的長短外褂，釘麒麟補子，文官一品釘仙鶴，二品釘錦鷄，三品釘孔雀，四品釘雲雁，五品釘白鷳，六品釘鷺鷥，七品釘鸂鶒，八品釘鵪鶉，九品釘練雀。武官一、二品釘獅子，三品釘虎，四品釘豹，五品釘熊，六、七品釘彪，八品釘犀牛，九品釘海馬。大致而言，清朝袍褂的紋樣，壯麗活潑，配色鮮明調和，錦上添花，衣冠大備。

清朝文武官帽，分為涼帽和秋帽兩類。涼帽類似農人的斗笠，又分白羅胎和萬絲胎兩種。秋帽原形，又稱暖帽。從帽頂向四沿鋪垂流蘇狀的絲質，叫做紅纓。從帽頂的質料和顏色就可以分辨出各官的品級，宮中阿哥們的帽頂是紅絨結頂，親王、郡王、貝勒的帽頂是紅寶石頂，一品起花金頂銜紅寶石，中嵌東珠，二品改嵌小紅寶石，三品改嵌小藍寶石，四品起花金頂銜藍寶石，五品銜水晶，中嵌小藍寶石，六品不中嵌，七品起花金頂，中嵌小藍寶石，八品起花金頂，九品起花銀頂，都沒有嵌飾。貝子三眼孔雀花翎，公雙眼孔雀花翎，護軍統領、參領單眼孔雀花翎，護軍校用藍翎。官員的禮帽，俗稱大帽，平常所載的便帽，俗稱小帽，形式很多，其中最常見的瓜皮帽，類似明朝的六合帽，夏秋用紗，冬春用緞，以黑色為主，夾裏多用紅，帽頂裝有一紅色絲線編成的結子。

漢代官員在每五天之中，可以有一天不辦公，這個例假日，稱為休沐。隋唐時期，在每月的初十日、二十日及最後一日即二十九日或三十日，是官方的例假日，稱為旬假。清明時期，改變更多，許多假日都已取消。清朝國定假日是從年底封印開始，在封印期間，中央各部院一律公休，直到第二年元宵節過後才開始辦公。其封印日，或在十二月十九日，或在十二月二十日，由欽天監選擇吉日吉時，頒示各衙門一律封印，停止辦公。其開印日期，或在翌年正月十七日，或在正月十八日，年假平均有二十七天。封印、開印當日，都規定官員穿著的服飾，譬如：光緒元年（1875）十二月十九日卯刻封印，百官穿補服。光緒二年（1876）正月十九日開印。據《翁同龢日記》記載，是日開印，於大堂拜印，行三跪九叩禮，百官穿藍色補褂，掛朝珠。

皇帝、皇太后的生日，叫做萬壽節，百官例應穿蟒袍七日，俗稱花衣期。譬如：咸豐十年（1860）六月初九日，是咸豐皇帝三十歲的生日，百官穿蟒袍補褂在正大光明殿行慶賀禮。同治元年（1862）三月二十三日，是同治皇帝八歲的生日，禮部知照百官穿補褂，掛朝珠行禮，前後三天，常服掛珠。七月十二日，是慈安太后的生日，百官穿補褂朝珠在慈寧門行禮，前後三天，常服不掛珠。十月初十日，是慈禧太后的生日，前期三天，百官常服不掛珠，初十日行禮時，穿補褂朝珠，行禮後，穿常服朝珠。同治四年（1865）三月二十三日，是同治皇帝的生日，同治皇帝御乾清宮，三品以上各官在乾清門外行禮，四品以下在午門前行禮，均穿蟒袍補褂。同治五年（1866）三月二十三日，同治皇帝萬壽節，同治皇帝詣大高殿、壽皇殿行禮。辰初二刻，御乾清宮受賀，禮畢還宮用膳，召見百官，百官都穿蟒袍補褂。光緒十六年（1890）六月二十六日，是光緒皇帝的二十歲生日，在乾清宮舉行慶賀禮，王公百官都穿蟒袍補褂，七天內百官都穿蟒袍補褂。據《翁同龢日記》記載，光緒二十二年（1896）十月初十日，慈禧太后萬壽慶節，是日辰初，光緒皇帝率王公百官於慈寧宮前行慶賀禮，禮畢仍到西苑直房，換穿蟒袍補褂，用紅珠。光緒二十八年（1904）六月二十六日，是光緒皇帝三十二歲的生日，在前一天，即六月二十五日清晨，光緒皇帝穿著黃袍，上面繡著金龍，外罩棗紅色的端罩，升殿接受百官的祝賀。德齡女士說：「看著數百人在地上參差不齊，此起彼落地跪拜，的確是一件有趣的事。」

八月初五日，是唐玄宗的生日，開元十七年（729），張說等請以是日為千秋節。有清一代，皇后的生日，叫做千秋節。譬如：光緒十六年（1890）正月初十日，是隆裕皇后的生日，規定是日百官穿蟒袍補褂一日。光緒十七年（1891）正月初十日，是隆裕皇后的千秋，諸臣穿蟒袍補褂一日。光緒二十二年（1896）正月初十日，是皇后千秋節，百官蟒袍補褂。光緒二十三年（1897）正月初十日，是皇后三旬正慶，群臣照舊穿蟒袍補褂一日。

咸豐十一年（1861）十一月初一日，東西兩宮皇太后垂簾聽政，御養心殿。是日內廷諸臣及王公大臣、六部九卿於養心殿行禮，均穿朝珠補褂。垂簾聽政，或於冬暖閣，或於養心殿，簾用黃幔，或用紗屏八扇黃色，同治皇帝坐在簾前御榻，恭親王立於左，醇親王立於右。同治元年（1862）四月二十四日，因次日加上皇太后徽號，同治皇帝進呈奏書，百官穿常服掛珠，內務府各員穿蟒袍補褂。四月二十五日巳刻，在太和殿宣讀冊寶，百官穿朝服，行禮後補褂朝珠。光緒十四年（1888）十月初五日卯初二刻，立副都統桂祥女葉赫那拉為皇后，這一天，百官都穿蟒袍補褂。同年十一月初二日午刻，舉行納采禮，百官穿蟒袍補褂一天。光緒十七年（1891）四月二十八日，頤和園工程告竣，慈禧太后前往駐蹕，同年五月初一日，還宮，百官穿蟒袍補褂迎送。光緒十九年（1893）正月十九日寅刻，光緒皇帝還駐西苑，百官穿蟒袍補褂跪送。光緒二十二年（1896）正月十六日，傳令在頤樂殿聽戲，大學士、六部尚書、南書房、上書房各官入座，共八十二人，都穿蟒袍補褂，戴染貂帽。

元旦佳節，例應穿蟒袍補褂。光緒三年（1877）正月初一日元旦，光緒皇帝於養心殿皇太后前行禮，不御殿受賀，樂設而不作，王以下二品以上於慈寧門外行禮畢，於乾清門外行禮，都穿蟒袍補褂。光緒八年（1882）正月初一日卯正三刻，王公大臣穿蟒袍補褂在慈寧門外行禮，叩賀新年大喜。光緒十年（1884）正月初一日，《翁同龢日記》記載：「子正一刻起，盥漱畢敬叩天地，祝八方無事，真容前行禮。丑初二刻登車，丑正多到直房，同人相見一揖，兩班章京亦一揖，蟒袍補褂，白羊毛，染貂帽。」光緒二十四年（1898）正月初一日，辰初二刻，皇太后御慈寧宮，群臣行慶賀禮。辰正二刻，光緒皇帝御乾清宮，以日食故不御正殿，群臣穿蟒袍補褂行禮。

坤寧宮在交泰殿後面，式莊嚴神聖的大宮，宮外立有木杆，是清朝皇室祭杆子的地方，坤寧宮就是吃肉之處，一進門有殺牲的桌子，也有煮肉的大鐵鍋，吃肉時坐在地上，刀割後用手抓肉，充分保留了初民社會的風俗禮儀。王公大臣在坤寧宮吃肉時必須穿著規定的服飾，例如：光緒八年（1882）正月初二日卯正二刻，在坤寧宮吃肉的王公大臣都穿藍袍補褂，戴染貂冠。光緒二十一年（1895）正月初二日卯初，在坤寧宮吃肉，吃肉的滿蒙王公大臣都穿蟒袍補褂，黃珠染貂帽。光緒二十四年（1898）正月初二日，《翁同龢日記》記載：「早入先喫肉，後見起，喫肉補褂，見起貂褂。卯正喫肉凡四十三人，首戈什愛班，次近支，次御前，次軍機，次蒙古王公。」文中「戈什愛班」，滿文讀如“gocika amban”，意即「御前大臣」。

每年正月初二日，國子監例應以芹藻等物禮拜先師，叫做釋菜禮。古時候，始入學，行釋菜禮，春秋二祭，都用釋奠禮。釋奠，有牲牢幣帛；釋菜，不用牲牢幣帛。光緒十年（1884）正月初二日巳初一刻，翁同龢穿單朝衣，詣國子監，在殿下九叩，上堂行釋菜禮，又詣後殿、土地廟行禮，然後到敬思堂換蟒袍補褂，再到彝倫堂團拜。光緒十二年（1886）正月初二日，是日巳正穿朝服上殿行釋菜禮。光緒十四年（1888）正月初二日，翁同龢於是日巳初赴國子監，更衣上殿行釋菜禮，詣後殿、文公祠行禮，至敬思堂換穿蟒袍貂褂。光緒十五年（1889）正月初二日巳正二刻，換穿朝服行釋菜禮。

向來遇祈穀、常雩、南郊典禮前期，皇帝閱視祝版，執事官員應穿蟒袍補褂。社稷壇、四孟時享太廟閱視祝版日期，應穿補褂，歲暮祫祭前期閱視祝版，元旦、萬壽告祭太廟，執事官員應穿蟒袍補褂。乾隆五十六年（1791）傳旨，皇帝閱視祝版，穿龍褂，掛朝珠。嘉慶四年（1799）正月，禮部議准凡遇素服之日，皇帝閱視祝版，穿常服，掛朝珠，執事官員補褂。光緒九年（1883）十二月二十八日，光緒皇帝於太廟行祫祭禮，諸臣站班，都穿蟒袍補褂。光緒十五年（1889）正月初四日，光緒皇帝閱視祝版，執事官員穿補褂。

奉先殿是清朝內廷祭祖之處，位於紫禁城景運門東，順治十四年（1657）建，前後殿供奉歷朝帝后神龕。同治元年（1862）十月初六日，咸豐皇帝、孝德皇后升祔奉先殿，同治皇帝穿戴珠頂龍袍褂，禮畢，仍穿青褂，百官穿青褂。光緒三年（1877）六月初九日，光緒皇帝詣奉先殿、壽皇殿行禮，執事及站班人員都穿蟒袍補褂，隨同行禮大臣則穿藍袍補褂。光緒九年（1883）正月十四日，光緒皇帝詣奉先、壽皇二殿行禮，樞臣穿青褂於內右門站班。同年六月初六日，行孝貞顯皇后釋服禮，光緒皇帝於建福宮行禮，穿青長袍褂。辰初，詣奉先殿行禮，穿龍褂藍袍。

清代科舉考試，童生考取府縣學校，成為生員，叫做秀才，社會上習稱相公。每逢子午卯酉各年，稱為鄉試年，三年一科，秀才到省城參加鄉試，中試的叫做舉人，習稱老爺。每逢辰戌丑未各年，舉行會試，各省舉人齊集京師應考，中試的叫做貢士，由禮部主考。貢士再參加殿試，由皇帝主考，中試的分為一、二、三甲。一甲三人，即狀元、榜眼、探花，賜進士及第；二甲一百多人，賜進士出身；三甲人數較多，賜同進士出身。咸豐八年（1858）六月二十一日，命潘祖蔭、翁同龢為陜西鄉試正副考官，八月初六日午初，正副考官穿蟒袍補褂，赴巡撫衙門，監臨、簾官、司道等行相見禮，各一揖，茶畢，換穿朝服，望闕謝恩，然後入闈，掣籤、送題、進卷都穿補服。會試中式的貢士，參加殿試後宣讀皇帝詔命唱名，叫做傳臚。咸豐十年（1860）四月二十八日寅正三刻，咸豐皇帝御正大光明殿，傳臚時，百官穿蟒袍補褂。同治元年（1862）三月初六日，會試入闈大臣穿紅青褂，次日，穿青褂上堂掣房籤。同年四月初十日黎明，新貢士赴午門前謝恩，各官都穿常服褂珠。

百官穿戴冠服，也要配合天象的變化。咸豐九年（1859）正月十五日，月食，凡食十九分，欽天監設香案於大堂庭下，各官穿青褂，向東行三跪九叩禮兩次，復圓後，穿補褂，行禮一次，逢齋戒日期，百官各以小牙牌一副，上刻「齋戒」字樣，掛在胸前，叫做齋戒牌。齋戒日，應穿青外褂。同治五年（1866）二月初七日，懸齋戒牌，常服不掛珠。光緒九年（1883）二月初四日，齋戒，百官穿天青褂。光緒十六年（1890）正月十九日，光緒皇帝入齋宮，站班的百官都穿蟒袍補褂。

光緒十一年（1885）正月十五日，是上元節，於保和殿筵宴蒙古王公，漢一品大臣照例入座，入宴禮節，蟒袍補褂，或白斗風，或黑帽，或本色，或染。光緒十八年（1892）正月十五日，光緒皇帝御保和殿筵宴蒙古王公大臣、漢一品大臣，卯正三刻入宴，穿蟒袍補褂，冠或貂，或染貂。光緒十九年（1893）上元日，是日卯正，光緒皇帝御保和筵宴蒙古王公，是日，漢尚書、滿侍郎入坐者共十六人，穿蟒袍補褂，戴本色貂帽。

逢忌日，其服色和齋戒相同。嘉慶九年（1804）七月初二日，嘉慶皇帝於傳膳後，親臨吉安所賜奠華妃，隨從執事官員規定穿著青褂，戴雨纓帽，七月初九日，是孝靜皇后的忌日，七月十五日，是中元節，七月十七日，是咸豐皇帝的忌日，所以在這一個月當中，百官只能穿深藍或淺藍的衣服，不能穿顏色鮮麗的衣服。同治六年（1867）七月十七日巳初一刻，同治皇帝穿青紗袍，詣奉先殿、壽皇殿行禮。同治九年（1870）七月初九日，孝靜皇后忌日，同治皇帝穿藍袍。

同治十三年（1874）十一月初二日，翁同龢於辰初到東華門，聞傳蟒袍補褂，因同治皇帝有天花之喜，傳令百官改穿花衣，以紅絹懸於當胸。在這十天內，奏摺用黃面紅裏，穿花衣補褂，供娘娘，遞如意。十一月十二日巳午間，從大光明殿接娘娘走後左門一帶，供奉於養心殿，王貝勒及內務府官員都穿花衣，宮內各處都掛著紅聯，很像紅色的春聯，內監一律穿紅駕衣。十一月十五日，是日，群臣進如意，皇太后詣壽皇殿。未刻，送娘娘。是日，入值王公大臣均穿花。同治十三年（1874）十二月初五日酉刻，同治皇帝崩殂，傳令內廷大臣於是日戌正摘纓，穿青褂。光緒七年（1881）三月初十日，慈安太后薨，百官摘纓，製白袍帶，以青袖蒙袍，穿青長袍褂。皇帝、皇太后崩殂，入臨大臣，例應反穿羊皮褂。譬如：同治皇帝駕崩時，翁同龢等入臨，反穿羊皮褂，以後數日都穿元青褂，一直到奉安為止。光緒皇帝有一次病重，傳令各堂官入臨，都御史張英麟誤以為光緒皇帝已經崩殂，竟反穿羊皮褂入臨，當時傳為笑柄。

清朝末年，中外交涉頻仍，總理衙門就是辦理洋務的機構。每年正月初四日，總理衙門大臣開始到署辦事，官員新年第一次見面，上堂一揖，穿的是花衣貂褂。外國公使到總理衙門賀年時，總理衙門大臣向來都穿青褂，或翻穿皮褂。光緒十七年（1891）正月十二日，到總理衙門賀年的公使包括十國二十九人，總理衙門大臣開始改穿貂裘，掛朝珠。公使們的衣冠，各個不同，有金邊壓衣緣的，有帽綴鷄毛的，也有佩劍的。其中德國公使巴蘭德穿黑衣，美國公使穿常服，真是五花八門。同年十二月初八日午初二刻，總理衙門大臣到各公使館拜年，都穿貂褂朝珠，英、法、德等國公使穿公服，其餘各國公使穿黑衣。

宮中太監的服色，分為灰、藍、絳、茶、駝五色。春天是灰藍色，夏天是茶駝色，秋天是藍灰色。遇帝后誕辰，則穿絳紫色，忌辰，穿青紫色。凡有品級的太監，帽子上都有頂戴，二品紅頂，三品正藍頂，四品鎳藍頂，五品亮白頂，六品鎳白頂，七品金頂，八品金頂帶壽字。從太監蟒袍前後補子上繡的禽鳥，也能區分出太監的官銜和品級，二品是仙鶴，三品是鳳凰，四品是孔雀，五品是鷺鷥，六品是黃鸝，七、八品是鵪鶉。沒有品級頂戴的上差太監穿紫色綢緞袍，前後補子上繡的是蟠龍花和五蝠捧壽，其他的小太監只能穿藍色布袍或紫色布袍，袍褂沒有前後補子。總管太監穿馬褂，青色長筒靴，其他的太監穿坎肩，青色角靴。慈禧太后寵信的李蓮英是太監的首腦，又老又醜，是唯一可以戴孔雀翎的太監，他曾代表慈禧太后到天津小站閱兵，升為二品官銜，賜紅頂戴，黃龍馬褂，真是一項殊榮。

朝廷祭祀大典，執事官員穿著的禮服，間亦由內務府製造欽賜。雍正十二年（1734）九月二十日，內閣侍讀學士木和林曾指出，春夏秋三季從祀讀祝贊禮各官的朝衣補服，猶易製備。但冬至祭壇，歲暮孟春祭太廟，從祀各官的朝服，有皮衣、夾衣的不同，補服有大毛、小毛的差異，並不一致。所以木和林奏請冬至歲暮從祀各官按照三等侍衛所服貂鑲朝衣狐皮端罩，賞給祭典讀祝及元旦朝賀鳴贊各官，俾整齊服飾，以肅觀瞻。

新官上任時，其冠服往往是自購的。傳說雍正初年，有一位引見的官吏想買新帽，途中詢問售帽的舖戶，次日入朝，免冠謝恩。雍正皇帝笑著說：「慎勿污汝新帽也！」這個故事一方面可見雍正皇帝伺察的嚴密，一方面可知官吏的冠服也需購買。相傳慶親王奕劻原來是一個窮貝勒，家境並不寬裕，有時上朝穿用的冠服，是從當舖中取贖而來的。光緒二十三年（1897）八月十五日中秋節的夜晚，皓月皎潔，萬象澄清，慈禧太后在排雲殿賞月，傳令隨行諸臣穿花衣補褂。翁同龢未帶花衣，因無處可借，只得向太監辛首領借用。宮中太監們，為了取得額外的收入，常常以出租冠服向官員敲竹槓。據說崇綸當內務府大臣的時候，曾打點各處太監，漏掉了一處，沒吃飽的太監便等候在崇綸上朝觀見太后的路上，故意從屋裡潑出一盆洗臉水，把崇綸的貂褂潑得水淋淋的。崇綸知道這不是發脾氣的時機，因為皇太后正等著他去覲見，所以很著急地叫太監想辦法。太監立刻拿出一件貂褂，並要了很多恩典。原來太監們早就預備好各式朝服冠帶，專供廷臣臨時租用。這回崇綸花了一筆可觀的租衣費，被太監們敲了竹槓。

有清一代，冠服制度，載諸舊典，但因節慶時令的變化，百官穿戴冠服，未必皆符合則例。例如：同治元年（1862）五月二十六日，是日夏至，各官或穿青褂，或穿紅青褂。翁同龢稽諸舊典，以青褂為是。光緒六年（1880）正月十五日，是日為上元節，照例筵宴蒙古王公等。《翁同龢日記》記載：「昨夕始知侍衛處傳滿漢應入宴大臣於五鼓入內，卯初三到朝房，董公云蟒袍補褂，（據伊日記）潘公云朝服，（據禮部則例）游移久之而傳朝服，遂先退至殿中敬竢。已而傳蟒袍補褂，余曰禮例可據，入座者或朝服，或蟒袍也，（殿上應朝服，從前正大光明殿則補服）」滿漢入宴大臣應穿冠服，雖侍衛處仍難熟悉，以致入座者或朝服，或蟒袍，觀瞻不齊。

圖一：雍正皇帝朝服像

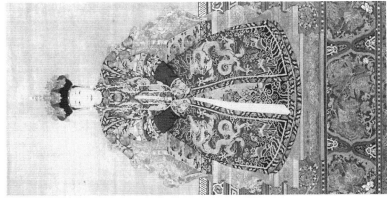

圖二：孝恭仁皇后烏雅氏朝服像

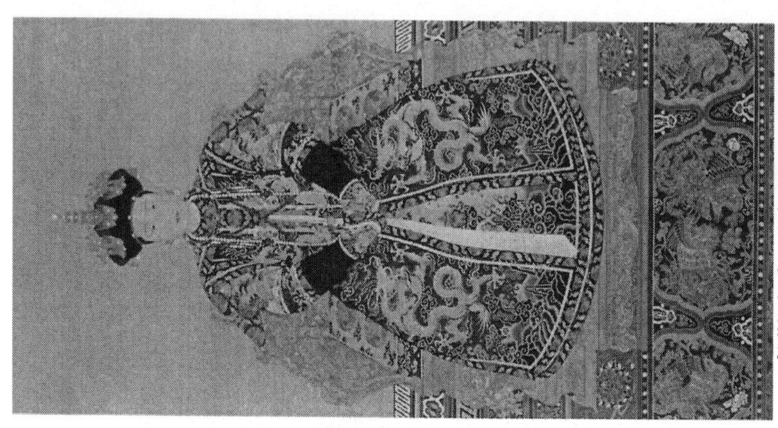

圖三：孝敬憲皇后烏拉納喇氏朝服像

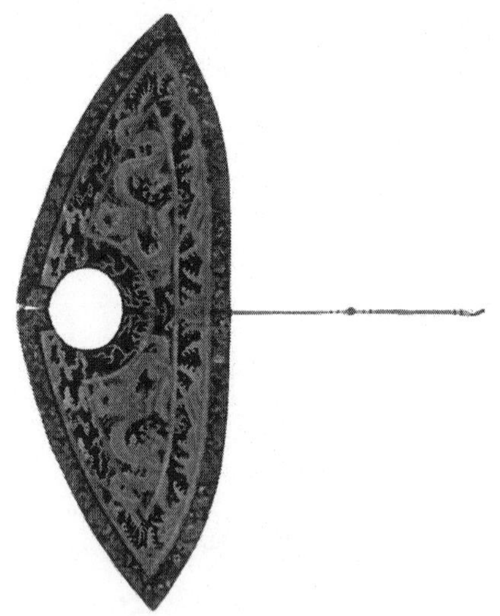

圖四：皇帝朝服上的配飾—繡龍披肩

圖五：明黃緞平金彩繡龍皇帝朝袍

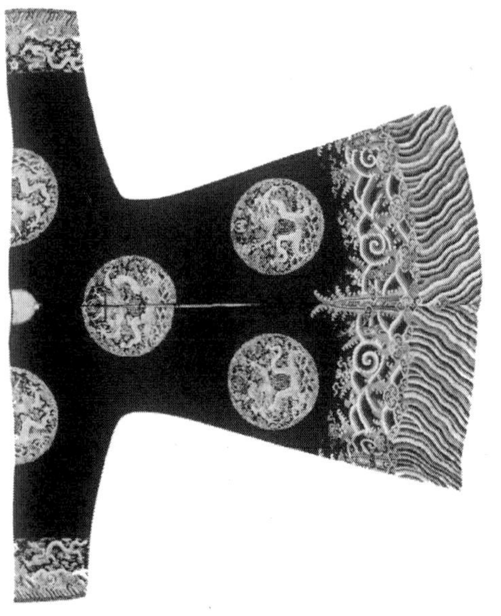

圖六：平金彩繡八團龍袷褂

圖七：黃綢織金龍皇帝棉袍

圖八：明黃緞繡八團雙鳳紋皇后袷袍

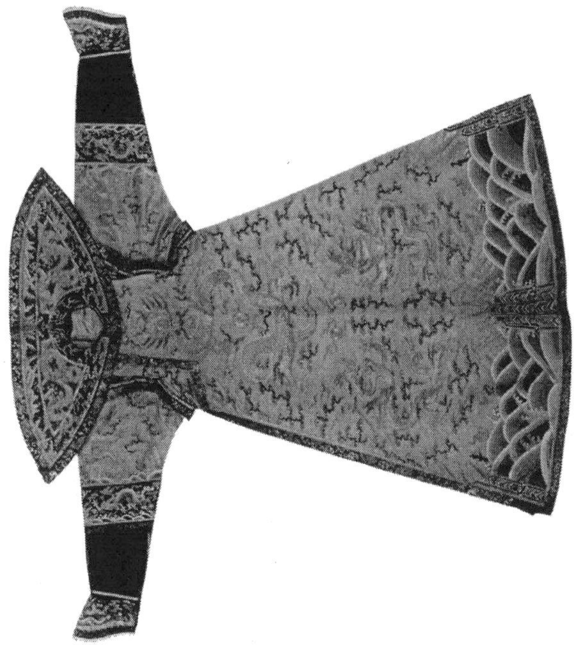

圖九：明黃緞平金繡龍皇后朝袍

圖十：綠色緞彩繡花蝶氅衣

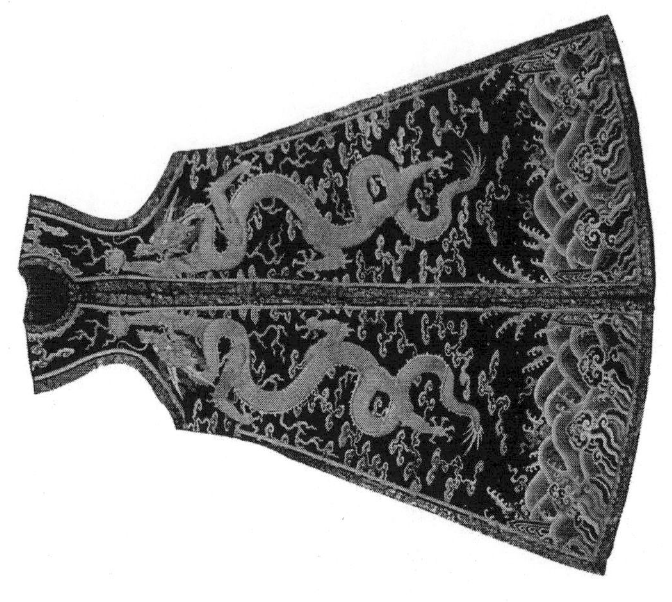

圖十一：石青緞彩繡龍袷女朝褂

圖十二草綠色漳絨江山萬代坎肩

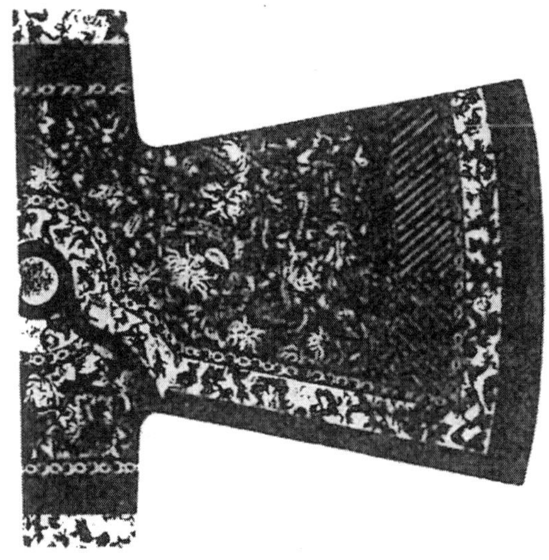

圖十二：皇后百蝶袍

圖十三：皇后鳳袍

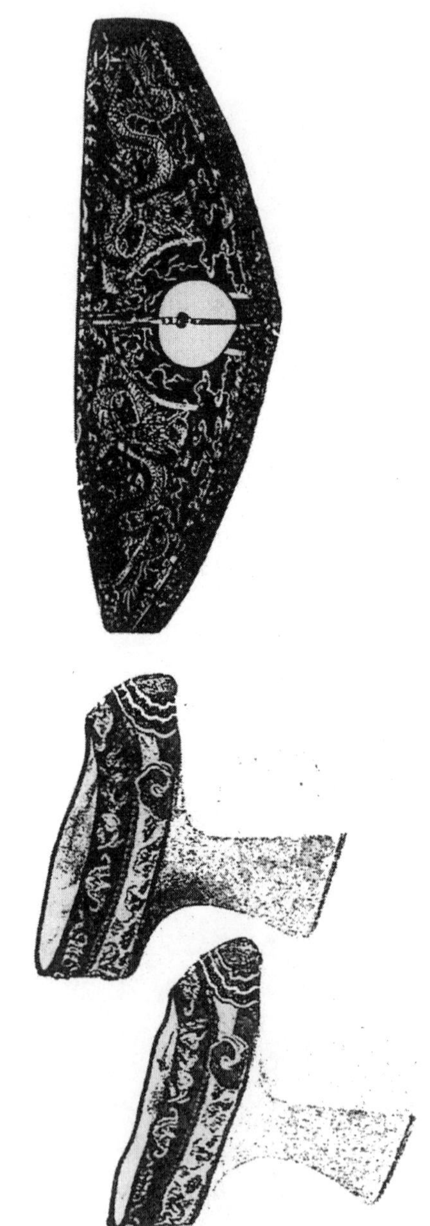

圖十四：皇后朝服披領

圖十五：皇后穿的串珠飾綴高跟鞋

圖十六：親王補子

圖十七：補子（文一品）

圖十八：補子（文二品）

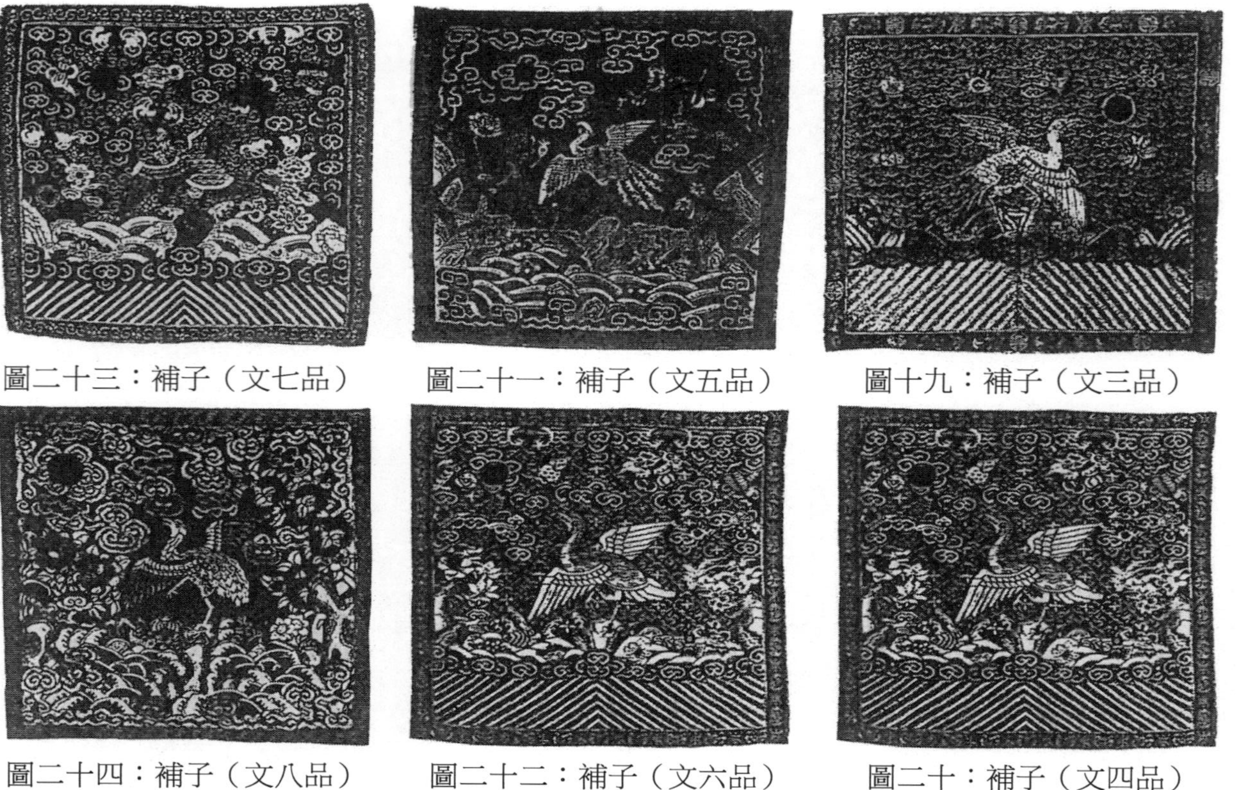

圖二十三：補子（文七品）

圖二十一：補子（文五品）

圖十九：補子（文三品）

圖二十四：補子（文八品）

圖二十二：補子（文六品）

圖二十：補子（文四品）

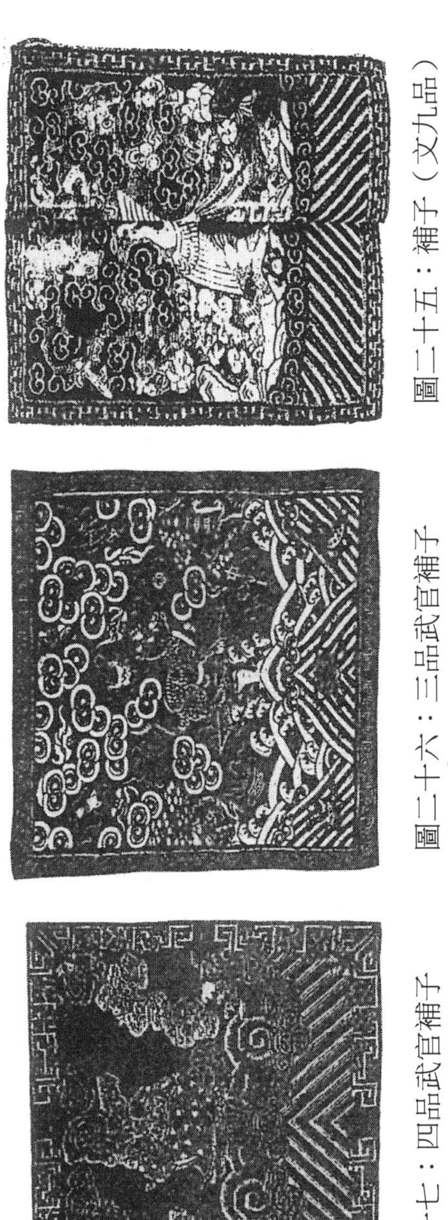

圖二十五：補子（文九品）

圖二十六：三品武官補子

圖二十七：四品武官補子

皇帝朝袍

佳餚美味—清宮飲食文化的特色

清朝宮中的膳食，野味佔了很大的分量，也是滿族飲食文化的特色。《職貢圖畫卷》描述女真各部的生活習俗，頗為詳盡。其中鄂倫春人散居寧古塔東北一帶，以養鹿捕魚為生，所居以魚皮為帳。奇愣人也生活於寧古塔東北，男女衣服，都用鹿皮及魚皮縫製而成。庫野人散居於東海各島，亦穿魚皮衣服。費雅喀人住在松花江東邊，以漁獵為生，冬季寒冷，男女俱穿犬皮，夏日則穿魚皮。

滿族的先世，長期生活在白山黑水之間，以圍獵捕魚為主要的生產活動。鹿、麅、熊、虎、雉、兔、野豬等野味，成為滿族的主食。有一種野鹿，滿文寫作「ᡴᠠᠨᡩᠠᡥᠠᠨ」，讀作“kandahan”，漢文音譯作「堪達漢」，頭似鹿而非鹿，尾似驢而非驢，背似駝而非駝，蹄似牛而非牛，習稱四不像，堪達漢就是滿族宮中膳食的美味。滿語「ᠮᡠᡵᠠᠨ」，讀作“muran”，意即「哨鹿」。木蘭秋獮滿蒙爭獵的就是鹿、麅。滿族喜食野豬，更愛養豬，無論年節、祭祀或宴客，都要殺豬，刲豕祀天，大年初二在坤寧宮吃肉的習俗，一直維持到清末。祭祀吃肉時，闔族而食，吃的越乾淨越吉利，不許用鹽和醬。這種吃法，逐漸發展成為宮中聞名的佳餚，叫做「白肉血腸」。宮中常用豬油炒菜，也喜食仔豬。東北滿族季節性的捕魚活動，使各種鮮魚成為宮中盛宴中的美味。除了捕魚圍獵以外，還輔之以採集。東北滿族的採集活動，舉凡蘑菇、木耳、松子、山裡紅、榛子、蘋果、沙果、葡萄、李子、棗、梨等等，都是滿族喜愛的鮮果，源源不斷地供應宮廷的需要。

清宮用膳，排場很大。康熙二十九年（1690）四月二十四日，《起居注冊》記載，是日辰時，康熙皇帝御乾清門聽政。大學士伊桑阿等奏曰:「臣等前以理藩院所題喇嘛日給肉米等物事奏請。」奉旨:「朕宮中每日食物甚少，此等喇麻〔嘛〕所給似稍過之，尊莫尊于宮中，爾等觀朕及內廷用飯人員併每日常饌之數，將此本再議以奏。」大學士伊桑阿等遂從內務府取觀康熙皇帝每日膳饈併內廷用飯人員食物數量。《起居注冊》記載，據開飯房膳房每日供用，康熙皇帝猪肉十九斤、鷄三隻、羊肉二盤、新碾粳米三升、鵝一隻、小猪一隻，每日輪用。皇太子用猪肉十八觔八兩、羊肉一盤、鵝一隻、鷄二隻、笋鷄一隻、鴨一隻、新碾粳米一升半。大阿哥用猪肉十二觔、羊肉一盤、鵝一隻、鷄二隻、笋鷄一隻、新碾粳米二碗。阿哥五位，各用猪肉九觔、鵝半隻、鷄一隻半、鴨半隻、新碾粳米二碗。小阿哥五位，各用猪肉二觔八兩、鴨一隻、新碾粳米一碗。十月起至正月止，此四月內有冬季獵人進麅鹿，則以常用猪羊減去。進野鷄魚，則以常用小猪鷄鵝笋鷄減去，其所減猪羊鷄鵝發回所司。每日乾清門侍衛、近侍，並有官職人等用猪肉十二兩、水稻米一碗又四分碗之一。無官職人等，猪肉八兩、水稻米一碗又四分碗之一。夏季進送醃魚及冬季獵人進鹿時，則以常用猪肉，減去其所減之肉，發回光祿寺。大學士伊桑阿等認為康熙皇帝每日膳饈過簡。

康熙皇帝的后妃貴人等有姓氏可考者四十人，生子三十五人，生女二十人，他們一家人所需供應的肉類，已極可觀，此外尚有侍衛、內務府各級職官、太監、宮女等，人數眾多，所需食物，不啻倍蓰。傳說康熙皇帝深慨八旗子弟的揮霍無度，在某一年的除夕，親筆寫了一副對聯:「一粥一飯當思得來不易；半絲半縷必念製作維艱。」康熙皇帝把這副對聯分送給許多滿族子弟，想挽救社會的頹風。四皇子胤禛最能稟承父親的訓示，體念國家物力維艱，珍惜五穀，每日飲食，雖飯粒餅屑，亦不忍遺棄，這位四阿哥就是後來的雍正皇帝。

從乾隆年間以降，宮中吃飯穿衣，成為耗費人力物力最大的排場。身為一國之君，每天用餐，都要比宮中任何人豐盛得多，甚至於奢侈浪費，衣服大量的做而不穿，飯菜大量的做而不吃。皇帝吃飯還有一套術語，飯叫做膳，吃飯叫做進膳，開飯叫做傳膳，皇帝的廚房叫做御茶膳房，清初設在中和殿東圍房內，乾隆十三年（1748）以後，改設在箭亭東外庫之中。御茶膳房內部分設內膳房、外膳房、茶房、肉房、乾肉庫等部門。皇帝吃飯時，只要吩咐一聲「傳膳」，跟前的太監便照樣向守在養心殿的殿上太監說一聲「傳膳」，再由養心門外西長街的太監們一個連一個地一直傳入了御茶膳房，不等迴聲消失，幾十名太監便浩浩蕩蕩地捧著裝在繪有金龍的朱漆飯盒出來。除了養心殿，在其他地點進膳時，也是同樣的排場。

宮中上下送舊迎新慶賀元旦佳節的心情，與民間百姓並無兩樣。但宮中繁文縟節的活動，卻不勝枚舉。據《起居注冊》的記載，元旦清晨，乾隆皇帝率領文武大臣到堂子等處行禮後，還要到弘仁寺、闡福寺等寺廟拈香。下午一點乾清宮賜宗室王公酒宴。據御茶膳房一份檔冊的記載，乾隆皇帝元旦賜宴，每桌需用猪肉六十五斤，野猪肉二十五斤，鹿肉十五斤，羊肉二十斤，魚二十斤、肥鴨一隻，菜鴨三隻，肥鷄三隻，菜鷄七隻、肘子三個、關東鵝五隻，野鷄六隻、鹿尾四條。宮中的宴桌、桌單、碗碟上都有三陽開泰的圖文，酒膳時，多用紫檀木摺疊的矮桌擺設。元旦賜宴，雖然是例行公事，但是佳餚美饌，品類繁多，應有盡有。

乾清宮賜宴，乾隆皇帝只不過略飲了些酒和奶茶，很少嚐食。元旦下午四點左右，是乾隆皇帝和妃嬪們用酒膳的家宴時間，也是元旦一天中乾隆皇帝感覺較輕鬆的時刻。據膳檔的記載，妃嬪宴每桌的酒膳，需用豬肉三斤、肥鴨一隻、肥雞半隻，野雞二隻、肘子一個、鹿尾二條、蝦米、海蜇皮各二兩。另據乾隆四十二年（1778）元旦妃嬪聚宴的菜單記載，每桌包括：晾排骨晾肉一品、折鴨子一品、雞翅乾攢肉丸子、五香雞、豬肚一品、羅漢麵筋一品，餑餑二品、豬肉餡、旗餅一品，清油餕一品、果子八品。

熱河避暑山莊和木蘭圍場是清朝京城以外第二個重要的政治舞臺。乾隆四十四年（1779）五月十二日，乾隆皇帝自圓明園啟程，巡幸熱河。同年五月十八日，至熱河。乾隆皇帝在避暑山莊期間的用膳地點，主要是在煙波致爽、惠迪吉等處進早膳，在如意洲、含青齋、梨花伴月、秀起堂等處進晚膳，在勤政殿等處早膳，也進晚膳。進膳時刻，相當固定。早膳在辰時，即上午七點至九點，多在辰初。晚膳在未時，即下午一點至三點，多在未正。為了說明乾隆皇帝進膳情形，可據《清宮熱河檔》等資料將乾隆四十四年（1779）分進膳內容列表如後。

乾隆四十四年熱河勤政殿乾隆皇帝進膳簡表

月日\時刻	早膳品名	晚膳品名
七月二十五日	卯正三刻 火燻絲爛鴨子、鍋燒鴨子硇沙丸子炖白菜、廂子豆腐、羊肉片、上傳炒木樨肉、清蒸鴨子煳豬肉攢盤、竹節餕小饅首、匙子餑餑紅糕、螺螄包子豆尔饅首、江米饟藕、銀葵花盒小菜、銀碟小菜、醎肉。隨送鍋燒雞湯膳。	未初二刻 酒炖鴨子、肥雞火燻白菜、羊肉絲、後送鮮蘑菇爆炒雞、掛爐鴨子燒雞肉餕攢盤、蘇造全羊肉攢盤、象眼小饅首、棗尔糕老米麵糕、家常餅、江米饟藕、銀葵花盒小菜、銀碟小菜、麵馬、隨送小雞打滷過水麵、菉豆老米膳。

七月二十六日	辰初 火燻葱椒肥鷄、白鴨子拆肘子炖豆腐、肉絲水笋絲、羊肉絲、上傳炒蘇肉、清蒸鴨子燗豬肉攢盤、竹節饞小饅首、孫泥額芬白糕、螺螄包子豆尔饅首、江米鑲藕、銀葵花盒小菜、銀碟小菜、醎肉、隨送野燙膳。	未正 上傳萬年青酒炖肉、鹿筋苔蘑拆鴨子、鴨子火燻白菜、鹿筋酒炖羊肉、豆腐片湯、羊他他士、後送溜鮮鍋渣、蒸肥鷄塞勒饞攢盤、象眼小饅首、白麵絲糕糜子米麵糕、羊肉餡小包子、江米鑲藕、銀葵花盒小菜、銀碟小菜、醎肉、隨送粳米乾膳。
七月二十七日	辰初 鍋燒鴨子膾煎丸子、八寶肥鷄羹、羊肉炖倭瓜、額思克森、燒羊肝羊烏乂攢盤、竹節饞小饅首、匙子餑餑紅糕、螺螄包子豆尔饅首、江米鑲藕、銀葵花盒小菜、銀碟小菜、隨送芙蓉鴨子下麵、粳米乾膳、鷄湯老米膳、果子粥。	未正 上傳大炒肉炖白菜、肉丁蓮子酒炖鴨子、肥鷄野鷄火燻炖白菜、醎肉糟加線肉、羊肚片、後送鮮蘑菇爆炒鷄、蒸肥鷄羊烏乂攢盤、象眼小饅首、棗尔糕老米麵糕、豬肉韮菜餡稍麥、江米鑲藕、銀葵花盒小菜、銀碟小菜、隨送粳米乾膳。
七月二十八日	辰初 燕窩葱椒鴨子、鍋燒鷄什錦豆腐、炒鷄絲炖海岱菜、羊肉絲、上傳鴨丁炒豆腐、清蒸鴨子燗豬肉攢盤、竹節饞小饅首、孫泥額芬白糕、螺螄包子豆尔饅首、江米鑲藕、銀葵花盒小菜、銀碟小菜、隨送清蒸鴨子燙膳。	未正 酒炖東坡蹄鏇子、燕窩八仙鴨子、炒鷄肉片炖收湯豆腐、羊肉片、後送煠八件小鷄、蒸肥鷄燒豬肉饞攢盤、象眼小饅首、棗尔糕老米麵糕、豬肉鮮蘑菇餡烙盒子、江米鑲藕、銀葵花盒小菜、銀碟小菜、醎肉、隨送菉豆老米膳。
八月初三日	辰初 燕窩八仙鍋燒鷄、山藥鴨羹、酸辣羊肚、羊肉絲、清蒸鴨子燗豬肉攢盤、竹節饞小饅首、匙子餑餑紅糕、螺螄包子豆尔饅首、江米鑲藕、銀葵花盒小菜、銀碟小菜、隨送上傳蘿蔔絲下麵、確鴨子燙膳。	未正 肉丁蓮子鑲鴨子、紅白鴨子炖雜膾、萬年青酒燉肉、羊肉絲、後送鮮蘑菇炒肉、上傳韮菜掛爐鴨子、掛爐鴨子五香肉攢盤、象眼小饅首、白麵絲糕糜子米麵糕、羊肉餡小包子、江米鑲藕、銀葵花盒小菜、銀碟小菜、隨送粳米乾膳。

	辰初	未正
八月初四日	燕窩芙蓉鴨子、羊肉絲炖酸菠菜、羊肉片、清蒸鴨子㶶豬肉攢盤、竹節饄小饅首、螺螄包子豆尔饅首、江米鑲藕、餑餑、小賣、銀葵花盒小菜、銀碟小菜、隨送上傳野鷄稗子米粥、蘿蔔絲麵疙疸湪膳。	肉丁蓮子酒炖鴨子、肥鷄蘇膾、羊肉炖倭瓜、羊肚絲血腸、後送鴨丁炒豆腐、蒸肥鷄燒豬肉饄攢盤、象眼小饅首、豬肉菠菜餡稍麥、油糕、江米鑲藕、銀葵花盒小菜、銀碟小菜、隨送香稻米乾膳、蘿蔔絲湯。
	辰初	未正
八月初五日	肉絲爛鴨子、拆鴨爛肉炖豆腐、羊肉炖倭瓜、額思克森、上傳芽韮炒肉、清蒸鴨子羊肉饄攢盤、燒鹿肉、竹節饄小饅首、孫泥額芬白糕、螺螄包子豆尔饅首、江米鑲藕、銀葵花盒小菜、銀碟小菜、隨送野鷄湪膳。	酒炖羊肉東坡鏇子、火燻蓮子鴨子、大炒肉炖白菜、羊西尔占、後送鮮蘑菇爆炒鷄、蒸燒肥鷄羊肉饄攢盤、象眼小饅首、白麵絲糕糜子米麵糕、芽韮豬肉餡爍盒子、江米鑲藕、銀葵花盒小菜、銀碟小菜、隨送老米乾膳。
	辰初	未正
八月初六日	醎肉糟加線鴨子、鴨子蘿蔔白菜、羊肉絲、清蒸鴨子鹿尾㶶豬肉攢盤、竹節饄小饅首、江米鑲藕、餑餑、攢盤肉、銀葵花盒小菜、銀碟小菜、隨送鴨子八鮮麵、蘿蔔絲湪膳。	燕窩鍋燒鴨絲、炒鷄炖鍋子、葱椒羊肉、羊肚片、後送炒鷄蛋、蘇造鴨子肘子肉攢盤、象眼小饅首、白麵絲糕糜子米麵糕、螺螄包子豆尔饅首、家常餅、江米鑲藕、銀葵花盒小菜、銀碟小菜、隨送粳米乾膳、葫蘿蔔湯。

資料來源：《哨鹿膳底檔》，見《清宮熱河檔》，北京，中國檔案出版社。

以熱河勤政殿進膳為例，有助於了解乾隆皇帝的飲食習慣。早膳、晚膳必吃的小菜是分別用銀葵花盒、銀碟裝盛。從早膳、晚膳的菜單中可知米鑲藕、羊肉絲、鴨子、饅首、豆腐，都是早膳和晚膳常見的菜單。其中饅首，滿文讀如“mentu”，漢文作「饅頭」，有象眼小饅首、竹節饄小饅首，螺螄包子豆尔饅首。豆腐類有廂子豆腐、白鴨子拆肘子炖豆腐、豆腐片湯、鴨丁炒豆腐、炒雞肉片炖收湯豆腐。在鴨類中，有燕窩芙蓉鴨子、肉丁蓮子酒炖鴨子、肉絲爛鴨子、鴨子蘿蔔白菜、燕窩鍋鴨絲、燕窩葱椒鴨子、燕窩八仙鴨子等等。在雞類中，有肥雞火燻白葉、鮮蘑菇爆炒雞，火燻葱椒肥雞、八寶肥雞羹、肥雞野雞火燻炖白菜、鍋燒雞什錦豆腐、炒雞肉片收湯豆腐、炒雞絲炖海岱菜、燕窩八仙鍋燒雞。在雞、鴨類中，燕窩、蘑菇等，是常見的食材。在各類菜單中，孫泥額芬，滿文讀如"sun i efen"，意即「奶餑餑」。羊西爾占，句中「西爾占」滿文讀如 "siljan" ，意謂「煮爛」，或「炖爛」。羊西爾占，即燉爛羊肉。羊肉炖倭瓜、酒炖羊肉東坡鏇子，都是美味的佳餚，其中含有山藥鴨羹等山珍野味，頗具營養價值。至於蘇造鴨子肘子肉、蘇造全羊肉等，都是乾隆皇帝最喜愛的蘇州菜，習稱「蘇宴」，是宮中的著名御膳。晚清宮中飲食，也是品類繁多，慈禧太后也倣效乾隆皇帝，特別喜愛蘇州廚役燒煮的蘇州菜。

乾隆四十八年（1783）元旦晚膳，除照常菜單外，又另傳張東官做蘇州菜，內含燕窩膾五香鴨子熱鍋一品，燕窩肥雞雛野雞熱鍋一品。有時又加做燕窩芙蓉鴨子、麻酥鴨、糟肉、糟筆乾鍋燒鴨子、糖醋鍋渣各一品。此外也加做猪肉餡煎餛飩、粘團及糖醋櫻桃肉。從乾隆五十年（1785）元旦晚膳開始，「蘇宴」就成了宮中的著名御膳。

大年初二，乾隆皇帝照例先到壽康宮向皇太后請安，再奉皇太后到金昭玉粹侍早膳。下午一點到乾清宮賜滿漢大學士、尚書等酒宴。乾隆六十年（1795），乾隆皇帝默念臨御之初，曾經焚香禱天，若能御極六十年，即當傳位於皇太子，不敢上同康熙皇帝紀元六十一載之數。嘉慶元年（1796）正月初一日，舉行授受大典，乾隆皇帝就成了太上皇，但依然御殿受朝，大權在握，乾隆年號繼續使用，還有《太上皇起居注冊》。乾隆六十四年，即嘉慶四年（1799），乾隆皇帝時正八十九歲，內務府檔案中的膳單，記載這年正月初二日太上皇早膳菜單如下：

> 正月初二日辰初二刻，養心殿進早膳，用填漆花膳桌擺，燕窩紅白鴨子八鮮熱鍋一品；山藥薰爛鴨子熱鍋一品；炒鷄肉片燉豆腐熱鍋一品；羊肉片一品、五福琺瑯碗；清蒸關東鴨子鹿尾攢盤一品；燳猪肉攢盤一品；竹節饍小饅首一品；孫泥額芬白糕一品；此五品琺瑯盤；青白玉無蓋葵花盒小菜一品；琺瑯碟小菜四品；鹹肉一碟；隨送鴨鷄粥進一品；鴨子粥未用克食四桌；餑餑十五品一桌；盤肉七盤一桌；羊肉二方一桌。

前引菜單內「孫泥額芬」（sun i efen），意即奶餑餑，是一種奶餅，也是奶子點心。菜單中「克食」，又作「克什」，滿文讀作“kesi”，意即恩典，是恩賞的食物。所用的餐具包括琺瑯碗、琺瑯盤、琺瑯碟、青玉白玉葵花盒、金銀絲線繡餐巾墊單等，可以窺見乾隆皇帝膳食的奢華。

宮中膳食的豐盛，雖至晚清，仍有過之而無不及。根據一張慈禧太后元旦菜單的記錄，包括火鍋二品：羊肉燉豆腐、爐鴨燉白菜；大盌菜四品：燕窩福字鍋燒鴨子、燕窩壽字白鴨絲、燕窩「卍」字紅白鴨子、燕窩年字拾錦攢絲；中盌菜四品：燕窩肥鷄絲、溜鮮蝦、膾鴨腰、三鮮鴿蛋；碟菜六品：燕窩炒薰鷄絲、肉絲炒翅子、口蘑炒鷄片、溜野鷄丸子、果子醬、碎溜鷄；片盤二品：掛爐鴨子、掛爐猪；餑餑二品：白糖油糕壽意、苜蓿糕壽意；銀碟小菜四品：燕窩鴨條湯、鷄絲麵、老半膳、果子粥。此外，還有乾隆皇帝的糖醋櫻桃肉。

宮中御茶膳房給皇帝做飯泡茶，傳說都用玉泉山的泉水，每天有專用水車運送。每一餐的預備，都一一開列清單，呈報內務府大臣畫行照辦。宮中過年有許多禁忌，元旦這天是不能吃米飯的，早在除夕以前就預備好餑餑、糕餅，到了元旦，就可以代替米飯，蓮子則是慈禧太后元旦不可或缺的早餐。宮中做餑餑、照例在其中一個置放金如意，或金錢，有時在餑餑餡內包小銀錁，放在表面，如果下一箸即得之，則視為吉利。餑餑是滿族象徵吉祥的一種食物，又稱為吉祥餑餑。同治皇帝的漢文啟蒙師父翁同龢在日記裡記載同治四年（1865）十二月二十九日除夕，同治皇帝在進吉祥餑餑時，不小心誤吞了金錢一枚，三天以後才排出來，宮中緊張了好幾天。光緒皇帝在元旦下午一點也要奉慈禧太后幸漱芳齋等地進晚膳，佳餚美饌，滿漢全席，令人垂涎。

宮中各式點心，應有盡有。據內務府膳檔記載，除夕早晨，乾隆皇帝起床後，太監即進萬年如意果，早膳例進高頭蒸食。正午在乾清宮賜宴時，乾隆皇帝也只飲酒，喝奶茶。宮中喜食奶製品，奶茶，滿文作「ᠰᡠᠨ ᡳ ᠴᠠᡳ」，讀作"sun i cai"，又叫做奶子茶，是用各種茶水和牛奶、奶油等調製而成的飲料。滿族喜愛甜食，蜂蜜大量的供應宮廷，宮中有多種蜜製的佐膳食品。有一種糖纏，宮中習稱「薩其馬」，又作「沙其瑪」，是滿文「ᠰᠠᠴᡳᠮᠠ」（sacima）的同音異譯。"sacima"，是名詞，其動詞原形，讀作"sacimbi"，意思是「砍」，糖纏需用刀砍切成小塊食用，這種用刀砍切的糖纏，就叫做「沙其瑪」。類似「沙其瑪」漢字音譯的滿族食品，名目頗多，可以反映滿族飲食文化的特色。此外，用黃米、麵炸過後裹蜜的蜜果子、蜂糕、蜜漬果脯等，也普遍地受到滿族的歡迎。過年祭祀用的糕餅，是用麵粉、糖、酵母混合揉成團狀，然後蒸熟。同光年間，在臘月作糕餅時，第一個必須先由慈禧太后親手製做。蒸煮時，第一個糕餅發得越高，象徵越吉祥，宮中妃嬪都要向慈禧太后祝賀，說吉祥話。

太和殿、中和殿、保和殿是清朝的三大殿，在三大殿的後面便是皇宮的內廷，在內廷坤寧宮的門外是御花園，奇花異石，樓閣亭榭，巧奪天工，美不勝收。從御花園的瓊苑東門進去是自成體系的宮殿。其中景仁、承乾、鍾粹、延禧、永和、景陽六宮，是內廷的東六宮，也是后妃的住處。同光年間，母后皇太后即慈安太后住在東六宮的鍾粹宮，所以叫做東太后。從御花園西門進去，在養心殿後面的永壽、翊坤、儲秀、啟祥、長春、咸福六宮，屬於內廷的西六宮，也是后妃的住處。長春宮在長春門內，同光年間，聖母皇太后即慈禧太后住西六宮的長春宮，所以叫做西太后。按照宮中請安的規矩，同治皇帝和光緒皇帝都是先到鍾粹宮向慈安太后請安，然後再往長春宮向慈禧太后請安。

宮中膳食，除各式點心外，還傳用各式果品，甜酸甘苦，色味俱全。每天由茶房掌局太監和首領太監傳辦，每月由內務府彙奏一次。據《國朝宮史》的記載，皇太后日用果品：核桃仁四兩，松仁二錢，曬乾棗十兩；皇后日用果品：核桃仁二兩，松仁一錢；皇貴妃，核桃仁一兩；貴妃，核桃仁一兩，曬乾棗一兩六錢；妃，核桃仁一兩，曬乾棗一兩六錢，記載簡略。國立故宮博物院現藏《宮中檔光緒朝奏摺》對鍾粹宮和長春宮傳辦的果品，奏報詳盡，可補充《國朝宮史》的疏漏。

光緒元年（1875）三月分，鍾粹宮的果品是由茶房掌局太監趙玉才傳用的。初一日，傳用頭號乾鮮各二十六桌，平果、紅黃梨各一百個，葡萄十斤，片棗、山里紅各十斤，桃仁二十斤，紅棗四十斤。初五日，平果二百五十個、紅黃梨各三十個，桃仁、山里紅各十斤，片棗十五斤、紅棗三十斤。初七日，平果一百個、紅黃梨各五十個。初十日，平果一百個、桃仁、片棗、山里紅各五斤、紅棗二十斤。十三日，平果一百五十個、紅黃梨各五十個、桃仁、片棗、山里紅各五斤、紅棗二十斤。十四日，平果一百五十個，紅梨五十個，桃仁二十斤，片棗、山里紅各十五斤、紅棗四十斤。十五日，頭號乾鮮各二十六桌。十七日，平果一百個，秋梨四十個，葡萄十斤，桃仁、片棗、山里紅各五斤，紅棗四十斤。十八日，平果一百個，桃仁、片棗、山里紅各五斤，紅棗十五斤，黃梨五百個、葡萄一百斤，山里紅三十斤。二十日，平果一百五十個，紅黃梨各五十個、桃仁十斤，紅棗三十斤。二十一日，平果一百五十個，紅黃梨各五十個，桃仁、片棗、山里紅各五斤，紅棗三十斤。二十二日，平果一百個。二十五日，平果一百個，桃仁、片棗、山里紅各五斤，紅棗三十斤，紅黃梨各五十個。二十六日，平果三十個，黃梨十個，桃仁、片棗、山里紅各五斤。二十八日，平果一百三十個，紅梨五十個，桃仁、片棗、山里紅各五斤，紅棗三十斤，盆糖一百五十斤。另外，茶房首領張進喜傳用杏仁一百斤，榛仁六十斤，花生豆六十斤，蜜棗八十斤，青梅一百斤，瓜條六十斤，松仁四十斤，佛手梅八十斤，大瓜子一百斤，白棗四十斤，桂圓五十斤，南薺一百斤，荔枝五十斤。

統計光緒元年（1875）三月分鍾粹宮傳用的果品，包括：平果共一千八百六十個，紅梨四百八十個，黃梨八百九十個，葡萄一百二十斤，片棗八十斤，紅棗三百二十五斤，白棗四十斤，蜜棗八十斤，山里紅一百十五斤，桃仁一百零五斤，秋梨四十斤，杏仁一百斤，榛仁六十斤，花生豆六十斤，蜜棗八十斤，青梅一百斤，瓜條六十斤，松仁四十斤，佛手梅八十斤，大瓜子一百斤，白棗四十斤，桂圓五十斤，南薺一百斤，荔枝五十斤。平均每天傳用平果六十餘個，紅黃梨各四十餘個。

長春宮茶房掌局太監張進壽傳用的果品：光緒元年（1875）

二月二十九日，片棗、山里紅各五斤，頭號乾鮮各一桌。三月初一日，平果六十個，片棗二十斤。初三日，桃仁、片棗、栗子各五斤。初五日，平果一百三十個，山里紅五斤，核桃一百個。初六日，平果六十個，桃仁、片棗、山里紅各十斤。初七日，片棗五斤。初八日，桃仁、片棗、山里紅各五斤。初十日，核桃一百個。十二日，山里紅五斤，片棗二十斤。十四日，平果六十個，山里紅十五斤，頭號乾鮮各一桌。十五日，平果六十個。十六日，片棗、山里紅各五斤。十八日，核桃一百個。十九日，平果六十個。二十日，平果八十個，桃仁、黑紅棗、栗子各五斤，桃仁五斤，片棗二十斤，山里紅十斤。二十一日，平果六十個。二十二日，山里紅、片棗各五斤。二十五日，平果三十個，核桃一百個、片棗五斤，山里紅十斤。二十七日，平果一百五十個，片棗五斤。二十八日，頭號乾鮮各一桌。統計光緒元年（1875）三月分長春宮傳用的果品，平果共七百五十個，片棗一百一十斤，山里紅七十五斤，桃仁三十斤，紅黑棗各五斤，核桃四百個，其數量遠不及鍾粹宮。核桃是慈禧太后格外喜愛的一種果品，其餘大多為宮中常見的果品。

宮中常吃的果品，主要是蘋果、沙果、檳子、榛子、山里紅、棗、梨、桃等，品類繁多。蘋果是北方常見的水果，因產地的不同，水分和味道，差別很大。《清稗類鈔》指出，蘋果含有充分的燐質，然而不宜和正餐同食，清朝內務府奏摺，把蘋果寫成「平果」。沙果是一種林檎，比平果略小，味甘而帶酸，北方叫做沙果，或稱花紅。檳子比花紅稍大，其中有紅色斑斕的檳子，味道略酸，原名虎拉檳，內務府奏摺寫成「虎檳」。榛子也是一種貢果，遼東地方產在山陽的榛子較佳，經過荒火燒落的榛子更加珍貴，味道略似胡桃。山裡紅是山楂的別名，春日開花，白色或黃赤色，果實圓形，俗稱酸棗，又叫做鼻涕團，碧紅的皮兒，浮面上掛些白點，好像幾個白俏皮麻子似的，可以生著吃，咬開以後，是白中帶黃的肉兒，極酸之中掛一丁點兒甜頭，無子的更好，也可以煮熟了吃，搗爛了作成「糊楂膏」，加上白糖和紅糖水，在甜酸兒之間，另有一種滋味，內務府奏摺把山裡紅寫成「山里紅」。此外，各式的桃、梨、李、葡萄、栗子、梅、杏、松仁、桂圓、荔枝等，都是應有盡有。至於棗或片棗，更是美味可口，正所謂「渴飲玉泉飢食棗」。慈禧太后用膳時，擺在前面的精緻果盤，裡面總是盛著各式新鮮果品，吃過了各式果品甜食，然後才進正餐。

宣統年間，飲食方面的排場，較慈禧太后時代，實有過之而無不及。溥儀著《我的前半生》指出，宮中耗費人力物力最大的排場，莫過於吃飯。皇帝吃飯，平日菜餚兩桌，冬天另設一桌火鍋，此外有各種點心、米膳、粥品三桌，鹹菜一小桌。隆裕太后每餐的菜餚有百樣左右，要用六張膳桌陳放，這是他從慈禧那裡繼承下來的排場；溥儀的比她少，按例也有三十種上下。溥儀曾親自統計，宣統二年（1910），他一家六口一個月要供應三千九百六十斤肉，三百八十八隻鷄鴨，其中八百一十斤肉和二百四十隻鷄鴨是五歲的小皇帝溥儀自己用的。

溥儀小朝廷的吃法，一個月要花多少錢呢？溥儀找到了一本「宣統二年（1910）九月初一日至三十日內外膳房及各處每日分例肉斤鷄鴨清冊」，清冊中記載：「皇上前分例菜肉二十二斤計三十日分例共六百六十斤，湯肉五斤，共一百五十斤；猪油一斤，共三十斤；肥鷄二隻，共六十隻；肥鴨三隻，共九十隻；菜鷄三隻，共九十隻。太后分例肉一八六〇斤，鷄三〇隻，鴨三〇隻；瑾貴妃分例肉二八五斤，鷄七隻，鴨七隻；瑜皇貴妃分例肉三六〇斤，鷄一五隻，鴨一五隻；珣皇貴妃分例肉三六〇斤，鷄一五隻，鴨一五隻；瑨貴妃分例肉二八五斤，鷄七隻，鴨七隻。合計肉三一五〇斤，鷄七四隻，鴨七四隻。」溥儀一家六口，總計一個月要用三千九百六十斤肉，三百八十八隻鷄鴨，其中八百一十斤肉和二百四十隻鷄鴨是五歲的溥儀用的。此外，宮中每天還有大批為溥儀六口之家效勞的軍機大臣、御前侍衛、師傅、翰林、畫師、勾字匠、有身分的太監，以及每天負責祭神的薩滿等等，也各有分例。連同溥儀六口之家共吃猪肉一萬四千六百四十二斤，合計用銀二千三百四十二兩七錢二分。除此之外，每日還要添菜。宣統二年（1910）九月分添的肉是三萬一千八百四十四斤，猪油八百十四斤，鷄鴨四千七百八十六隻，連同魚蝦蛋品，用銀一萬一千六百四十一兩七分，加上雜費支出三百四十八兩，連同分例一共是一萬四千七百九十四兩一錢九分。這些銀兩還不包括點心、果品、糖食、飲料等項消耗。

溥儀退位後，御茶膳房仍存而不廢。小朝廷時期，宮中每個月究竟吃了多少御膳？據紫禁城內一本賬簿的記載，宣統四年，即民國元年（1912）正月分的菜單記載如下：

> 盤肉一三一九二斤，菜肉一七五八三斤，醬肉一五六斤八兩，鹹肉一六〇斤八兩，火腿三二隻，奶猪四七口，肥鷄九六四隻，菜鷄二四八一隻，肥鴨一二六一隻，菜鴨五七隻，鴨腰六〇四對，鴿蛋一八七〇個，鮮魚二四六斤，鮮蝦二六六斤一二兩，玉蘭片二八〇斤，荸薺二二〇斤，薏仁米三六〇斤。

前列菜單合計需銀一萬三千三百六十五兩七錢九分。溥儀又找到一份宣統四年（1912）二月分菜單草稿，上面記載一次早膳內容如後：口蘑肥鷄、三鮮鴨子、五綹鷄絲、燉肉、燉肚肺、肉片燉白菜、黃燜羊肉、羊肉燉波菜豆腐、櫻桃肉山藥、爐肉燉白菜、羊肉片川小蘿蔔、鴨條溜海參、鴨丁溜、葛仙米、燒茨菇、肉片燜玉蘭片、羊肉絲燜跑躂絲、炸春卷、黃韭菜炒肉、熏肘花小肚、鹵煮豆腐、熏乾絲、烹掐菜、花椒油炒白菜絲、五香乾、祭神肉片湯、白煮塞勒、煮白肉。菜單中「葛仙米」，句中「葛仙」，滿文讀作“gašan”，意即「鄉村」。“gašan i calu i jeku”，意即「社倉穀石」，習稱「葛仙米」。「白煮塞勒」，句中「塞勒」，滿文讀作“sere”，意即「蟲卵」，白煮蟲卵或白煮蛋，是常用的膳食。

溥儀指出，菜單中的菜餚經過種種手續擺上來之後，除了表示排場之外，並無任何用處。溥儀每餐實際吃的是太后送的菜餚，太后死後由四位太妃接著送。因為太后或太妃們都有各自的膳房，而且用的都是高級廚師，做的菜餚味美可口，每餐總有二十來樣。這些菜餚是放在溥儀面前的，御膳房做的都遠遠擺在一邊做樣子的。另據民國九年（1920）正月十四日的膳單記載，當天早膳的菜單包括：大盌清蒸爐肉，大盌熬白菜，小盌溜鷄絲，小盌溜海參，五寸碟炒黃瓜醬，五寸碟烹紫蓋，五寸碟酥火燒，五寸碟醬肉，五寸碟素炒白菜，豇豆粥一罐。晚膳的菜單包括：大盌燉櫻桃肉，大盌熬凍豆腐，小盌煤蘿蔔、小盌油爆肚，五寸碟炒芽韮，五寸碟炒紇縫纓。正餐以外，還備有糖大扁、糖桃占、花生占、大西瓜子、金糕、金絲棗、沙果脯、杏脯、芝麻研奶卷、蜜糕奶卷、豌豆糕、綠豆糕、蜜柑、廣梨、蘋果、鴨梨、如意蘋果、水仙梨花、南薺、溫樸、蜜餞海棠、蜜餞橙子、佛手青梅等等，不勝枚舉，排場浩大。溥儀在宮禁內，大部分時間都花在吃喝玩樂上面。後人曾發現溥儀小時候所寫的一首順口溜說：「明日為我備西菜，牛肉扒來燉白菜。小肉卷，烤黃麥，葡萄美酒不要壞。你旁看，我吃菜，一傍饞壞了洪蘭泰。口中涎，七尺長，一直流到東長廊。我大笑，把肉藏，藏在屜內滿屋香。李志源、曹振光，左右棹旁。也是饞，不敢嘗，瞪著眼，如筆長。吞著舌，賽黃狼。一會我生氣，叫一聲一群東西趕緊給我出中房。哈哈哈！樂倒三格格，對著我直說：『我皇！我皇！』」宮中佳餚美味，滿漢全席，滿族飲食文化的特色，早已淡化，也反映了滿族政權的盛衰興亡。

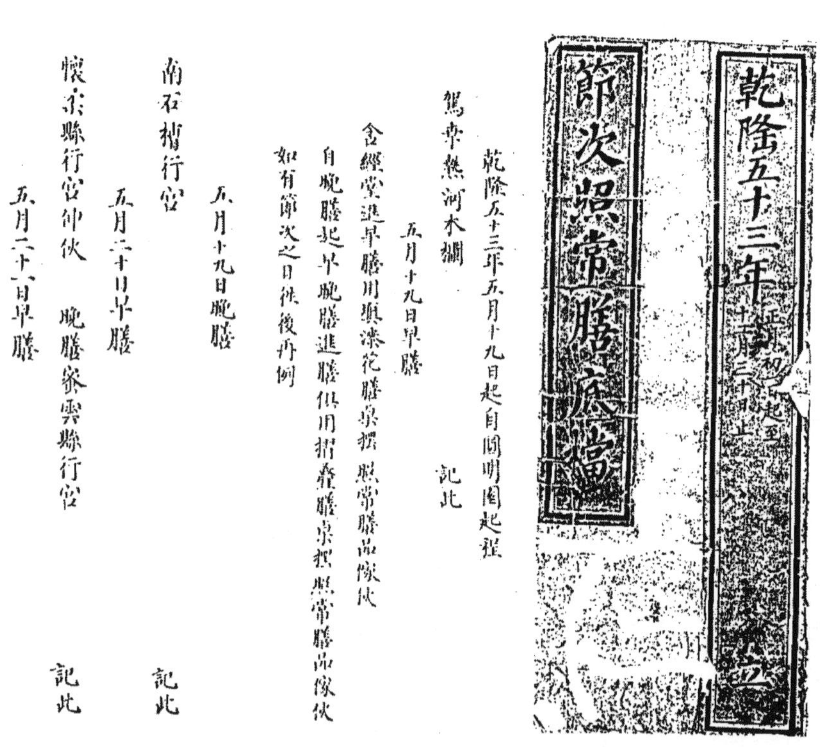

乾隆五十三年正月初一日起至十二月三十日止

節次照常膳底檔

乾隆五十三年五月十九日起自圓明園起程

駕幸熱河木蘭 記此

五月十九日早膳

含經堂進早膳用填漆花膳桌擺 照常膳品傢伙

自晚膳起早晚膳進膳俱用摺叠膳桌擺 照常膳品傢伙

如有節次之日俱後丹例

五月十九日晚膳

南石槽行宮 記此

五月二十日早膳

懷柔縣行宮伺候 晚膳密雲縣行宮 記此

五月二十一日早膳

附錄一：乾隆皇帝膳食記錄（局部）

羅家務行宮仲伙　晚膳瑶亭行宮　記此

五月二十二日早膳

南天門行宮仲伙　晚膳兩間房行宮　記此

五月二十三日早晚膳

常山峪行宮　早膳伺候

賞額食　早膳後小太監厄祿里傳

旨　今日晚膳照舊伺候

賞外頭大額食　欽此

五月二十四日早膳

楊樹底下仲伙　晚膳喀拉河屯灤陽別墅煮全猪一口

賞人飯食　記此

五月二十五日早膳

熱河煙波致爽　遵例伺候

賞額食　晚膳如意洲未賞王子鄂什哈大人飯食　記此

五月二十六日早膳

如意洲斐松書屋　晚膳戒得堂　記此

五月二十七日早膳

煙波致爽　晚膳文津閣　本日
額爾特幣查漢悟巴什進腿羊一隻　百勒蔗克一盤　五個陝矯膳上送
五月二十八日早膳
惠迪吉　晚膳如意洲　記此
五月二十九日早膳
煙波致爽　晚膳如意洲　記此
五月二十八日鄂什哈幣豈伸濟倫等
木欄內我草菊枝等　於五月二十九日差人送來
麅一隻係鄂什哈幣博非打得　於本日早膳後到來　除
上留用麅肉　下剩麅四盤一桌　伺候
上覽過　奉
旨賞用　記此
五月三十日早膳
惠迪吉　晚膳秀起堂　記此
五月三十日鄂什哈幣豈伸濟倫差人送來
麅一隻鄂什哈烏爾達拉精阿打得　於三十日早膳後到來　除
上留用麅肉　下剩麅肉四盤一桌　伺候

上覽過 奉
旨賞用　六月初一日早膳　記此
如意洲　晚膳山近軒　記此
六月初一日鄂什哈轄豐伸濟倫差人送來
麅一隻 鄂什哈烏紛貢森保打得 於本日早膳後到來 除
上留用麅肉 下剩麅肉四盤一桌 伺候
上覽過 奉
旨賞用　六月初二日早膳　記此
宜照齋　晚膳如意洲　記此
六月初三日早膳
烟波致爽　晚膳烟雨樓　記此
六月初二日鄂什哈轄豐伸濟倫差人送來
鹿一隻 鄂什哈烏紛貢森保打得 於初三日早膳後到來 除
上留用鹿尾鹿肉 下剩鹿肉十盤二桌 伺候
上覽過 奉

旨賞用　　　　　　　記此

六月初四日早膳

煙波致爽　晚膳梨花伴月　　　記此

六月初四日郭什哈轄豐伸濟倫差人送來

麅一隻　郭什哈烏鎗傅非打得　於本日早膳後到來　除

上留用麅肉　下剩麅肉四盤一桌　伺候

上覽過　奉

旨賞用　　　　　　　記此

六月初五日早膳

煙波致爽　晚膳如意洲　　　記此

六月初四日郭什哈轄豐伸濟倫差人送來

麅一隻　郭什哈烏鎗藏經額打得　於初五日早膳前到來　除

上留用麅肉　下剩麅肉四盤一桌　伺候

上覽過　奉

旨賞用　　　　　　　記此

於初五日早膳後到來

鹿一隻　郭什哈烏鎗蘇森保打　除

上留用鹿尾鹿肉　下剩鹿肉十盤二桌　伺候

上覽過　奉

旨賞用　　記此

六月初六日早膳

煙波致爽　晚膳含青齋　　記此

六月初五日鄂什哈轄豐濟倫差人送來

鹿一隻　鄂什哈烏鎗達京阿打得　於初六日早膳前到來　除

上留用鹿肉　下剩鹿肉四盤一桌　伺候

上覽過　奉

旨賞用　　記此

六月初九日初伏遵例又子攤飯

永佑寺後殿

聖祖仁皇帝　世宗憲皇帝　御容前上供　　記此

六月初九日早晚膳

煙波致爽

六月初八日鄂什哈轄豐伸倫差人送來

鹿一隻　鄂什哈烏鎗福永打得　於初九日早膳前到來　除

賞用

七月二十六日寅正一刻請

駕 卯正十分

勤政殿進早膳用填漆花膳桌擺 燕窩鍋燒鷄一品鄭二做 葱椒鴨羹一品沈二官做 炒鷄肉片燉豆腐一品朱二官做 羊肉片一品 清蒸鴨子燒狍肉攢盤一品 糊猪肉攢盤一品 竹節卷小饅首一品 孫泥額芬白糕一品 鞭鶉一品

煮鵝一品 銀葵花盒小菜一品 銀碟小菜四品

隨送蘿蔔條湯膳進一品

額食七桌 餑餑六品 菜二品孫枚的 奶子八品 共三桌 餑餑十五品一桌

內管領爐食八盤一桌 盤肉二桌 每桌八盤 羊肉四方二桌

上進畢

賞用

午初送

上用黃盤果桌一桌十五品餑餑五品果子十品用茶房摺疊矮桌擺 安叉子

手布畢 呈進 次送

賞用果盒十二副 攢盤餑餑果子二桌 每桌十五品 記此

七月二十六日未初二刻

勤政殿進晚膳用填漆花膳桌擺 燕窩酒燉鴨子一品鄭二做 大炒肉燉白菜一品朱二官做 糟鴨子糟鍋子一品常慶做 口蘑鹽煎肉一品 羊

他他士一品　後送燕窩膾鴨子一品　蒸肥鷄燒猪肉攢盤

一品　掛爐鴨子攢盤一品　象眼小饅首一品　猪肉餡包

子一品　江米饟藕一品　銀葵花盒小菜一品　銀碟小菜四品

隨送粳米乾膳進一品

額食七桌　餑餑七品　菜一品 牧的 奶子八品　共二桌　餑餑十五品

一桌　內管領爐食八盤一桌　盤肉二桌　每桌八盤　羊肉四方

二桌

上進畢

賞用

駕

七月二十七寅正一刻請

卯正一刻

勤政殿進早膳用填漆花桌擺　燕窩口蘑鍋燒鷄一品 朱二官做 燕窩

葱椒鴨䊢一品 鄭二做 肥鷄火燻白菜一品　羊肉絲一品　清蒸鴨子

燒鷄肉饟攢盤一品　糊猪肉攢盤一品　竹節饟小饅首一品

孫泥額芬白糕一品　江米饟藕一品

和珅進菜二品　小賣二品　餑餑一品

銀葵花盒小菜一品　銀碟小菜四品

隨送蘿蔔絲麵進一品　米子粥進一品

額食七桌　餑餑七品　菜一品 牧的 奶子八品　共一桌　餑餑十五品

一桌　內管領爐食八盤一桌　盤肉二桌　每桌八盤　羊肉四
方二桌
上進畢
賞用
午初送
上用黃盤果桌一桌十五品餑餑五品果子十品用茶房摺疊矮桌擺安叉子手布畢
呈進　次送
賞用果盒十二副　攢盤餑餑果子二桌　每桌十五品　記此
七月二十七日未初二刻
勤政殿進晚膳用填漆花膳桌擺　燕窩葱椒肥鷄一品鄭二做　鍋燒鷄絲
水笋絲一品朱二官做　酒燉扒鴨一品沈二官做　羊肉片一品　後送蝶沙什罕
一品　煎肥鷄燒麅肉攢盤一品　額造羊肉一分攢盤一品　象眼小
饅首一品　家常餅一品　江米釀藕一品　銀葵花盒小菜一品
銀碟小菜四品
隨送野鷄酸湯紅稉米膳進一品
額食七桌　餑餑七品　菜一品收的　奶子八品　大饅首一品　共一桌
餑餑十五品一桌　內管領爐食八盤一桌　盤肉二桌　每桌八盤
羊肉四方二桌
上進畢
賞用

七月二十七日晚膳後

上鎗得鹿一隻 未留用擺得鹿尾鹿肉十二盤 共二桌 伺候

上覽過 奉

旨賞用

七月二十八日寅正一刻請

駕 卯正一刻

勤政殿進早膳用填漆花膳桌擺 鴨子火燻白菜一品 燕窩葱

椒鴨子一品 肥雞拆肘子一品 羊肉片一品 清蒸鴨子燒鹿

肉攢盤一品 燗猪肉攢盤一品 竹節饟小饅首一品 匙子餑餑

紅糕一品 江米釀藕一品 煮藕一品 銀葵花盒小菜一品

銀碟小菜四品

隨送燕窩紅白鴨子湯膳進一品

額食七桌 餑餑七品 菜一品 奶子八品 共一桌 餑餑

十五品一桌 內管領爐食八盤一桌 盤肉二桌 每桌八盤 羊

肉四方二桌

上進畢

賞用 午初送

上用黃盤果桌一桌十五品（餑餑五品 果子十品）用茶房摺疊矮桌擺安叉子手布畢

總管內務府謹
奏為奏
聞事同治十三年九月十一日奉
旨嗣後由內傳用各項物件差使毋庸專由敬事房鈐
蓋圖記所傳何項差使按照承應每月統由總管內
務府將奉傳承應過各處差務彙奏一次等因欽此
查本府各司各庫等處自本年三月初一日起
至二十九日止除承應年例月例差務並
御茶膳房造辦處三院由該衙門自行具奏不行
開列外謹將
鍾粹宮
長春宮敬事房等處傳辦各項差務另繕清單恭呈
御覽為此謹
奏

附錄二：鍾粹宮等處傳用果品清單（局部）

光緒元年五月初四日

總管內務府大臣臣英桂假

總管內務府大臣臣崇綸

總管內務府大臣臣魁齡

總管內務府大臣臣榮祿

謹將本年三月分由

鍾粹宮等處傳用各項物件數目開列清單恭呈

御覽

鍾粹宮茶房掌局太監趙玉才另傳三月初一日頭號

乾鮮各二十六桌平果紅黃梨各一百箇葡萄

十斤片棗山里紅各十斤桃仁二十斤紅棗四

十斤初五日平果二百五十箇紅黃梨各三十
箇桃仁山里紅各十斤片棗十五斤紅棗三十
斤初七日平果一百箇紅黃梨各五十箇酒膳
一分初十日平果一百箇酒膳一分桃仁片棗
山里紅各五斤紅棗二十斤十三日平果一百
五十箇紅黃梨五十箇桃仁片棗山里紅各五
斤紅棗二十斤十四日平果一百五十箇紅梨
五十箇桃仁二十斤片棗山里紅各十五斤紅
棗四十斤十五日頭號乾鮮各二十六桌十七
日平果一百箇秋梨四十箇葡萄十斤
上用二分桃仁片棗山里紅各五斤紅棗四十斤十八
日平果一百箇桃仁片棗山里紅各五斤紅棗
十五斤

上用三分黃梨五百箇葡萄一百斤山里紅三十斤二
十日平果一百五十箇紅黃梨各五十箇酒膳
一分桃仁十斤紅棗三十斤二十一日平果一
百五十箇紅黃梨各五十箇桃仁片棗山里紅
各五斤紅棗三十斤二十二日平果一百箇二
十五日平果一百箇
上用二分桃仁片棗山里紅各五斤紅棗三十斤平果
紅黃梨各五十箇
上用三分桃仁山里紅各五斤平果一百箇山里紅五
斤二十六日平果三十箇黃梨十箇
上用二分桃仁片棗山里紅各五斤二十八日平果三
十箇平果一百箇紅梨五十箇桃仁片棗山里
紅各五斤紅棗三十斤盆糖一百五十斤

鍾粹宮茶房首領張進喜奉
旨杏仁一百斤榛仁六十斤花生豆六十斤蜜棗八十
斤青梅一百斤瓜條六十斤松仁四十斤佛手
梅八十斤大瓜子一百斤白棗四十斤桂圓五
十斤南薺一百斤荔枝五十斤
長春宮茶房掌局太監張進壽另傳二十九日片棗山
里紅各五斤頭號乾鮮各一桌三月初一日平
果六十箇片棗二十斤初二日
上用三分初三日桃仁片棗栗子各五斤初五日平果
一百三十箇山里紅五斤核桃一百箇初六日
平果六十箇桃仁片棗山里紅各十斤初七日
片棗五斤初八日
上用一分桃仁片棗山里紅各五斤初十日核桃一百

箇十一日
上用三分十二日山里紅五斤片棗二十斤十四日平
果六十箇山里紅十五斤頭號乾鮮各一桌十
五日平果六十箇
上用一分十六日片棗山里紅各五斤十七日
上用一分十八日核桃一百箇十九日
上用一分平果六十箇二十日平果八十箇桃仁黑紅
棗栗子各五斤桃仁五斤片棗二十斤山里紅
十斤二十一日平果六十箇
上用二分二十二日山里紅片棗各五斤二十五日平
果三十箇
上用一分核桃一百箇片棗五斤山里紅十斤二十七
日平果一百五十箇片棗五斤二十八日頭號

併每日常饌之数將此本再議以奏臣等遂以
皇上每日膳羞併內廷用飯人員食物数目從內
務府取觀據開飯房膳房每日供用
皇上猪肉十九斤鷄三隻羊肉二盤新碾粳米三
升鵝一小猪一每日輪用
皇太子用猪肉十八觔八兩羊肉一盤鵝一隻
鷄二隻笋鷄一隻鴨一隻新碾粳米一升半

〈內務府飯房膳房食物數目單〉（局部）
《起居注冊》，康熙二十九年四月二十四日，臺北，國立故宮博物院典藏

宮廷畫家—郎世寧的藝術創作活動

一、前　言

明清之際，中西海道交通大開，西洋傳教士為傳播福音，於是接踵來華。其中頗多飽學之士，他們大多通曉西方天文、曆法、醫學、算學及藝術，西學遂源源不絕地傳入中國。耶穌會傳教士利瑪竇（Mathew Ricci）來華後，向明神宗進獻自鳴鐘等西洋物件，奉旨特許在北京宣武門建堂傳教，為西洋傳教士打開了一扇大門。盛清時期的政治環境及盛清諸帝的文化素養，為中西文化的交流，提供了有利的條件。康熙皇帝嚮往西學，善遇西士。西洋人來華後，凡有一技之長者，多召入京中，供職於內廷。郎世寧就是供職於內務府造辦處畫作或如意館的西洋著名藝術家之一。

中國傳統繪畫，以線條為主，線條與書法有密切關係。線條講求筆力和筆畫的變化。郎世寧以西畫寫實的技巧繪畫中國畫，融會中西畫法，形成一種新的繪畫藝術，以西畫的立體幾何法作輪廓，以顏色表達生氣。郎世寧適度地改變了西方油畫的繪畫技巧，創造出了盛清諸帝樂意接受的中西畫法互相融合的繪畫新體，可以詮釋為「中體西用」思想在宮廷繪畫的表現形式。《清史稿・藝術傳》記載，「郎世寧，西洋人。康熙中入直，高宗尤賞異。凡名馬、珍禽、琪花、異草，輒命圖之，無不奕奕如生。設色奇麗，非秉貞等所及。艾啟蒙，亦西洋人。其藝亞於郎世寧[1]。」本文撰寫的旨趣，主要在嘗試利用《郎世寧作品專輯》等資料考察

1《清史稿校註》，第十五冊（臺北，國史館，民國 79 年 5 月），頁 11562。

郎世寧繪畫作品名稱；利用《內務府造辦處各作成做活計清檔》等史料探討郎世寧的藝術創作活動，以及郎世寧在繪製得勝圖銅版畫過程中所扮演的角色。

二、郎世寧繪畫作品名稱的考察

郎世寧（Giuseppe Castiglione，1688-1766），意大利北部米蘭人，清聖祖康熙二十七年六月二十二日（1688.07.19）出生。郎世寧十九歲時（1707），加入耶穌會，精於繪畫。他曾為熱諾亞教堂繪兩幅壁畫：一為山洞中的聖依納爵圖；一為基督向依納爵顯聖圖。他在葡萄牙哥因白拉耶穌會修道院期間，曾為修道院作壁畫。康熙五十三年二月二十七日（1714.04.11），郎世寧搭乘聖母希望號船從葡萄牙里斯本啟程來華[2]，同行的有外科大夫羅懷忠。康熙五十四年七月十九日（1715.08.17），抵達澳門。同年十月二十七日（11.22），抵達北京。十一月二十二日（12.17），由馬國賢帶領引見，晉謁康熙皇帝，供職內廷，居住東堂。郎世寧供職內廷期間，跟隨他學畫者多達十餘人，後來頗著名者有班達沙里、王玠及王幼學、王儒學父子等人，多在如意館作畫。由於西洋畫家的絡繹來華，中西繪畫技巧相互融合，逐漸形成一種新技法、新畫風。郎世寧來華之初的漢文名字，作郎寧石。他進京後的漢文名字，或作郎士寧，或作郎石寧。乾隆年間，多作郎世寧，他是一位稱職的宮廷藝術家。他在供職內廷期間（1715-1766），除了為皇帝作畫外，他的工藝製作，也頗有表現。院藏郎世寧名畫，多見於《郎世寧作品專輯》、《故宮書畫錄》、《石渠寶笈》。為了便於了解郎世寧的繪畫活動，可將其名稱列表於後。

2 《郎世寧作品專輯》，臺北，國立故宮博物院，民國 72 年 8 月，頁 13。

郎世寧繪畫作品名稱簡表

序號	郎世寧作品專輯	故宮書畫錄	石渠寶笈	繪製時間
1	聚瑞圖	聚瑞圖	聚瑞圖	雍正元年（1723）
2	百駿圖		百駿圖	雍正六年（1728）
3	奔霄驄		奔霄驄	乾隆八年（1743）
4	籋雲駛		籋雲駛	
5	霹靂驤		霹靂驤	
6	赤花鷹		赤花鷹	
7	雪點鵰		雪點鵰	
8	紅玉座		紅玉座	乾隆十三年（1748）
9	大宛騮		大宛騮	
10	如意驄		如意驄	
11			萬吉驦	乾隆八年（1743）
12			闞虎騮	
13			獅子玉	
14			自在驈	
15			英驥子	
16	開泰圖		開泰圖	乾隆十一年（1746）
17	白鶻圖	白鶻圖	白鶻圖	乾隆十六年（1751）
18	瑞麐圖		瑞麐圖	
19	阿玉錫持矛盪寇圖		畫阿玉錫持矛盪寇圖	乾隆二十年（1755）
20	孔雀開屏圖			乾隆二十三年（1758）
21	瑪瑺斫陣圖		畫瑪瑺斫陣圖	乾隆二十四年（1759）

22	超洱驄		超洱驄	乾隆二十八年（1763）
23	徠遠騮		徠遠騮	
24	月𦢊騋		月𦢊騋	
25	凌崑白		凌崑白	
26	白海青圖		畫白海青	乾隆二十九年（1764）
27	白鷹圖		畫白鷹	乾隆三十二年（1767）
28	八駿圖	八駿圖	八駿圖	
29	雲錦呈才圖	雲錦呈才	雲錦呈才	
30	霜花鷂			
31	睒星狼			
32	金翅獫			
33	蒼水虬			
34	墨玉螭			
35	茹黃豹			
36	雪爪盧			
37	驀空鵲			
38	斑錦彪			
39	蒼猊		蒼猊犬	
40	花底仙尨圖	花底仙尨	花底仙尨	
41	青羊圖		畫青羊	
42	白猿圖		畫白猿	
43	交趾果然圖		畫交趾果然	
44			畫鴿	
45			寫生花卉	

46			繪清高宗御容	乾隆十二年（1747）
47	白鷹圖	白鷹	畫白鷹	
48	玉花鷹圖	玉花鷹	畫玉花鷹	
49	白海青圖	白海青	畫白海青	
50	松鳥圖			
51	花陰雙鶴圖		花陰雙鶴	
52	錦春圖		畫錦春圖	
53	魚藻圖	魚藻	畫魚藻	
54	瓶花圖	瓶花	瓶花	
55	海西知時草圖	海西知時草	畫海西知時草	乾隆十八年（1753）
56	洋菊圖			
57	萬壽長春圖			
58	牡丹		牡丹	
59	桃花			
60	芍藥		芍藥	
61	海棠玉蘭			
62	虞美人蝴蝶蘭		蝴蝶	
63	黃刺蘗魚兒牡丹			
64	石竹		石竹	
65	櫻桃			
66	罌粟		鸎粟	
67	紫白丁香			
68	百合纏枝牡丹			
69	翠竹牽牛			

70	荷花慈姑			
71	谷花稷穗			
72	雞冠花		雞冠	
73	菊花			
74	山水圖	山水		
75	香妃圖			
76	四季花卉・棋盤			
77	親蠶圖			
78			松石仙禽	
79			池蓮雙瑞圖	
80			蒼雪鷹	
81			豳風圖	
82			花鳥	
83			桃花山鳥	
84			畫佶閑騮	
85			畫苹野鳴秋	
86			畫坰牧蕃孳	乾隆十三年（1748）
87			畫盆蘭	
88			畫火雞	
89			畫鶖鷥爾	
90			畫洋菊	
91			畫天威服猛圖	
92			畫哈薩克貢馬圖	乾隆五十一年（1786）

93			畫準噶爾貢馬圖	乾隆十三年（1748）
94			畫秋原群鹿	乾隆十二年（1747）
95			洱海驌	乾隆二十五年（1760）
96			祥霞驥	
97			堅崑鵠	
98			玉題駿	
99			籋雲駓	
100			服遠騮	
101			送喜驄	
102			紫電騋	
103			畫蓮花	
104			蘭花	
105			蠟梅天竹	
106			菊花	
107			雪坂牧歸圖	
108			秋林群鹿圖	
109			合筆馬技圖	乾隆十四年（1749）

資料來源：《郎世寧作品專輯》，臺北，國立故宮博物院，民國七十二年八月；《故宮書畫錄》，增訂本，國立故宮博物院，民國五十四年十二月；《石渠寶笈》三編，國立故宮博物院，民國五十八年十二月；《石渠寶笈》續編，國立故宮博物院，民國六十年十月。

《郎世寧作品專輯・目錄》所列作品，共計六十六種，其中第十七種〈愛烏罕四駿〉，是指阿富汗所貢四匹駿馬，即：超洱驄、徠遠騚、月酅騋、凌崑白，表中共列六十九種。《故宮書畫錄》所列名稱僅十四種。《石渠寶笈》所列名稱共八十二種。目錄中所列名稱大多相合，其中（50）松鳥圖，與（89）鶩鸄爾，是阿桂所進的同一隻鳥。

阿桂（1717-1797），章佳氏，初為滿洲正藍旗人。因清軍平定回部，阿桂駐伊犁，治事有功，改隸滿洲正白旗。乾隆二十年（1755），阿桂擢內閣學士，奉命赴烏里雅蘇台督台站。乾隆二十一年（1756），授參贊大臣，奉命駐科布多。乾隆二十二年（1757），授工部侍郎，奉詔還京。是年，清軍平定準部，阿桂奉命赴回部，與副將軍富德追捕霍集占。乾隆二十四年（1759），清軍平定回部，阿桂奉命在回部駐軍綏撫。乾隆二十五年（1760），阿桂移駐伊犁屯田，專司耕作營造。

阿桂從伊犁返回京師後，將所獲鶩鸄爾鳥進呈御覽。據御製序文描述，鶩鸄爾鳥色正黝，尾中散白點如雪糝，赤睛黃匡。御製詩亦云，鶩鸄爾鳥項背如鷂雉，白斑黑尾點，黃暈赤睛深，鳥譜絕難尋，命郎世寧繪圖，而仍其名。《石渠寶笈》續編記載，郎世寧畫鶩鸄爾一軸，絹本，縱五尺四分，橫二尺九寸五分，設色畫喬松巨石，有鳥斂翼獨立。《郎世寧作品專輯》記載，松鳥圖，絹本，縱一五九公分，橫九六・二公分。設色畫喬松巨石，一鳥獨立石上，回首以啄整翅。松鳥圖與鶩鸄爾圖俱詳錄御製詩並序，亦皆由于敏中奉勅敬書，由此可知《郎世寧作品專輯・松鳥圖》中的鳥，就是阿桂從伊犁攜回京師進呈的鶩鸄爾鳥。

松鳥圖：鷲鸞爾鳥圖

活躍於北方草原的飛禽走獸，是郎世寧作畫的重要題材。他所畫的十駿犬，除了標明漢文名字外，還標出滿文、蒙文的名字。可將郎世寧畫十駿犬滿、漢、蒙名稱列舉於後。

睒星狼

進

科爾沁罕蘇台吉丹達里進

霜花鷂

進

科爾沁罕蘇台吉丹達里進

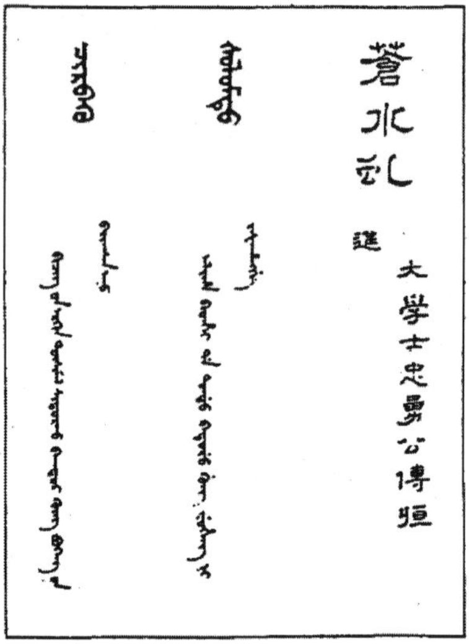

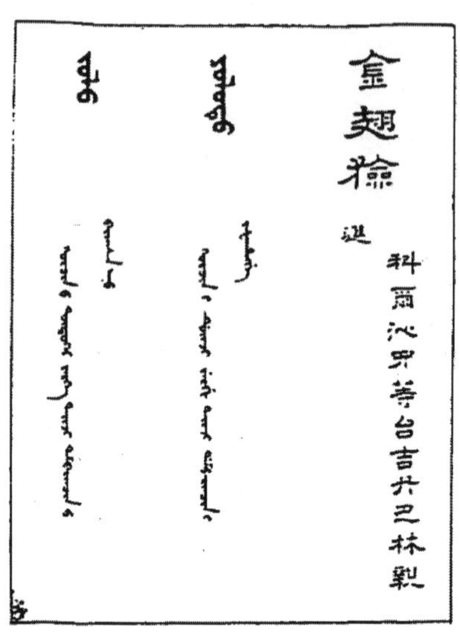

蒼水訂

進

大學士忠勇公傅恒

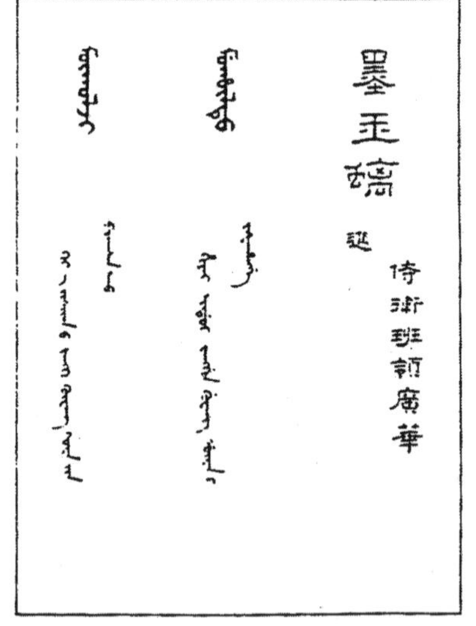

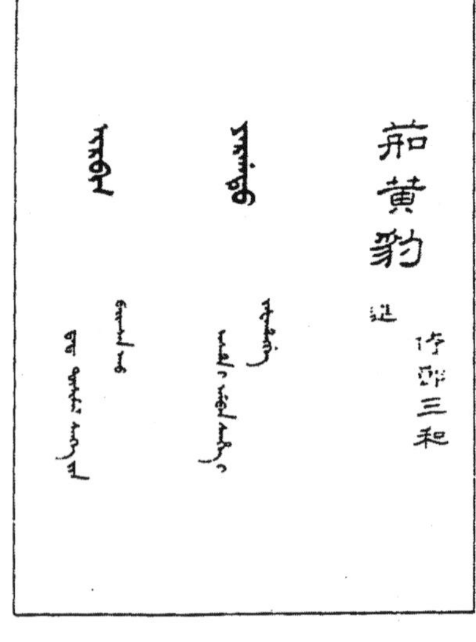

蓦空鵠

進

和碩康親王巴爾圖

雪爪盧

進

準噶爾台吉噶爾丹策楞

蒼猊

進

駐藏副都統傅清

斑錦彪

進

大學士忠勇公傅恒

郎世寧畫十駿犬滿漢名稱對照表

序號	漢文名字	滿文名稱	羅馬拼音	名稱釋義	序號	漢文名字	滿文名稱	羅馬拼音	名稱釋義
1	霜花鷂		silmetu	燕隼、鷂子	2	睒星狼		niohetu	狼
3	金翅猃		yolotu	狗頭鵰、狗鷲、藏狗	4	蒼水虬		šolomtu	虬
5	墨玉螭		muhūltu	螭	6	茹黃豹		yargatu	豹
7	雪爪盧		sebertu	銀蹄毛色	8	驀空鵲		saksahatu	喜鵲
9	斑錦彪		junggintu	錦	10	蒼猊		kara arsalan	黑獅子

資料來源：《備備作品專輯》，臺北，國立故宮博物院，民國72年。

郎世寧所畫十駿犬軸，俱絹本，設色。各畫軸雖以漢、滿、蒙三體標題，惟其名稱詞義，頗有出入，探討中西文化交流，不能忽視滿文、蒙文的非漢文化。其中霜花鷂為科爾沁四等台吉丹達里遜（dandarsion）所進，縱 247.2 公分，橫 163.9 公分。滿文標題讀如“silmetu”。滿文“silmen”，意即燕隼，或鷂子。“tu”，或作「有」解，或作具有某種性格特徵的「人」、「物」解，如“argatu”，意即有謀略的人。漢字「公獐」，滿文亦讀如“argatu”。“silmen”脫落“n”，結合“tu”，就是“silmetu”這個結合詞，並無「霜花」字樣的含義，「霜花」字樣是漢字的命名。睒星狼亦為丹達里遜所進，縱 246.6 公分，橫 163.8 公分，滿文標題讀如“niohetu”，“niohe”，意即狼，並無「睒星」字樣的含義。金翅獫為科爾沁四等台吉丹巴林親（dambarincin）所進，縱 247.3 公分，橫 163.6 公分，滿文標題讀如“yolotu”，“yolo”，意即狗頭雕，或一種嘴尾粗，唇垂耳大的藏狗，並無「金翅」字樣的含義。

蒼水虬為大學士忠勇公傅恆（fuheng）所進，縱 246.8 公分，橫 164 公分。滿文標題讀如“šolomtu”，又作“šolontu”，意即虬，是頭上有兩角的小龍，並無「蒼水」字樣的含義。墨玉螭為侍衛班領廣華（guwang hūwa）所進，縱 247.5 公分，橫 164.4 公分。滿文標題讀如“muhūltu”，“muhūltu”，意即螭，是無角的龍，並無「墨玉」字樣的含義。茹黃豹為侍郎三和（sanhe）所進，縱 247.5 公分，橫 163.7 公分。滿文標題讀如“yargatu”，“yarga”，又讀如“yarha”，意即豹，並無「茹黃」字樣的含義。

雪爪盧為準噶爾台吉噶爾丹策楞（g'aldan cering）所進，縱 246.7 公分，橫 163.2 公分，滿文標題讀如“sebertu”，“seber”又作“seberi”，意即銀蹄毛色。漢字「盧」，亦作「獹」，是一種田犬，雪爪盧即因四爪毛色銀白而得名，但「盧」字並未譯出滿文。驀空鵲為和碩康親王巴爾圖（bartu）所進，縱 247.2 公分，橫 164 公分，滿文標題讀如“saksahatu”，“saksaha”，意即喜鵲，並無「驀空」字樣的含義。斑錦彪為大學士忠勇公傅恆（fuheng）所進，縱 247.6 公分，橫 164 公分。漢字「彪」，滿文讀如“targan”，標題中滿文讀如“junggin”，意即各色錦緞，表示這隻名犬是斑錦般的寵物，但滿文標題中並無「彪」的獸名。

《石渠寶笈三編》記載郎世寧畫蒼猊犬一軸，縱八尺四寸五分（268 公分），橫六尺一寸（193.7 公分），絹本，設色，以滿、蒙、漢三體書標題，旁注駐藏副都統傅清（fucing）所進。傅清從乾隆九年（1744）至十二年（1747）充任駐藏辦事大臣。乾隆皇帝為郎世寧所畫西藏名犬取名，漢字標為「蒼猊」，滿文標題讀如“kara arsalan”，蒙文讀作“qar-a arslan”，意思就是黑獅子，圖文相合。

由前列簡表，可知郎世寧所畫十駿犬各畫軸中，滿、蒙、漢三體標題，其詞義頗有出入。討論中西文化交流，不能忽視漢文化以外的邊疆文化養分。郎世寧所畫十駿犬軸，蘊含西方繪畫的技巧，也蘊含東方文化的特色。乾隆皇帝喜歡以象徵吉祥、勇猛的飛禽走獸為自己的愛犬命名，包括鴿、鵲、鵰、狼、獫、虬、螭、豹、獅子等等，草原文化的氣息十分濃厚，乾隆皇帝如何透視郎世寧所畫十駿犬，是值得探討的課題。

查閱史料可知郎世寧所畫十駿犬是奉乾隆皇帝旨意繪畫的作品，《內務府造辦處各作成做活計清檔》有幾則記載，如意館記載乾隆十二年（1747）十月二十三日，太監胡世傑傳旨：「著郎世寧畫十俊大狗十張，欽此。」句中「俊」，通駿。乾隆十三年（1748）三月二十八日，太監胡世傑交宣紙二十張傳旨著郎世寧將十駿馬圖並十駿狗俱收小用宣紙畫冊頁二冊，樹石著周昆畫，花卉著余省畫。十駿狗，就是十駿犬，冊頁中的十駿犬，是按照原畫十駿大狗收小畫得的，畫中的樹石，由周昆繪畫，花卉則由余省繪畫。

表中超洱驄、徠遠騮、月䯀騛、凌崑白，合稱〈愛烏罕四駿〉，一卷。郎世寧設色畫愛烏罕即阿富汗所貢四駿，俱滿洲、蒙古、漢文、回文四體標名。可將四駿及其標名放大影印於下。

徠遠騮		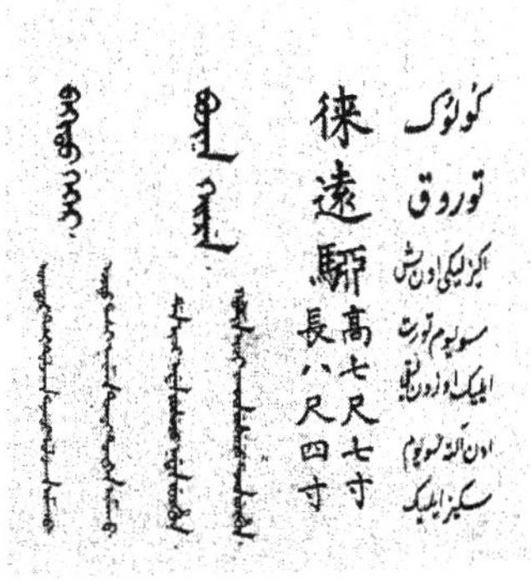 徠遠騮 高七尺七寸 長八尺四寸
月睂騋		月睂騋 高七尺八寸 長八尺三寸

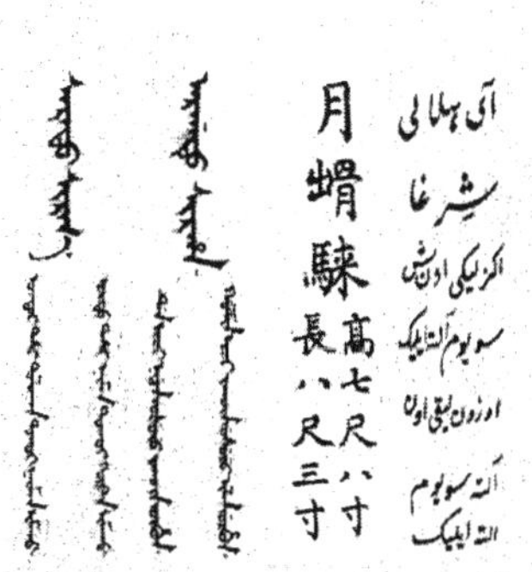

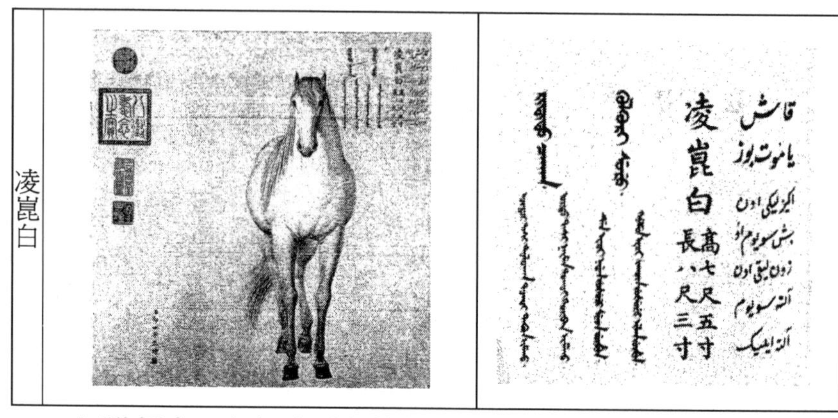

四駿標名，左起分別為蒙文、滿文、漢文、回文四體。其中「超洱驄」，橫立青色，滿文讀作“colhogan fulan”。滿文辭書又作“colgogan fulan morin”，是一種青白色駿馬。句中“colhogan”、“colgogan”，意即「超群的」或「超越的」，“fulan”，意即「青白色的」。漢文「洱」，為湖名，或海名，「超洱驄」，意指能超過洱海的青白色駿馬。蒙文讀作“tasurqai boro”，意即絕代的鐵青色馬。滿、蒙文詞義相近，與漢文的詞義，頗有出入。「超洱驄」，回文題記羅馬拼音轉寫作“tulfar kara bodzy”，漢文意譯為「灰白色千里馬」。「徠遠騮」，竦立赤黑色，滿文讀作“bojina keire”，是一種赤身黑鬃的高大駿馬，句中“bojina”，詞根“boji”，意即契約、合同，往來貿易，均須開立契約、合同，漢文「徠遠」，指招徠遠人，或招商貿易、互通有無。蒙文讀作“bekitü keger”，意即結實的棗騮馬。「徠遠騮」，回文題記羅馬拼音轉寫作“kuluk torok”，意即帶翼的栗色駿馬。「月鸐騄」，回頭探望，蹻一足，黃白色。滿文題記讀作“argatu sirha”，是一種機智背高體大的銀合色駿馬。回文題記羅馬拼音轉寫作“ai hilali širga”，意即白黃色的新月銀合馬。滿文“sirha”，又作“sirga”，滿、蒙、回文讀音相近，俱指銀合馬。漢文「月鸐騄」，句中「月鸐」即月窟，古人以月亮的歸宿處在西方，

因此借指極西之地，「月鸖騋」就是來自極西高大的銀合色駿馬。蒙文讀作“saratu sirγ-a”，意即月亮的銀合馬。滿、蒙、回文與漢文的詞義，不盡相同。「凌崑白」，正立白色，滿文讀作“kulkuri suru”，是一種擅長爬山越嶺的強壯白馬。回文題記羅馬拼音轉寫作“kaši yakut bodzy”，意即「白帶灰青色的駿馬[3]」。漢文「凌崑白」，意即爬越崑崙山的白馬。蒙文讀作“riditu čaγan”，意即有法術的白色馬。滿、蒙、回文的詞義，頗有出入。

海峽兩岸現藏十駿馬圖包括：郎世寧十駿圖；王致誠十駿圖冊；郎世寧與艾啟蒙合繪十駿圖。郎世寧獨力繪成的十駿圖，可以稱為前十駿圖，共十軸，包括：萬吉霜、闞虎駵、獅子玉、霹靂驤、雪點鵰、自在驕、奔霄驄、赤花鷹、英驥子、籋雲駛。據《石渠寶笈・初編》記載，郎世寧十駿圖，原貯御書房，素絹本，著色畫，每軸款識云：「乾隆癸亥孟春海西臣郎世寧恭畫」等字樣。癸亥，相當乾隆八年（1743）。院藏郎世寧十駿馬圖為其中第四軸霹靂驤、第五軸雪點鵰、第七軸奔霄驄、第八軸赤花鷹、第十軸籋雲駛等五軸。駿馬名稱題記，除漢文外，還兼書滿文、蒙文。其中第四軸霹靂驤，滿文題記作“hūdun giyahūn fulgiyan suru”，蒙文題記作“qurdun qarčaγai sirγol”意即加速如鷹的紅白馬。第五軸雪點鵰，滿文題記作“saksaha daimin cabdara alha”，蒙文題記作“čaγčaγai bürgüd čabidar alaγ”，意即上半黑下半白生後一、二年接白鵰銀鬃花馬。並非如張照贊語所云「般般麟若，點點雪裝」而得名。所謂背有雪點等語，只是漢文題記的望文生義。第七軸奔霄驄，滿文題記作“akdun arsalan fulan”，蒙文題記作“batu arslan boro”，意即結實如獅子的青馬。第八軸赤花鷹，滿文題記作“cakiri

3 駱愛麗撰〈愛烏罕駿圖回文題記釋義初探〉，《故宮學術季刊》，第三十卷，第四期（臺北，國立故宮博物院，民國 102 年 6 月），頁 221-228。

giyahūn keire alha”，蒙文題記作“tarlang qarčaγai keger alaγ”，意即花白鷹棗騮花馬。第十軸籋雲駛，漢文題記引《漢書・禮樂志》:「志俶儻，精權奇，籋浮雲，晻上馳」等語而命名，表示天馬上躡浮雲，意蘊深奧。滿文題記作“kuri daimin keire alha”，意即虎斑鵰棗騮花馬，蒙文詞義相合。

除了前十駿馬圖外，還有由郎世寧和艾啟蒙合畫而成的後十駿馬圖。其中紅玉座、如意驄、大宛騮三匹駿馬出自郎世寧之手。「紅玉座」，滿文題記作“aisin besergen cabdara”，意即金座銀鬃馬。「如意驄」，玉質純素，隱含青紋，其性和柔，駸駸絕足，滿文題記作“ferguwecun jalafungga”，意即祥瑞長壽青馬。「大宛騮」，滿文題記作“hasak i jalafungga besergen”，意即哈薩克的萬年座，滿漢文義，頗有出入。郎世寧等人所畫駿馬圖是以北亞草原的駿馬為題材，對照畫中滿、蒙、回、漢等文字的題記或標題，有助於了解乾隆皇帝為駿馬命名的意義。

聶崇正撰〈清代的宮廷繪畫和畫家〉一文已指出，清代宮廷中的花鳥走獸畫，一部分受到惲壽平、蔣廷錫等人的影響，畫風比較工整寫實，設色鮮麗明淨。除去惲壽平、蔣廷錫的傳派外，一些歐洲傳教士畫家採用西洋繪畫的技法也繪製了不少花鳥走獸畫。他們的作品講究動物的解剖結構，注重表現立體感。郎世寧、王致誠、艾啓蒙、賀清泰等人都有這類題材的作品傳世。其中郎世寧和王致誠畫的馬，在清朝畫壇上獨樹一幟。他們擅長用細密短小的線條表現馬匹的皮毛，馬匹的造型十分精確，甚至馬匹皮下凸起的血管筋腱、關節處的縐折等，都能細緻入微地描畫出來，如郎世寧的百駿圖卷、八駿圖卷、十駿圖大橫軸、王致誠的十駿馬圖冊等。郎世寧等歐洲畫家所畫的駿馬和鹿、象、犬、鷹等動物，其中有許多是邊境地區的少數民族首領進獻給清朝皇帝的，所以畫上有以滿、蒙、漢三體文字書寫的動物名號、尺寸及進獻者的姓名和所屬的部落。這些花鳥走獸不僅僅具有裝飾宮廷的觀賞價值，對於我們了解當時中央政權和邊遠地區的聯繫，各民族之間的交往，以及某些珍貴動植物的產地等問題也具有很重要的價值。從某種意義上說，郎世寧、王致誠等十駿馬圖，都不應和一般裝飾觀賞的鳥獸畫等同看待，當喀爾喀、科爾沁、翁牛特諸部蒙古民族成員觀賞到本部族王公貝勒進獻的駿馬出現在自己的眼前，畫軸上方書寫著本部族的語言文字，其親切感，必然油然而生，而更加促進蒙古族人對朝廷的向心力。

三、雍正年間郎世寧的藝術創作活動

清朝造辦處地處紫禁城西華門武英殿以北、白虎殿後，各類匠作都集中在這裡，就是清朝宮廷藝術的創作場所。雍正皇帝在位雖然只有十三年，但是，探討清朝的宮廷繪畫，不能忽視雍正朝的繪畫活動。聶崇正撰〈清代的宮廷繪畫和畫家〉一文已指出，乾隆時期宮廷繪畫的體制及規模在雍正時已經基本確立了，乾隆時很多活躍於宮廷中較有影響的畫家，如丁觀鵬、丁觀鶴、金昆、張為邦等，都是在雍正時就被發現或起用的[4]。紫禁城啓祥宮南設如意館，舉凡中西繪畫、雕琢、裝潢名家多供職於如意館，其中郎世寧就是供職於如意館的西洋畫家之一。他的繪畫創作，多以山水、花卉、鳥獸為題材，宛若置身於草原描繪大自然的生態。他的繪畫創作，多見於《內務府造辦處各作成做活計清檔》，簡稱《活計檔》。為了便於說明，可將郎世寧在雍正年間（1723-1735）的藝術創作活動列出簡表於後。

4 聶崇正撰〈清代的宮廷繪畫和畫家〉，《清代宮廷繪畫》（北京，文物出版社，1995 年 4 月），頁 13。

雍正年間郎世寧的藝術創作活動簡表

時　間	藝術創作紀要
元年（1723） 四月二十日	怡親王諭著郎世寧畫桂花玉兔月光畫一軸。
元年（1723） 七月初三日	郎世寧畫得桂花玉兔月光畫一軸。
元年（1723） 七月十六日	怡親王諭郎世寧畫扇畫。
元年（1723） 九月十五日	以符瑞呈祥，郎世寧遵旨畫得聚瑞圖。
二年（1724） 三月初二日	怡親王諭郎世寧畫百駿圖一軸。
二年（1724） 六月十二日	郎世寧畫得扇子，由郎中保德呈怡親王收。
二年（1724） 十一月	郎世寧畫嵩獻英芝圖一軸。
三年（1725） 二月二十二日	郎世寧奉旨畫雙圓哈密瓜二個。
三年（1725） 三月初二日	郎世寧畫得畫雙圓哈密瓜畫一張。
三年（1725） 五月十九日	郎世寧奉旨照暹羅國進貢的狗、鹿各畫一張。
三年（1725） 九月初四日	圓明園總管太監張起麟傳旨取看郎世寧畫的老虎圖。
三年（1725） 九月初六日	首領太監程國用持進郎世寧畫的老虎畫。
三年（1725） 九月十四日	郎世寧奉旨畫瑞穀。
三年（1725） 九月十八日	巴多明遵旨認看郎世寧所畫蘭花絹畫。
三年（1725） 九月十九日	郎世寧畫得瑞穀五十三本，由李宗揚持進。

三年（1725）九月二十六日	奏事太監劉玉等交鮮南紅羅卜一個，傳旨照樣著郎世寧、蔣廷錫各畫一張。
三年（1725）十月十八日	郎世寧、蔣廷錫畫得鮮南紅羅卜畫各一張。
三年（1725）十月二十九日	郎世寧畫得鹿一張、狗一張。
三年（1725）十二月初七日	郎世寧奉旨畫驢肝馬肺均窑缸一件。
三年（1725）十二月二十八日	郎世寧畫得均窑缸一件，由海望呈進。
四年（1726）正月十五日	郎世寧奉旨四宜堂後穿堂隔斷照樣畫人物畫片。
四年（1726）六月初二日	郎世寧畫得四宜堂人物畫片一分，由海望呈覽。奉旨再著郎世寧按三間屋內遠近照小樣另畫一分。
四年（1726）六月二十五日	郎世寧畫得田字房內花卉翎毛斗方十二張。奉怡親王諭再添畫四張。
四年（1726）八月十七日	郎世寧畫得深遠畫片六張，由海望持進，貼在四宜堂穿堂內。
四年（1726）十月初七日	郎世寧畫得花卉翎毛冊頁一頁，由怡親王進呈御覽。
四年（1726）十二月二十一日	郎世寧畫得者爾得小狗畫，由海望進呈御覽。
四年（1726）十二月二十八日	為迎接春節，郎世寧畫得年例山水畫一張，奉旨著送往西峰秀色處張貼。
五年（1727）正月初六日	郎世寧奉旨照畫過的者爾得小狗再畫一張。
五年（1727）二月二十一日	郎世寧畫得者爾得小狗畫一張，由海望進呈御覽。
五年（1727）二月二十九日	郎世寧奉諭將者爾得狗再畫一張。
五年（1727）閏三月十六日	郎世寧畫得者爾得狗畫一張，由海望呈進。

五年（1727）閏三月二十六日	郎世寧奉旨來圓明園畫牡丹畫。
五年（1727）四月二十五日	郎世寧畫得牡丹畫一張，由海望呈進。
五年（1727）七月初八日	郎世寧奉旨萬字房南一路六扇寫字圍屏上空白紙處二面各畫隔扇六扇。
五年（1727）八月初四日	郎世寧畫得隔扇畫十二扇，由海望呈覽。奉上諭著郎世寧另起稿畫曲欄杆畫。
五年（1727）八月二十二日	郎世寧奉旨萬字房通景畫壁前畫西洋欄杆。
五年（1727）十二月初四日	海望持出圓明園耕織軒處四方亭様一件，著郎世寧起稿。
六年（1728）二月初六日	圓明園耕織軒處四方亭様，郎世寧遵旨起稿呈覽，奉旨准畫。
六年（1728）三月初二日	員外郎沈崳等傳諭郎世寧畫耕織軒處四方重簷亭內四面八字板墻隔斷畫八幅著糊飾白虎殿。
六年（1728）六月二十日	圓明園所添房內平頭案様一張，奉旨著郎世寧放大様畫西洋畫，其案上陳設古董八件畫完剁下來用合牌托平。
六年（1728）七月初十日	郎世寧畫得西洋絹畫二十六張，海望帶領領催馬學邇持進張貼。
六年（1728）七月十二日	海望奉怡親王諭將西洋絹畫交郎世寧另起小稿改畫。
六年（1728）七月十七日	郎世寧改畫大方亭西洋小畫様八張呈怡親王看，奉怡親王諭准改畫。
六年（1728）七月十八日	領催白士秀帶郎世寧、畫畫人戴越等進圓明園改畫大方亭西洋小畫。
六年（1728）八月初二日	郎世寧、戴越等改畫得大方亭西洋小畫八張。
六年（1728）八月初六日	郎世寧畫得西洋案畫一張，並托合牌假古董畫八件，由海望持進貼在西峯秀色屋內。
六年（1728）十二月二十八日	郎世寧畫得年例山水畫一張，由郎中保德等呈進，奉旨送圓明園西峯秀色處，俟朕到西峯秀色時提奏。

七年（1729）正月十二日	郎世寧奉旨含韻齋前捲棚下窓上横披空白紙處畫窓戶槅畫。
七年（1729）正月二十八日	海望畫得西峯秀色殿內東板墻畫案上前面添畫片，後面添窓畫樣一張呈覽。奉旨前面畫片著郎世寧畫山水。
七年（1729）二月十六日	郎世寧畫得圓明園含韻齋屋內對寶座前面東西板墻上畫稿三張，由海望呈覽，奉旨准山水畫稿一張，其畫著添畫日影。
七年（1729）三月初七日	郎世寧奉諭窓戶槅畫山水畫。
七年（1729）三月初十日	海望帶領領催馬小二將郎世寧畫得山水畫樣一張持進貼在圓明園西峯秀色處。
七年（1729）四月二十六日	郎世寧畫得西峯秀色山水畫片一張，海望帶領領催白士秀持進張貼。
七年（1729）五月初八日	郎世寧畫得窓戶槅西洋畫三張，海望帶領裱匠李官保持進含韻齋横披窓上張貼。
七年（1729）閏七月十九日	郎世寧奉旨西峯秀色處含韻齋殿陳設的棕竹邊漆背格二架上層畫山水二副。
七年（1729）八月十四日	郎世寧奉旨九洲清宴東暖閣貼的玉堂富貴横披畫花卉。
七年（1729）八月二十日	郎世寧畫得山水畫二副，由副領催金有正持進西峯秀色處含韻齋殿內書格上張貼。
七年（1729）九月二十四日	海望等傳諭萬壽節著唐岱、郎世寧各畫畫一張。
七年（1729）九月二十七日	郎世寧、唐岱畫得玉堂富貴横披絹畫一張，由海望帶領裱匠李毅持進九洲清宴東暖閣張貼。
七年（1729）十月二十九日	郎世寧、唐岱各畫得壽意畫二張，由海望呈進。
七年（1729）十一月初四日	海望等傳諭著唐岱、郎世寧畫絹畫三張。
七年（1729）十二月二十九日	唐岱、郎世寧畫得年節絹畫三張，由海望呈進。

八年（1730）三月初七日	郎世寧奉旨四宜堂後新蓋房處前二間屋內安板墻一槽開圓光門內墻上畫窗內透花畫。
八年（1730）三月十九日	郎世寧奉旨照著百福祿兒者爾得狗樣畫。
八年（1730）三月二十六日	郎世寧畫得四宜堂窗內透花畫樣一件，由海望呈覽，奉旨牡丹花畫在外邊，不必伸進屋內來。
八年（1730）十月二十一日	郎世寧畫得牡丹花一張，由領催馬學爾持進張貼。
八年（1730）十一月十九日	海望傳諭唐岱畫絹畫二張，郎世寧畫絹畫一張。
八年（1730）十二月二十八日	唐岱、郎世寧畫得絹畫三張，由海望呈進。
九年（1731）二月初三日	郎世寧奉旨畫各樣菓子圍棋大小二分。
九年（1731）二月二十日	郎世寧畫得各樣菓子圍棋大小二分，由海望呈進。
九年（1731）二月二十二日	宮殿監副侍蘇培盛交出八駿馬畫一張，傳旨著托裱，於二月二十三日送進圓明園。
九年（1731）三月十七日	福園首領太監王進朝交出郎世寧蓮花畫一張，總管太監王進玉傳旨著托裱。
九年（1731）五月初二日	首領太監鄭忠奉旨著高其佩、唐岱、郎世寧每人畫大畫一副。
九年（1731）六月初七日	首領太監鄭忠交出高其佩、郎世寧、唐岱畫的大畫著托裱。六月十四日，托裱得大畫三副交鄭忠持進。
九年（1731）六月十四日	太監張玉柱等傳旨著高其佩、唐岱、郎世寧每人畫風雨景山水畫一副。
九年（1731）八月十三日	郎世寧、高其佩、唐岱畫得風雨景山水畫三副，由司庫常保等呈進。
九年（1731）九月初七日	唐岱、郎世寧奉諭畫萬壽畫進呈絹畫各一副。
九年（1731）九月二十七日	首領太監鄭忠傳諭著高其佩、唐岱、郎世寧每人畫畫三副。

九年（1731）十月十一日	高其佩、唐岱、郎世寧畫得山水畫五副，由司庫常保呈進。
九年（1731）十月二十八日	郎世寧、唐岱畫得萬壽畫二副，由司庫常保等呈進。
九年（1731）十一月初四日	海望等傳諭備用畫著郎世寧等六人各畫畫一副。
九年（1731）十二月二十八日	郎世寧畫得夏山瑞靄畫一張，由司庫常保等呈進。
十年（1732）四月初八日	員外郎滿毗傳諭端陽節備用著唐岱、郎世寧二人各畫絹畫一張。
十年（1732）四月二十九日	郎世寧畫得午瑞圖絹畫一張，由海望帶領司庫常保等呈進。
十年（1732）六月二十三日	宮殿監副侍李英傳旨餘暇靜室後圓光門內郎世寧的大畫東西兩邊著接上添畫。
十年（1732）七月初六日	圓光門內畫得絹畫二張，司庫常保帶領郎世寧等持進圓明園餘暇靜室後圓光門內大畫東西兩處接畫張貼。
十年（1732）九月初九日	員外郎滿毗等傳諭萬壽節備用著唐岱、郎世寧各畫畫一副。
十年（1732）十月二十八日	唐岱畫得松高萬年絹畫一張，郎世寧畫得松壽鶴靈絹畫一張，由司庫常保等呈進。
十年（1732）十一月初九日	員外郎滿毗、三音保傳諭著郎世寧等畫年節備用絹畫二副。
十年（1732）十二月二十八日	郎世寧畫得仙蕚承華絹畫一張，由司庫常保等呈進。
十一年（1733）三月初六日	員外郎滿毗等傳諭唐岱、郎世寧各畫端陽節絹畫一張。
十一年（1733）五月初一日	郎世寧畫得瑞連百子絹畫一張，由司庫常保等呈進。
十一年（1733）九月初八日	員外郎滿毗等傳諭郎世寧等各畫萬壽節絹畫一張。
十一年（1733）十月二十八日	郎世寧畫得萬壽長春絹畫一張，由司庫常保等呈進。

十一年（1733）十月二十九日	圓明園宮殿監副侍李英傳旨著唐岱畫畫二張，內一張照安寧居的畫畫一張，隨意畫，再著郎世寧亦畫畫二張，內一張畫徑一寸三分竹子一張，隨意畫。
十一年（1733）十二月二十七日	郎世寧畫得綠竹畫一張、野外咸寧畫一張，由司庫常保等呈覽，奉旨著將綠竹畫送往圓明園貼在玻璃鏡上，野外咸寧貼在九洲清宴玻璃鏡上。
十二年（1734）正月初五日	郎世寧畫得的綠竹畫、野外咸寧畫由司庫常保等持赴圓明園張貼。
十二年（1734）三月初一日	員外郎滿毗等傳諭著唐岱、郎世寧各畫端陽節絹畫一張。
十二年（1734）五月初二日	唐岱畫得午瑞圖一張，郎世寧畫得夏日山居絹畫一張，由司庫常保等呈進。
十二年（1734）八月二十二日	監察御史沈嵛等傳諭做備用萬壽節呈進畫著唐岱、郎世寧各畫絹畫一張。
十二年（1734）十月二十七日	唐岱畫得群仙恭祝畫一張，郎世寧畫得萬松永茂畫一張，由司庫常保等呈進。
十二年（1734）十一月初八日	監察御史沈嵛等傳諭著唐岱、郎世寧、王幼學各畫年節絹畫一張。
十二年（1734）十二月二十八日	郎世寧畫得錦堂春色畫一張，唐岱畫得太平春色畫一張，王幼學畫得雙喜呈瑞畫一張，由司庫常保等呈進。
十三年（1735）四月十四日	員外郎滿毗等傳諭著唐岱、郎世寧畫端陽節絹畫各一張。
十三年（1735）四月三十日	唐岱、郎世寧畫得端陽節絹畫各一張呈進。
十三年（1735）十一月十四日	司庫常保等將郎世寧畫得百駿圖一卷呈進。
十三年（1735）十一月二十六日	司庫常保將郎世寧畫得百福祿者爾得狗畫二張交太監毛團呈進。

資料來源：《清中前期西洋天主教在華活動檔案史料》（北京，中華書局，2003年10月）；《故宮博物院院刊》，1988年，第2期（北京，北京故宮博院，1988年5月）；朱家溍《養心殿造辦處史料輯覽》（北京，紫禁城出版社，2003年8月）；《內務府造辦處各作成做活計清檔》，北京中國第一歷史檔案館。

由前列簡表的記載，可知郎世寧在雍正年間的繪畫內容，極為豐富，也得到雍正皇帝的好評。包括：桂花玉兔月光畫、聚瑞圖、嵩獻英芝圖、雙圓哈密瓜、狗、鹿、虎、瑞穀、蘭花、紅羅卜、人物、山水、牡丹、西洋絹畫、西洋小畫、西洋案畫、萬壽畫、年節畫、菓子圍棋、八駿馬、蓮花、夏山瑞靄畫、午瑞圖、松壽鶴靈絹畫、仙蓴承華絹畫、瑞連百子絹畫、松鶴、綠竹畫、野外咸寧畫、端陽節絹畫、夏日山居絹畫、萬松永茂畫、錦堂春色畫等等，名畫多幀。為了解郎世寧繪畫創作過程，可摘錄《活計檔》記載於後。

雍正元年（1723）四月二十日，《活計檔・畫作》記載，「怡親王諭著西洋人郎石寧畫桂花玉兔月光畫一軸，遵此。」同年七月初三日，郎世寧畫得〈桂花玉兔月光畫〉一軸，由怡親王允祥呈進。

雍正元年（1723）七月十六日，《活計檔・畫作》記載，「怡親王交扇子四十柄，王諭著西洋人郎石寧畫，遵此。」雍正二年（1724）六月十二日，郎世寧畫得扇子四十柄，由郎中保德呈怡親王允祥收。

雍正二年（1724）三月初二日，《活計檔・畫作》記載，「員外郎沈崳奉怡親王諭著郎世寧畫百駿圖一卷，遵此。」雍正十三年（1735）十一月十四日，內務府造辦處司庫常保、首領薩木哈將〈百駿圖〉一卷交太監毛團呈進。

雍正三年（1725）二月二十二日，《活計檔・畫作》記載，「總管太監張啟麟交雙圓哈密瓜二個（隨銀盤二個）傳旨著郎士寧照樣畫，欽此。」同年三月初二日，郎世寧畫得〈雙圓哈密瓜畫〉一張，隨同原交哈密瓜二個，銀盤二個，由首領太監程國用持去，交總管太監張啟麟收。

雍正三年（1725）五月十九日，《活計檔・畫作》記載，「莊親王傳旨著郎石寧照暹羅國所進的狗、鹿每樣畫一張，欽此。」同年十月二十九日，郎世寧畫得〈鹿〉一張、〈狗〉一張，由員外郎海望呈進。

雍正三年（1725）九月二十六日，《活計檔・畫作》記載，「據圓明園來帖內稱，奏事太監劉玉、張玉桂、陳璜交鮮南紅羅卜一個，傳旨照此樣著郎石寧畫一張、蔣廷錫畫一張，該配甚麼好，著他們配合著畫，欽此。」同年十月十八日，郎世寧畫得〈鮮南紅羅卜畫〉一張，蔣廷錫畫得〈鮮南紅羅卜畫〉一張，隨同原交鮮南紅羅卜樣一個，由首領太監程國用持去，交奏事太監劉玉呈進。

雍正三年（1725）十二月初七日，《活計檔・畫作》記載，「員外郎海望交驢肝馬肺均窰缸一件，傳旨朗世寧照樣畫，比缸略放高些，兩頭收小些，欽此。」十二月二十八日，郎世寧照樣畫得缸一件，連同原缸由員外郎海望呈進。

雍正四年（1726）正月十五日，《活計檔・畫作》記載，「郎中保德、員外郎海望持出西洋夾紙深遠畫片六張，奉旨四宜堂後穿堂內隔斷，隔斷上面著郎石寧照樣畫人物片，其馬匹不必畫，欽此。」同年六月初二日，郎世寧照樣畫得人物畫片一分，由海望呈覽。奉旨，「此樣畫得好，但後邊幾層太高難走，層次亦太近，再著郎石寧按三間屋內的遠近照小樣另畫一分，將此一分後一間收拾出來，以便做玩意用，欽此。」同年八月十七日，郎世寧畫得深遠畫片六張，連同原樣畫片六張，由海望持進，貼在四宜堂穿堂內。

雍正四年（1726）六月二十五日，《活計檔・畫作》記載，「據圓明園來帖內稱，郎中保德、海望傳田字房內花卉翎毛斗方十二張，記此。」六月二十五日當天，郎世寧畫得備用斗方十二張，由內管領穆森啟怡親王允祥看。同日，怡親王允祥進呈御覽，奉旨，「照此斗方再添畫幾張」。同日，怡親王允祥諭再添畫四張，配做冊頁。同年十月初七日，郎世寧畫得花卉翎毛冊頁一頁，由怡親王允祥進呈御覽。雍正四年（1726）十二月二十一日，郎世寧畫得者爾得小狗畫，由郎中海望呈覽。雍正五年（1727）正月初六日，《活計檔・畫作》記載，「太監王太平傳旨西洋人郎士寧畫過的者爾得小狗雖好，但尾上毛甚短，其身亦小些，再著郎士寧照樣畫一張，欽此。」文中「者爾得」，又作「者兒得」，同音異譯，滿文俱獨作“jerde”，意即「赤紅色的」，原指馬的毛色特徵而言，“jerde morin”，意即「赤馬」、「赤兔馬」。者爾得小狗，意即「赤紅色的小狗」。雍正五年（1727）二月二十一日，郎世寧畫得者爾得小狗畫一張，由郎中海望進呈御覽。同年二月二十九日，《活計檔・畫作》記載，「郎中海望傳西洋人郎士寧將者爾得狗再畫一張，記此。」同年閏三月十六日，郎世寧畫得者爾得狗一張，由郎中海望呈進。《郎

世寧作品專輯》等書所見〈花底仙尨圖〉就是雍正年間郎世寧所畫「者爾得小狗」。

雍正五年（1727）閏三月二十六日，圓明園司房太監陳玉來說：「總管太監陳九卿傳旨著傳郎士寧圓明園來將此牡丹照樣畫下，欽此。」同年四月二十五日，郎世寧畫得牡丹畫一張，由郎中海望呈進。

雍正五年（1727）七月初八日，《活計檔・畫作》記載，「據圓明園來帖內稱，本月初五日，郎中海望奉旨萬字房南一路六扇寫字圍屏上空白紙處著郎士寧二面各畫隔扇六扇，畫開掩處著其酌量，欽此。」同年八月初四日，郎世寧畫得隔扇畫，共十二扇，由郎中海望呈覽。奉上諭「此畫窗戶檔子太稀了些，著郎士寧另起稿畫曲欄杆畫，欽此。」同年八月二十二日，太監劉希文傳旨，「萬字房通景畫壁前，著郎士寧畫西洋欄杆，或用畫布，或用絹畫，或用綾畫，爾等酌量畫罷，不必起稿呈覽，欽此。」雍正六年（1728）二月二十七日，據畫匠沈元來說郎中海望奉旨，「油畫欄杆著改山水畫二張，欽此。」同年四月二十二日，改畫得山水畫二張，由郎中海望持進貼訖。

雍正六年（1728）二月初六日，《活計檔・畫作》記載，「為五年（1727）十二月初四日，郎中海望持出圓明園耕織軒處四方亭樣一件內四面八字板墻高一丈二尺二寸一分，進深一丈三尺，上進深一丈三尺一寸，著郎石寧起稿呈覽，奉旨准畫，欽此。」同年三月初二日，員外郎沈崳、唐英傳，「為西洋人郎石寧畫耕織軒處四方重簷亭內四面八字板墻隔斷畫八幅著糊飾白虎殿。」同年七月初十日，郎世寧畫得西洋絹畫二十六張，經郎中海望帶領領催馬學邇持進貼訖。七月十二日，郎中海望奉怡親王允祥諭，將西洋絹畫交郎世寧另起小稿改畫。七月十七日，郎世寧改畫得大方亭西洋小畫樣八張呈怡親王允祥看。奉怡親王允祥諭，准改畫。七月十八日，領催白士秀帶郎世寧及畫畫人戴越等進內，於八月初二日改畫完。

雍正六年（1728）六月二十日，《活計檔・畫作》記載，「據圓明園來帖內稱，五月十九日，畫得新添房內平頭案樣一張，撬頭案樣一張，郎中海望呈覽，奉旨准平頭案式樣一張，著郎石寧放大樣畫西洋畫，其案上陳設古董八件畫完剁下來用合牌托平，若不能平，用銅片掐邊，欽此。」同年八月初六日，郎世寧畫得西洋案畫一張，並托合牌假古董畫八件，由郎中海望持進貼在西峯秀色屋內。

雍正六年（1728）十二月二十八日，郎世寧畫得年例山水畫一張，郎中保德、海望呈進，奉旨「送圓明園西峯秀色處，俟朕到西峯秀色時題奏，欽此。」七年三月初十日，郎中海望帶領領催馬小二持進貼在西峯秀色處。

雍正七年（1729）正月二十三日，《活計檔・畫作》記載，「圓明園來帖內稱，本月十二日，宮殿監副持蘇培盛傳旨含韻齋前捲棚下窓上橫批空白紙處著西洋人郎石寧畫窓戶槅畫，其屋內寶座前南面橫披二扇，北面橫披二扇，落地罩內南面橫披一扇，北面橫披一扇，著唐岱畫畫，欽此。」同年二月十六日，郎中海望將郎世寧畫得圓明園含韻齋屋內對寶座前面東西板墻上畫稿三張呈覽。奉旨「准山水畫稿一張，其畫著添畫日影，欽此。」三月初七日，據圓明園來帖內稱「窓戶槅畫著郎石寧畫山水畫。」五月初八日，郎世寧畫得窓戶槅西洋畫三張，由郎中海望等持進含韻齋橫披窓上貼訖。

雍正七年（1729）正月二十九日，《活計檔・畫作》記載，「圓明園來帖內稱，本月二十八日，郎中海望畫得西峯秀色殿內東板墻畫案上前面添畫片，後面添窓畫樣一張呈覽」。奉旨「前面畫片著郎石寧畫山水，背面窓四扇俱要摘卸，欽此。」同年四月二十六日，郎世寧畫得山水畫片一張，由郎中海望帶領領催白士秀持進貼訖。

雍正七年（1729）閏七月二十四日，《活計檔・畫作》記載，「據圓明園來帖內稱，本月十九日，太監劉希文傳旨西峯秀色處含韻齋殿陳設的棕竹邊漆背書格二架，上層著郎石寧畫山水二副，要相倣。中層著蘇培盛擬好文章，著戴臨寫核桃文字。下層著吳璋畫花卉，欽此。」同年八月二十日，郎世寧畫得山水畫二副，畫畫人畫得花卉絹畫二張，內閣中書戴臨寫得橫披絹字二張，由副領催金有正持進含韻齋殿內書格上貼訖。

雍正七年（1729）八月十七日，《活計檔・畫作》記載，「據圓明園來帖內稱，本月十四日，郎中海望奉旨九洲清宴東暖閣貼的玉堂富貴橫披畫上玉蘭花、石頭甚不好，爾著郎石寧畫花卉、唐岱畫石頭畫一張換上，欽此。」同年九月二十七日，郎世寧、唐岱畫得玉堂富貴橫披絹畫一張，由郎中海望帶領表匠李毅進內貼訖。

雍正七年（1729）九月二十四日，郎中海望、員外郎滿毗傳諭，「萬壽節著唐岱、郎石寧各畫畫一張」。同年十月二十九日，郎世寧、唐岱各畫得壽意畫二張，由郎中海望呈進。十一月初四日，郎中海望、員外郎滿毗傳諭，「著唐岱、郎石寧畫絹畫三張。」同年十二月二十九日，畫得年節絹畫三張，由郎中海望呈進。

雍正八年（1730）三月十四日，《活計檔・畫作》記載，「據圓明園來帖內稱，本月初七日，郎中海望奉旨四宜堂後新蓋房處前二間屋內安板墻一槽開圓光門內墻上著郎士寧畫窓內透花畫，欽此。」同年三月二十六日，畫得窓內透花畫樣一件，由郎中海望呈覽，奉旨「牡丹花畫在外邊，不必伸進屋內來，欽此。」同年十月二十一日，郎世寧畫得牡丹花一張，由領催馬學爾持進貼訖。

雍正八年（1730）四月十三日，《活計檔・畫作》記載，「據圓明園來帖內稱，三月十九日，太監劉希文傳旨照著百福祿兒者爾兒得狗樣，著郎士寧畫，欽此。」雍正十三年（1735）十一月二十六日，司庫常保將郎世寧畫得百福祿者爾得狗畫二張交太監毛團呈進。

雍正八年（1730）十一月十九日，內務府總管海望傳諭著拜他拉布勒哈番（baitalabure hafan），即騎都尉唐岱畫絹畫二張，郎世寧畫絹畫一張。十二月二十八日，唐岱、郎世寧畫得絹畫三張，由內務府總管海望呈進。

雍正九年（1731）二月初三日，內務府總管海望奉旨「著郎石寧畫各樣菓子圍棋大小二分，欽此。」二月二十日，郎世寧畫得各樣菓子圍棋二分，由內務府總管海望呈進。五月初四日，《活計檔・畫作》記載，「據圓明園來帖內稱，本月初二日，首領太監鄭忠奉旨著高其佩、唐岱、郎石寧每人畫大畫一副，欽此。」同年六月初七日，據圓明園來帖內稱，六月初七日，首領太監鄭忠交來高其佩、郎世寧、唐岱畫的大畫托裱。六月十四日，托裱得大畫三副交首領太監鄭忠持去。六月十七日，據圓明園來帖內稱，六月十四日，太監張玉柱、王常貴傳旨「著高其佩、唐岱、郎石寧每人畫風雨景山水畫一副，欽此。」同年八月十三日，郎世寧、高其佩、唐岱畫得風雨景山水畫三副，由司庫常保、首領薩木哈呈進。九月初七日，員外郎滿毗傳諭唐岱、郎世寧畫萬壽進呈絹畫各一副。十月二十八日，郎世寧、唐岱畫得萬壽畫二副，由司庫常保，首領薩木哈呈進。

雍正九年（1731）九月二十七日，首領太監鄭忠傳諭，著高其佩、唐岱、郎石寧每人畫畫三副。同年十月十一日，畫得山水畫五副，由司庫常保呈進。十一月十八日，畫得萬壽畫四副，由司庫常保呈進。十一月初四日，內大臣海望、員外郎滿毗傳諭備用畫著唐岱、郎石寧、栢唐阿班達里沙、王幼學、畫畫人湯振基、戴恒等各畫畫一副。十二月二十八日，唐岱畫得湖山春曉畫一張，九國圖山水冊頁一冊，郎石寧畫得夏山瑞靄畫一張，班達里沙畫得百祿永年畫一張，王幼學畫得眉壽長春畫一張，戴恒畫得錦堂如意畫一張，湯振基畫得清平萬年畫一張，由司庫常保，首領李久明、薩木哈呈進。

雍正十年（1732）四月初八日，員外郎滿毗傳諭「端陽節備用著拜他喇布勒哈番唐岱、西洋人郎世寧二人各畫絹畫一張，記此。」《活計檔・畫作》記載同年四月二十九日，郎世寧畫得午瑞圖絹畫一張，唐岱畫得江村烟雨絹畫一張。由內大臣海望帶領司庫常保、首領薩木哈等呈進，奉旨著將唐岱所進之畫一張持出。據圓明園來帖內稱，六月二十三日，宮殿監副侍李英傳旨「餘暇靜室後圓光門內郎石寧的大畫東西兩邊著接上添畫，欽此。」七月初六日，圓光門內畫得絹畫二張，各高八尺六寸，寬三尺三寸。司庫常保帶領郎石寧、畫畫人戴越等持進圓明園餘暇靜室後圓光門內大畫東西兩處接畫貼訖。九月初九日，員外郎滿毗、三音保傳諭「萬壽節備用著拜他喇布勒哈番唐岱、西洋人郎石寧各畫畫一副，記此。」十月二十八日，唐岱畫得松高萬年絹畫一張，郎石寧畫得松壽鶴靈絹畫一張，由司庫常保等、首領李久明、薩木哈呈進。十一月初九日，員外郎滿毗、三音保傳諭著郎世寧等畫年節備用絹畫二副。十二月二十八日，唐岱畫得歲豐圖絹畫一張，郎石寧畫得仙蕚承華絹畫一張，由司庫常保、首領薩木哈、李久明呈進。

雍正十一年（1733）三月初六日，員外郎滿毗、三音保傳諭唐岱、郎石寧各畫端陽節絹畫一張。五月初一日，唐岱畫得翠壁清溪絹畫一張，郎石寧畫得瑞連百子絹畫一張，由司庫常保、首領太監薩木哈呈進。九月初八日，員外郎滿毗、三音保傳諭唐岱、郎石寧、王幼學各畫萬壽節絹畫一張。十月二十八日，唐岱畫得松岳嵩年絹畫一張，郎石寧畫得萬壽長春絹畫一張，王幼學畫得服授如意絹畫一張，由司庫常保、首領薩木哈呈進。十月二十九日，《活計檔・畫作》記載，「據圓明園來帖內稱，宮殿監副侍李英傳旨著唐岱畫畫二張，內一張照安寧居的畫畫一張，隨意畫，再著郎石寧亦畫畫二張，內一張畫徑一寸三分竹子一張，隨意畫，欽此。」十二月二十七日，唐岱畫得恩澤萬方一張、風雨歸舟畫一張，郎石寧畫得綠竹畫一張、野外咸寧畫一張，由司庫常保、首領太監薩木哈呈覽。奉旨「著將綠竹畫、恩澤萬方畫送往圓明園貼在玻璃鏡上，野外咸寧貼在九洲清宴玻璃鏡上，風雨歸舟畫持去收貯，再照此畫尺寸照安寧宮西墻上貼的章法著唐岱畫一副，欽此。」雍正十二年（1734）正月初五日將綠竹畫、恩澤萬方畫、野外咸寧畫三張，司庫常保持赴圓明園貼訖。唐岱又畫得照安寧宮墻上畫的章法一張，由司庫常保持進貼訖。

雍正十二年（1734）三月初一日，員外郎滿毗、三音保傳諭著唐岱、郎士寧各畫端陽節絹畫一張。五月初二日，唐岱畫得午瑞圖一張，郎世寧畫得夏日山居絹畫一張，由司庫常保、首領太監薩木哈、李久明呈進。八月二十二日，監察御史沈崳、員外郎滿毗、三音保傳諭做備用萬壽節呈進畫著唐岱、郎士寧各畫絹畫一張。十月二十七日，唐岱畫得群仙恭祝畫一張，郎世寧畫得萬松永茂畫一張，由司庫常保、首領太監薩木哈呈進。十一月初八日，監察御史沈崳、員外郎滿毗、三音保、司庫常保傳諭著唐岱、郎士寧、王幼學各畫年節絹畫一張。十二月二十八日，郎士寧畫得錦堂春色畫一張，唐岱畫得太平春色畫一張，王幼學畫得雙喜呈瑞畫一張，由司庫常保、首領太監薩木哈呈進。

雍正十三年（1735）四月十四日，員外郎滿毗、三音保傳諭著唐岱、郎世寧各畫端陽節絹畫一張。同年四月三十日，畫得絹畫二張，由司庫常保、首領太監薩木哈呈進。

四、乾隆年間郎世寧的藝術創作活動

清高宗乾隆皇帝弘曆（1711-1799），是雍正皇帝胤禛的第四子，康熙五十年（1711）八月十三日，孝聖憲皇后鈕祜祿氏所生。雍正十一年（1733），弘曆年二十三歲，受封和碩寶親王。雍正十三年（1735）八月二十三日，雍正皇帝駕崩。同年九月初三日，寶親王弘曆即皇帝位，以明年為乾隆元年（1736），在位六十年（1736-1795）。嘉慶元年（1796）正月初一日，稱太上皇帝。嘉慶四年（1799）正月初三日，崩於養心殿，壽八十有九。諡號純皇帝，廟號為高宗。他在位期間，賜號長春居士，自號信天主人，自稱古稀天子，又號十全老人。康熙皇帝、雍正皇帝勵精圖治，乾隆皇帝繼承了這種勤政的傳統。他在位期間，國運興盛達到了巔峰，文治武功，頗有表現，擴大了歷史舞臺。他愛好文化藝術，乾隆年間的文物，琳瑯滿目，美不勝收。他與郎世寧的互動，十分良好。可將乾隆年間郎世寧的藝術活動列出簡表於後。

乾隆年間郎世寧的藝術創作活動簡表

時　間	藝術創作紀要
元年（1736）正月十九日	太監毛團傳旨著唐岱、郎世寧各畫斗方二張。
元年（1736）正月二十八日	催領白世秀將唐岱、郎世寧畫得斗方四張，托好呈進。
元年（1736）三月十三日	七品首領薩木哈面奉上諭洋漆格背後斗方五張，著冷枚畫人物，唐岱畫山水，沈源畫房子，郎世寧畫花卉，陳枚畫白描各一張，隨意畫。
元年（1736）三月二十九日	薩木哈將畫得各樣斗方五張持進，糊在洋漆格背後。
元年（1736）四月初一日	員外郎常來說毛團交曹扇二十柄傳旨著唐岱、郎世寧、沈源畫三色泥金。
元年（1736）四月十二日	太監毛團傳諭端陽節著郎世寧、唐岱、沈源各畫絹畫一張。
元年（1736）四月十五日	催領白世秀將郎世寧、唐岱等畫得三色泥金曹扇二十柄交太監毛團呈進。
元年（1736）四月十六日	員外郎常保傳旨冷枚現畫圓明園殿宇處通景總畫繪總時令郎世寧、唐岱、沈源繪畫。
元年（1736）六月二十九日	郎世寧說太監毛團傳旨重華宮著畫通景油畫三張。
元年（1736）七月初十日	領催白世秀將重華宮通景油畫三張持進。
元年（1736）七月二十三日	太監憨格傳旨槅子上著郎世寧、唐岱、陳枚、沈源各畫畫二副。
元年（1736）八月初四日	郎世寧畫得槅子上畫二副交太監憨格呈進。
元年（1736）九月二十六日	太監毛團傳諭後殿明間鐘架玻璃門上著郎世寧畫油畫。
元年（1736）九月二十八日	郎世寧將後殿明間鐘架玻璃門上畫得油畫。

元年（1736） 十一月十五日	太監毛團傳旨著唐岱、郎世寧、沈源畫圓明園圖一副。
元年（1736） 十一月十五日	太監毛團傳旨著唐岱、郎世寧、陳枚商酌畫歲朝圖一副。
元年（1736） 十二月二十五日	唐岱、郎世寧、陳枚遵旨商酌畫歲朝圖一副，員外郎陳枚將畫得歲朝圖一副進呈。
元年（1736） 十二月二十六日	太監胡世傑傳旨寶座後東墻貼著唐岱畫、郎世寧畫山水橫披一張。
元年（1736） 十二月二十八日	郎世寧將畫得山水橫披一張交胡世傑呈進。
二年（1737） 正月初五日	太監毛團傳旨著唐岱、郎世寧、陳枚、沈源合畫元宵節大畫一副。
二年（1737） 正月十三日	畫畫人沈源將畫得合畫元宵節大畫一張，交太監毛團呈進。
二年（1737） 正月十七日	太監毛團傳旨著唐岱、郎世寧、陳枚、沈源畫元宵圖一大副。
二年（1737） 三月十三日	員外郎陳枚將畫得元宵圖一大副交太監毛團呈進。
二年（1737） 六月二十四日	暢春園壽萱春永東次間仙樓上、東鑽山房二處每處貼得通景油畫紙樣一張，由首領薩木哈持進轉交太監毛團等呈覽，奉旨著郎世寧畫。
二年（1737） 七月十七日	為萬壽呈進，郎世寧、唐岱、陳枚、孫佑、沈元、張為邦、丁觀鵬、王幼學、戴正每人欲畫絹畫一張，經騎都尉唐岱回明監察御史沈崳等，奉諭准行。
二年（1737） 八月初七日	郎世寧畫得暢春園通景油畫二張，持進張貼。
三年（1738） 四月初六日	太監毛團等傳旨郎世寧之病如好了著伊在家將保合太和圍屏上畫得時送進。
三年（1738） 五月二十一日	太監胡世傑傳旨著郎世寧隨意畫花卉二張。
三年（1738） 五月二十六日	太監胡世傑交出圓斗方樣、海棠式斗方樣、海棠式橫披樣各一張傳旨著郎世寧將圓斗方畫走獸二張，海棠式斗方畫走獸四張，花卉五張，海棠式橫披畫花卉一張，此三張如從前畫過的不必再畫。

三年（1738）六月十五日	司庫劉山久等將郎世寧畫得花卉二張交太監胡世傑持進。
三年（1738）七月二十一日	首領薩木哈將郎世寧畫得花卉二張交太監毛團等呈進。
三年（1738）七月二十三日	太監胡世傑傳旨保合太和大殿東暖閣內玻璃窓戶一扇著郎世寧畫花卉。
三年（1738）九月二十九日	郎世寧奉上諭著畫油畫二張。
三年（1738）十月十五日	太監毛團等傳旨著郎世寧起稿畫畫二副。
三年（1738）十一月十九日	太監毛團傳旨著郎世寧畫大畫一張。
三年（1738）十二月十八日	郎世寧奉旨諭著畫各樣走獸冊頁一部。
四年（1739）正月二十九日	太監毛團傳旨著郎世寧畫油畫一張。
四年（1739）正月三十日	太監毛團傳旨著郎世寧畫油畫一張。
四年（1739）二月十三日	太監毛團傳諭為郎世寧畫大油畫著預備頭號高麗紙、顏料。栢唐阿強錫將定粉二十斤、黃丹二斤、廣膠十八斤、白礬二斤、密陀僧一斤、核桃仁一百斤、白粗布六尺、黑炭九十斤、高麗紙一百張交王幼學收去。
四年（1739）三月十七日	太監胡世傑傳旨慎修思永樂天和玻璃窓戶一扇著郎世寧畫花鳥橫披畫一張，再五福堂亦畫橫披花鳥畫一張。
四年（1739）五月二十七日	郎世寧面奉旨諭著畫油畫一張。
四年（1739）七月二十日	郎世寧畫得花鳥橫披畫二副，樂天和窓戶上五福堂各貼一幅。
五年（1740）六月三十日	太監胡世傑傳旨著唐岱、郎世寧各畫手卷三卷，先起稿呈覽。

六年（1741）正月二十九日	司庫郎正培面奉上諭將清暉閣玻璃集錦圍屏一架共六十八塊著郎世寧等畫油畫。
六年（1741）二月十九日	太監胡世傑傳旨坦坦蕩蕩半畝園亭後舊日所畫的藥蘭架著郎世寧配合改畫起稿呈覽，准時再畫。
六年（1741）七月十二日	太監高玉等傳旨著唐岱、郎世寧往靜明園佈一通景起稿呈覽。
六年（1741）七月十七日	太監胡世傑傳旨唐岱、郎世寧各畫手卷三卷，長七尺五寸，寬九寸。
六年（1741）七月二十日	玉蘭芬五更鐘門上著郎世寧照重華宮大寶座隔後面畫西洋景油畫。
六年（1741）七月二十四日	首領開其里傳旨著郎世寧師徒五人往瀛臺澄懷堂長春書屋畫油畫呈覽。
六年（1741）十月十四日	太監高玉等交出宋蘇漢臣太平春市圖手卷一卷，隨匣，傳旨著冷枚、丁觀鵬、金昆、郎世寧等四人按此手卷畫意各另起稿一張呈覽。
六年（1741）十一月十九日	太監高玉等傳旨著郎世寧往瀛臺、遐矚樓、蘭室虛舟此三處明間門口著伊酌量畫油畫。
七年（1742）正月二十八日	太監毛團傳旨方壺勝景大寶座隔內著郎世寧酌量配畫古玩起稿呈覽。
七年（1742）二月二十日	太監高玉持出海子圖樣一張傳旨著郎世寧帶徒弟等往看道路樹木墻垣廟宇房間河道俱隨線法改正畫畫一副，長一丈三尺，寬六尺。
七年（1742）三月二十四日	郎世寧起得方壺勝景大寶座隔內古玩稿併做法應用輪簧木胎等處呈覽，奉旨准做，各件應用輪簧處俱著沙如玉做，再該做銅木胎等件，俱著造辦處家內匠役盡如意館成做。
七年（1742）四月初八日	首領開其里傳旨齋宮前殿東暖閣著郎世寧等畫油畫書格一張。
七年（1742）五月初三日	太監高玉傳旨建福宮敬勝齋西四間內照半畝園糊絹著郎世寧畫籐籮。
七年（1742）五月十八日	昭仁殿後殿溪邊假門口郎世寧奉旨畫油畫一張。

七年（1742）五月二十五日	太監高玉傳旨令畫樣人盧鑑、姚文漢幫助郎世寧畫咸福宮籐籮架。
七年（1742）八月二十三日	首領開其里傳旨靜怡軒仙樓上壁子二扇著郎世寧等畫格扇四扇，再圍屏檻框畫楠木色。
七年（1742）八月二十三日	太監高玉傳旨小三捲房床罩內玻璃鏡三面有走錫處挖去著郎世寧、王致誠畫油畫花卉起稿呈覽。
七年（1742）十月初五日	太監張明持出紫檀木插屏一座傳旨將背面玻璃鏡除下糊畫片一張，除下玻璃鏡另配做插屏一件，玻璃鏡著郎世寧起稿油畫一張，背面亦糊畫片一張。
七年（1742）十月十一日	太監高玉傳旨彙芳書院著郎世寧等畫油畫。
七年（1742）十月十一日	太監高玉傳旨九洲清宴殿內著郎世寧畫油畫三張。
八年（1743）三月初三日	司庫郎正培面奉上諭著郎世寧畫十駿大畫十副，不必佈景，起稿呈覽。
八年（1743）三月十五日	郎世寧畫得大畫一副呈覽奉旨著叫造辦處裱匠如意館托裱。
八年（1743）三月二十日	太監高玉傳旨唐岱、郎世寧、沈源著往香山、玉泉二處看其道路景界合畫大畫二副，長九尺、寬七尺，起稿呈覽。
八年（1743）五月十二日	太監張明傳旨著郎世寧畫十駿手卷一卷，佈景著唐岱畫。
八年（1743）五月二十九日	太監胡世傑傳旨著唐岱、郎世寧畫圍獵圖大畫一張，起稿呈覽。
八年（1743）六月十四日	太監張明傳旨著郎世寧畫大畫十幅，酌量起稿呈覽。
八年（1743）六月二十五日	太監胡世傑傳旨著唐岱、郎世寧再畫圍獵圖大畫一張，高一丈，寬六尺，照横披畫上款式佈景，起稿呈覽。
八年（1743）七月初一日	司庫郎正培面奉上諭著唐岱、郎世寧畫條畫十副。
八年（1743）十二月二十六日	太監張明傳旨著郎世寧畫油畫冊頁四冊，用雲母片畫。

九年（1744）三月二十五日	太監胡世傑傳旨保和太和仙樓下著郎世寧畫油畫一張，起稿呈覽。
九年（1744）五月十五日	太監張永泰傳旨著唐岱、郎世寧、孫祜每人各畫澄海樓橫披一張，起稿呈覽。
九年（1744）六月初五日	太監胡世傑傳旨萬方安和戲臺後面著郎世寧起稿呈覽。是日，做得木頭小樣一件併畫稿交太監張明轉呈御覽。奉旨准做，著匠役進如意館成做。
九年（1744）六月十六日	司庫白士秀等傳旨清輝閣圍屏上盆景著張為邦、王幼學用郎世寧的舊稿二張收小畫山水畫二張。
九年（1744）六月十七日	太監胡世傑持出雍和宮五福堂元光紙樣一張傳旨著郎世寧起美人稿，著張為邦、王幼學畫臉像，著丁觀鵬畫。
九年（1744）八月初一日	太監胡世傑傳旨景陽宮後殿西間板墻上著郎世寧畫油畫一張，起稿呈覽。
九年（1744）十月初一日	太監胡世傑持出御筆字一張傳旨著郎世寧畫萬芳安和戲臺後面清石地橫披填泥金字。
九年（1744）十一月二十一日	太監胡世傑傳旨著郎世寧畫大畫一副。
九年（1744）十二月二十二日	太監胡世傑交出一面玻璃罩蓋玳瑁盒一件傳旨著郎世寧在盒底上隨意畫一畫片隔玻璃看。
十年（1745）三月初三日	太監胡世傑傳旨弘德殿東暖閣北墻上著郎世寧畫畫一張，起稿呈覽。
十年（1745）三月十一日	太監胡世傑交出郎世寧絹畫一張，傳旨著郎世寧將畫上閃光去了。
十年（1745）三月十六日	司庫白世秀將絹畫一張去得閃光持進交太監胡世傑呈進。
十年（1745）三月二十日	太監胡世傑傳旨郎世寧、張為邦畫大像一副。
十年（1745）三月二十六日	太監胡世傑傳旨郎世寧畫大像一幅。
十年（1745）三月二十六日	太監胡世傑傳旨郎世寧、張為邦往玉蘭芬畫大畫一幅。

十年（1745） 七月初七日	太監胡世傑傳旨香山行宮亭子頂隔著郎世寧等即往起稿呈覽。
十年（1745） 七月十八日	太監胡世傑傳旨重華宮洋畫著郎世寧等重畫一遍。
十年（1745） 十月十七日	太監胡世傑傳旨香山行宮響水房內四面板墻連頂槅著郎世寧畫西洋畫，起稿呈覽。
十一年（1746） 二月三日	太監胡世傑傳旨著郎世寧、沈源、丁觀鵬合畫歲朝圖大畫一幅，高九尺五寸，寬六尺四寸，起稿呈覽。
十一年（1746） 閏三月初三日	太監胡世傑傳旨香山纓絡巖殿內畫得西洋畫上詩堂著郎世寧上騷青地填御筆泥金字。
十一年（1746） 五月十一日	總管劉滄洲持出油畫一張傳旨著郎世寧等添補收什。
十一年（1746） 五月十二日	太監胡世傑傳旨香山情賞為美著郎世寧等畫通景大畫一幅。
十一年（1746） 五月二十四日	太監胡世傑傳旨養心殿後殿通景大畫四幅著郎世寧起稿呈覽，樹石著周昆畫，花卉著余省畫。
十一年（1746） 七月二十六日	太監胡世傑傳旨著郎世寧、王幼學徒弟等西苑涵元殿北墻上畫通景大畫一張仙樓上畫畫二張。
十一年（1746） 七月二十六日	太監胡世傑傳旨奉三無私西墻上著郎世寧等照養心殿畫通景大畫二張。
十一年（1746） 八月初十日	太監胡世傑傳旨鑲絲手卷匣呈覽。是日，司庫白世秀將鑲絲手卷匣大小十件持進，交太監胡世傑呈覽奉旨將此上俱做出簽子的款式用四件大的著郎世寧畫手卷四卷。
十二年（1747） 二月初三日	太監胡世傑傳旨養心殿冬暖閣仙樓上著郎世寧等畫通景大畫一幅。
十二年（1747） 三月十七日	太監胡世傑交出陳容九龍圖一卷、宣紙一張傳旨著交郎世寧用此宣紙做九龍圖畫一張不要西洋氣。同日，太監胡世傑交出張雨森絹畫一張，傳旨陳容九龍圖不必用宣紙畫，問郎世寧愛用絹即照此畫尺寸用絹畫九龍圖一張，用紙畫即用本處紙照此畫尺寸畫九龍圖一張，不要西洋氣。

十二年（1747）四月二十六日	太監胡世傑傳旨清暉閣仙樓上面向西板墻上著郎世寧起稿畫通景畫一幅。
十二年（1747）四月二十九日	司庫郎正培奉旨司永齋穿堂內壁子著郎世寧二面畫通景畫二幅，其壁子上應開門處做銅壁子用銅護眼俱著韓起龍帶造辦處匠役成做。
十二年（1747）五月二十四日	太監胡世傑傳旨長春園思永齋超廊圓光門二面畫連棚子頂子柱子俱著郎世寧起稿。
十二年（1747）五月二十六日	太監胡世傑傳旨長春園中所頭層殿西墻著郎世寧照喀拉河屯畫過的意思起稿畫通景畫。
十二年（1747）六月二十日	太監胡世傑傳旨長春園八角亭俟蓋完時著郎世寧起稿畫通景連柱子畫。
十二年（1747）七月十八日	郎世寧將畫得長春園八角亭西洋通景小稿一張由司庫郎正呈覽奉旨照樣准做。
十二年（1747）十月二十三日	太監胡世傑傳旨著郎世寧畫十俊大狗十張。
十二年（1747）十一月初一日	太監胡世傑傳旨將噶爾丹策楞進的馬著郎世寧、王致誠、艾啟蒙各畫馬一匹。
十三年（1748）三月二十七日	太監胡世傑交出鹵簿大駕圖二卷，法駕鹵簿漢字摺一件傳旨太和殿太和門等著郎世寧起稿，著王幼學將漢字摺內所有增補添儀仗添入卷內，卷內有黃簽子減去者不必畫，先起稿呈覽。
十三年（1748）三月二十八日	太監胡世傑交出宣紙二十張傳旨著郎世寧將十駿馬圖並十駿狗俱收小用宣紙畫冊頁二冊，樹石著周昆畫，花卉著余省畫。
十三年（1748）四月初二日	郎世寧、王幼學照漢字摺內添改畫得鹵簿大駕樣一卷持進交太監胡世傑呈覽，奉旨照樣准用絹畫。
十三年（1748）四月初八日	太監胡世傑傳旨養心殿後殿三面墻棚頂著郎世寧起通景畫稿呈覽。
十三年（1748）五月初九日	太監胡世傑交出百駿圖一卷傳旨著郎世寧用宣紙畫百駿手卷一卷，樹石著周昆畫，人物著丁觀鵬畫。
十三年（1748）五月二十三日	太監胡世傑交出觀窑三足爐一件傳旨著郎世寧按破處找補顏色。

十三年（1748）六月十二日	太監胡世傑傳旨長春園思永齋戲臺上著郎世寧起稿呈覽。
十三年（1748）六月二十四日	郎世寧將觀窑三足爐一件按破處找補得顏色交栢唐阿英敏送赴圓明園司房。
十三年（1748）六月二十四日	太監胡世傑傳旨長春園含經堂照背後著郎世寧照靜宜園情賞為美起廊內油畫起稿畫通景畫。
十三年（1748）七月十一日	郎世寧得長春園思永齋戲臺通景小稿一分，司庫郎正培等呈覽奉旨照樣准畫。
十三年（1748）七月十七日	太監胡世傑傳旨郎世寧仿木蘭圖畫畫一副高一丈寬六尺，落款寫現今官銜。
十三年（1748）閏七月二十八日	太監胡世傑交居均釉雙耳瓶一件宣紙一張傳旨郎世寧照樣用宣紙畫一張，不要此瓶，另畫好款式瓶。
十三年（1748）八月初四日	太監胡世傑交出黃紙條尺寸二件傳旨盤山中所澹懷堂後殿東墻面西板墻上著郎世寧照尺寸起稿呈覽准時畫通景畫。
十三年（1748）八月初六日	太監胡世傑傳旨雙鶴齋後殿東進間西墻上著郎世寧起稿呈覽准時畫通景畫。
十三年（1748）八月初六日	太監胡世傑傳旨暢春園蕊珠院著郎世寧起稿畫通景畫。
十三年（1748）八月十四日	太監胡世傑傳旨暢春園集鳳軒著郎世寧照長春園含經堂通景畫的意思起稿呈覽畫通景畫。
十三年（1748）九月初四日	郎世寧畫得雙鶴齋通景小稿一張，奉旨照樣准畫。
十三年（1748）九月三十日	太監胡世傑交出塞樂蓋狗一個傳旨著郎世寧畫樣呈覽。
十三年（1748）十月初一日	郎世寧照塞樂蓋狗畫得小稿一張太監王紫雲持去太監胡世傑呈覽奉旨照樣准畫。
十四年（1749）正月二十八日	庫掌郎正培等將郎世寧、周昆畫得盤山行宮松雲意小稿二張呈覽奉旨郎世寧通景畫准畫，其周昆通景畫不必畫。
十四年（1749）二月初五日	郎世寧畫得暢春園集鳳軒通景畫奉旨就照長春園含經堂通景畫畫一分。

十四年（1749）二月十五日	郎世寧畫得暢春園蕊珠院通景畫呈進。
十四年（1749）四月初三日	郎世寧畫得塞樂蓋狗呈進。
十四年（1749）四月初五日	太監胡世傑交出舊色新宣紙一張傳旨著郎世寧用新宣紙畫百鹿手卷一卷，樹石著周昆畫。
十四年（1749）四月十一日	司庫郎正培等奉旨養心殿西暖閣向東門內通景畫案下著郎世寧添畫魚缸缸內畫金魚。
十四年（1749）四月十六日	太監胡世傑傳旨養心殿西暖閣向東門內中間玻璃吊屏內襯騷青地著郎世寧畫山水畫。
十四年（1749）四月十九日	靜宜園物外超然後抱廈三間雙棚頂著郎世寧起通景畫稿呈覽。
十四年（1749）四月二十五日	太監胡世傑傳旨著郎世寧先畫第四卷平川圖手稿。
十四年（1749）五月初十日	太監胡世傑傳旨懷清芬東近間後面向西東墻有通景油畫起下有用處用著郎世寧另起通景畫稿東稍間向東西墻上亦著郎世寧起通景稿呈覽准時俱用絹畫山水畫通景。
十四年（1749）六月十三日	總管太監王常貴交出新畫紙木蘭圖一幅舊畫絹木蘭圖一幅傳旨新畫紙木蘭圖與舊木蘭圖較之地名舊圖上有，新圖上沒有，新圖上有，舊圖上又沒有，著郎世寧同劉松齡、傅作霖斟酌准照舊圖上山式另畫木蘭圖一幅。
十四年（1749）六月二十五日	郎世寧畫得懷清芬通景小稿二張，郎正培等呈覽，奉旨照樣准畫。
十四年（1749）六月二十六日	太監胡世傑交出斗方白絹七十九幅傳旨著郎世寧、王致誠、艾啟蒙、丁觀鵬、周鯤、張為邦、姚文瀚、余穉、王幼學、張廷彥、張廉福等人各照數目尺寸畫絹斗方。
十四年（1749）七月初五日	郎世寧遵旨照含經堂畫得暢春園集鳳軒通景畫一分呈進。
十四年（1749）八月初九日	郎世寧畫得盤山行宮通景畫呈進。

十四年（1749） 十月十三日	太監胡世傑傳旨雨香館後抱廈著郎世寧起通景畫稿呈覽。
十四年（1749） 十月十四日	郎世寧起得雨香館通景雙圓式稿交太監胡世傑呈覽奉旨照樣准畫。
十四年（1749） 十二月初四日	太監胡世傑傳旨著郎世寧畫油畫四幅。
十五年（1750） 四月二十二日	太監胡世傑傳旨太合保和東近間向北墻上著郎世寧起通景稿呈覽。
十五年（1750） 五月十七日	莊親王等奉上論著郎世寧、張為邦觀德殿畫大畫。
十五年（1750） 六月初八日	太監胡世傑交出西洋銅板手卷二卷傳旨長春園水法大殿三間東西稍四間遊廊十八間東西亭子二間棚頂連墻俱著郎世寧倣卷內款式起通景畫稿呈覽。
十五年（1750） 六月二十五日	太監胡世傑傳旨去年冬間著郎世寧畫的熱河總圖稿著周鯤、張鎬起准稿時用絹畫一幅。
十五年（1750） 十一月三十日	郎世寧起得長春園水法大殿通景小稿四張，郎正培等呈覽奉旨照樣准畫著王致誠放大稿。
十五年（1750） 十二月二十日	太監胡世傑傳旨靜宜園煙霏蔚秀仙樓上四面著郎世寧起通景畫稿。
十五年（1750） 十二月二十四日	郎世寧起得靜宜園通景畫稿四張，員外郎郎正培呈覽，奉旨准畫。
十六年（1751） 正月初六日	內務府大臣將燙得樂壽堂安裝修樣一座持進交太監胡世傑呈覽，奉旨樂壽堂東二間隔斷仙樓照樣准做，其烟霏蔚秀亦照此樣即便改做安裝四面板墻以及仙樓上三面交郎世寧畫通景畫俟樂壽堂安裝得時亦照此畫通景畫。
十六年（1751） 二月二十三日	內務府大臣三和持出永安寺半山房盪胎房樣一件傳旨著郎世寧畫通景畫起稿呈覽。
十六年（1751） 閏五月十三日	太監胡世傑傳旨蓬島瑤臺手卷式畫山水畫門一座著郎正培帶韓起龍拆去木邊有蟲蛀處另換楠木將門邊不用糊錦糊絹著郎世寧畫手卷式包首將門上山水畫另換一張著徐揚畫仙鶴桃樹，其餘收拾見新。

十六年（1751）閏五月十四日	太監胡世傑傳旨怡性軒西面墻著郎世寧畫通景畫一張先起稿呈覽。
十六年（1751）閏五月十六日	太監胡世傑傳旨長春園湖中鏡畫畫一張著郎世寧起稿。
十六年（1751）閏五月十七日	郎世寧起得怡性軒通景小稿一張呈覽奉旨照樣准畫。
十六年（1751）六月十五日	郎世寧等畫西洋法子陳設紙樣稿二張呈覽奉旨照樣准做著西洋人楊自新、席澄源帶領匠役在如意館做應用材料向造辦處要。
十六年（1751）八月二十五日	太監劉成持出白紙樣一張，太監胡世傑傳旨兩間房行宮內三捲棚後間向東西曲尺西墻著郎世寧等通景大畫。
十六年（1751）九月初十日	內務府大臣三和傳旨萬壽山樂壽堂後遊廊著郎世寧起稿畫一色山水畫。
十六年（1751）十月十二日	太監胡世傑傳旨九洲清宴仙樓東西二面著郎世寧、丁觀鵬起稿通景畫二張准時再畫。
十六年（1751）十月十九日	員外郎郎正培將畫得仙鶴桃樹畫等持進交太監張永泰張貼。
十六年（1751）十月二十一日	郎世寧、丁觀鵬起得人物畫稿二張交太監胡世傑呈覽奉旨准畫，人物著丁觀鵬、姚文翰畫、花卉著余省畫，山石著張宗滄畫，界畫著張稿〔鎬〕畫，花卉隔扇著王幼學畫。
十六年（1751）十一月十七日	太監胡世傑交出萬年歡陳設一分傳旨著送往如意館交郎世寧陳設在如意館俟朕到時呈覽。
十六年（1751）十二月初七日	郎世寧將萬年歡陳設更改做法燙得合牌小樣一件交太監胡世傑呈覽奉旨水法座子改銅胎撒鍍金鴛鴦做法瑯的，其餘俱准做。
十七年（1752）七月二十日	內務府大臣三和等奉旨淑清院日知閣南墻著郎世寧畫通景畫。
十八年（1753）五月十三日	太監胡世傑傳旨水法殿西平臺桌案上添玻璃燈一對著郎世寧畫樣呈覽。
十八年（1753）五月十三日	太監胡世傑交出金胎法瑯鐘表四件，金胎法瑯盒四件，傳旨著郎世寧按西洋樣款起稿配做座子四件。

十八年（1753）五月十五日	郎世寧畫得西洋式玻璃等紙樣二張呈覽奉旨照樣准做，其應用材料匠役向造辦處要。
十八年（1753）五月十九日	郎世寧起得金胎法瑯鐘表盒西洋樣款座子小稿四張呈覽奉旨照樣著在如意館成做。
十八年（1753）五月二十四日	太監胡世傑傳旨水法殿西平臺陳設漆香几四件著郎世寧照此高矮另畫西洋樣款呈覽。
十八年（1753）五月二十五日	太監胡世傑傳旨昭仁殿後虎座著郎世寧起稿畫通景畫。
十八年（1753）五月二十七日	郎世寧畫得西洋式香几紙樣一張交郎正培等呈覽奉旨著照樣成做四件在如意館成做。
十八年（1753）六月二十八日	太監胡世傑交尺寸紙樣一張傳旨熱河惠迪吉戲臺著郎世寧照尺寸紙樣起稿畫通景大畫，務於出外之前趕得隨兩間房大畫一併貼去。
十八年（1753）七月初五日	太監胡世傑傳旨慎修思永鑑光樓上東進間南墻著郎世寧起稿畫通景畫。
十八年（1753）七月十一日	太監胡世傑傳旨含經堂西進間畫墻著郎世寧畫通景大畫。
十八年（1753）七月十一日	太監胡世傑傳旨著郎世寧畫油畫臉像二副做紫檀木邊掛屏二件隨托掛釘倒環。
十八年（1753）十一月初三日	太監胡世傑傳旨諧奇趣東西遊廊兩進間三面墻棚頂並吊屏九幅俱著郎世寧等畫西洋畫。
十九年（1754）二月二十四日	太監胡世傑傳旨諧奇趣東平臺九屏峯背後現貼西洋來使把哲格臉像著郎世寧查在京出力多年有畫過臉像西洋人配畫十七個。郎世寧查得現有畫過臉像西洋人十四個呈覽，奉旨著十四人之內揀去三個將現在內廷行走郎世寧等六十畫上。
十九年（1754）三月初七日	太監胡世傑傳旨雙鶴齋前殿西墻將張為邦熱河臨來焦秉貞畫稿著郎世寧週圍放出照西墻尺寸起通景畫稿眾徒弟們幫畫著王致誠畫臉像。
十九年（1754）三月初七日	太監胡世傑傳旨雙鶴齋著郎世寧仿焦秉貞畫大畫一幅著用上好騷青。
十九年（1754）三月二十七日	太監胡世傑傳旨澹泊寧靜著郎世寧畫哨鹿賦一張起稿呈覽。

十九年（1754）四月初四日	太監胡世傑交出宣德御筆白猿圖一軸傳旨著交郎世寧將白猿臨下。
十九年（1754）閏四月十六日	員外郎郎正培等奉旨郎世寧畫的宣紙臉像著節長配畫哨鹿圖手卷一卷。
十九年（1754）十月二十八日	太監胡世傑傳旨永安寺看畫廊裡間著郎世寧起稿連糊頂畫通景畫。
十九年（1754）十一月初一日	郎世寧起得永安寺四面墻曲尺影壁連糊頂通景畫小稿呈覽，奉旨照樣准畫。
二十年（1755）正月十一日	啟祥宮做得熊皮大熊一隻四尺餘高，一丈餘長呈覽，奉旨此熊大小是了，其熊眼著郎世寧指視，再將前做得小熊拆開，另做九尺餘長大熊一隻。
二十年（1755）二月初六日	奉旨西洋人郎世寧等畫成油畫阿穆爾薩那等臉像十一副照先畫過臉像一樣鑲錦邊。
二十年（1755）二月二十二日	郎世寧遵旨畫油畫臉像做紫檀木邊掛屏，員外郎郎正培將掛屏二件交進。
二十年（1755）二月二十七日	太監胡世傑傳旨諧奇趣東西遊廊八方亭進間棚頂著郎世寧畫。
二十年（1755）三月十九日	太監胡世傑交紫檀木邊鑲法瑯片插屏一件，傳旨著郎世寧起行圍圖稿一幅准時用白絹畫。
二十年（1755）三月二十六日	副催總李文照將郎世寧等畫成油畫阿穆爾薩那等臉像十一分鑲得錦邊交如意館。
二十年（1755）四月初十日	郎世寧遵旨視成做大熊安設在雍和宮。
二十年（1755）五月初九日	員外郎郎正培奉旨熱河卷阿勝境東西兩山墻著郎世寧、王致誠、艾啟蒙等畫筵宴圖大畫二幅。
二十年（1755）五月二十九日	郎世寧畫得白絹行圍圖畫一副呈進。
二十年（1755）六月十二日	首領桂元交出觀文催蓬冊頁一頁傳旨著郎世寧畫御容。
二十年（1755）七月初一日	郎世寧畫御容畫完，由員外郎郎正培交進。
二十年（1755）七月初十日	郎世寧等畫得熱河卷阿勝境筵宴圖大畫二幅，由員外郎白世秀送往熱河張貼。

二十年（1755） 七月十二日	西洋人郎世寧看得諧奇趣東西遊廊並大殿等處棚頂有滲漏變色處須得找補收拾，由員外郎郎正培奏聞奉旨准其找補收拾。
二十年（1755） 七月二十七日	總管太監王常貴傳旨著郎世寧畫愛玉史油畫臉像一幅。
二十年（1755） 七月二十八日	催總德魁等面奉諭旨著郎世寧畫愛玉史得勝營盤大畫一幅，再將愛玉史臉像畫跑馬扎鎗式宣紙手卷一卷。
二十年（1755） 八月初三日	太監胡世傑傳旨正大光明殿內東墻上著郎世寧用白絹畫愛玉史等得勝圖橫披大畫一張，西墻上著汪由敦配橫披字一張，交造辦處做壁子二面要三寸錦邊隨托釘倒環。
二十年（1755） 八月初五日	太監胡世傑傳旨西洋人郎世寧等三人俟出哨回鑾至熱河前一日著伊等前去預備畫油畫將油畫臉像一併帶去。
二十年（1755） 八月初九日	員外郎郎正培將郎世寧畫得愛玉史跑馬扎鎗式手卷一卷呈進。
二十年（1755） 十月二十一日	太監胡世傑傳旨熱河滄浪嶼東間北墻著郎世寧起通景畫稿呈覽，准畫時再畫。同日，郎世寧起得通景畫小稿一張呈覽奉旨照樣准畫。
二十年（1755） 十一月十七日	太監胡世傑傳旨立刻預備杉木征子一個礬絹一塊著郎世寧、張為邦、張廷彥在咸福宮畫大畫一張手卷一卷。
二十年（1755） 十一月二十八日	太監胡世傑傳旨愛玉史得勝圖橫披大畫不必用壁子，畫得時著鑲三寸邊貼東墻上。
二十一年（1756） 三月二十九日	員外郎郎正培將郎世寧等在咸福宮畫得大畫一張，手卷一卷呈進。
二十一年（1756） 四月初一日	郎世寧奉旨畫達窪齊油畫臉像。
二十一年（1756） 四月初二日	郎世寧看得諧奇趣東西遊廊及大殿等處棚頂有滲漏變色處遵旨找補收拾好完。
二十一年（1756） 四月初二日	諧奇趣東西遊廊八方亭進間棚頂郎世寧遵旨畫完張貼。

二十一年(1756)四月初七日	太監胡世傑傳旨長春園諧奇趣東邊著郎世寧起西洋式花園地盤樣稿呈覽，准時交圓明園工程處成造。同日，郎世寧起得西洋式花園式小稿一張呈覽，奉旨照樣准造，其應用西洋畫處著如意館畫通景畫。
二十一年(1756)四月十五日	太監胡世傑傳旨含經堂西所涵光室殿內圍屏八扇著郎世寧畫西洋水法人物花卉通景畫一幅起稿呈覽。
二十一年(1756)五月二十日	如意館將珊瑚人一件呈覽奉旨著郎世寧照西洋樣式配做陳設一件。
二十一年(1756)五月二十四日	太監胡世傑交出瑪瑙片四片傳旨著郎世寧照西洋樣式配做陳設。同日，郎世寧畫得盃樣一張，盒子樣三張呈覽，奉旨照樣准做。
二十一年(1756)八月初六日	郎世寧畫得熱河滄浪嶼東間北墻通景畫二張由催總王幼學持赴熱河張貼。
二十一年(1756)十一月十四日	郎世寧遵旨畫得杏花春館通景棚頂托貼完竣。
二十一年(1756)十二月初五日	太監胡世傑交出郎世寧畫松鷹一張傳旨著裱做掛軸。
二十二年(1757)正月初五日	太監張良棟持出郎世寧畫白鷹一軸配做冊頁。
二十二年(1757)正月初五日	太監胡世傑傳旨瀛臺聽鴻樓下東墻用張宗蒼絹畫山水一張其高寬不足著方琮用絹接補找畫，西墻用郎世寧絹畫得勝圖一張，其高寬不足亦著王方岳用絹接補找匠速辦。
二十二年(1757)正月十一日	太監胡世傑傳旨瀛臺愛翠樓梯著郎世寧仿岑華閣畫。
二十二年(1757)四月二十九日	王幼學將郎世寧畫得杏花春館棚頂石紋托枋柱子持赴杏花春館張貼。
二十二年(1757)五月十七日	員外郎郎正培等奉旨新建水法西洋樓著郎世寧等先畫三間樓棚頂週圍墻壁上通景大畫。
二十二年(1757)六月初五日	郎世寧畫得通景畫一張由催總王幼學持赴靜明園岑華閣張貼。
二十二年(1757)七月十一日	太監胡世傑交出宣紙九張傳旨萬壽山圍屏著郎世寧、余省、徐揚、金廷標各畫荷花二張。

二十二年(1757) 十月初十日	郎世寧面奉諭旨新建水法西洋樓鐵門紙樣一張交造辦處照花樣成做著西洋人楊自新指說。
二十二年(1757) 十月十四日	太監胡世傑傳旨著郎世寧用宣紙畫白鷹一架。
二十二年(1757) 十一月初九日	太監胡世傑傳旨著郎世寧用宣紙畫白鷹一架,其鷹架簾子錦袱俱著姚文翰畫。
二十二年(1757) 十一月十七日	太監胡世傑傳旨彙芳書院眉月軒畫過西洋景大畫上棚頂著郎世寧去看隨外邊線法添畫倭子紙。
二十二年(1757) 十一月二十七日	太監張良棟持出御筆郎世寧宣紙海青畫一張,傳旨郎世寧宣紙海青畫裱掛軸一軸。
二十二年(1757) 十二月初九日	太監胡世傑傳旨著郎世寧、姚文翰、方琮、金廷標用白絹合畫倣張問馬圖一幅。
二十三年(1758) 四月十四日	太監胡世傑傳旨九洲清宴東西兩稍間南北墻上著郎世寧等畫通景畫四張。
二十三年(1758) 四月二十七日	太監胡世傑傳旨雙鶴齋前殿西墻著郎世寧、金廷標畫大畫一幅。
二十三年(1758) 五月初八日	太監胡世傑傳旨含經堂芸暉屋後抱厦明三間內著郎世寧等照物外超然後抱厦通景畫一樣畫畫。
二十三年(1758) 六月十五日	太監胡世傑傳旨涵雅齋西間東墻著郎世寧用白絹畫天鵝橫披畫一張。
二十三年(1758) 七月初二日	太監胡世傑傳旨寶相寺倒座樓上用畫斗一張著郎世寧合畫天鵝一張，用白絹畫。
二十三年(1758) 七月初五日	太監胡世傑傳旨思永齋東所樓下著郎世寧照彙芳書院眉月軒西洋景樣式亦畫西洋通景畫。
二十三年(1758) 七月初五日	太監胡世傑傳旨雙鶴齋後殿現有通景大畫著郎世寧改其樣式另畫通景大畫一分。
二十三年(1758) 七月初九日	太監胡世傑交出絹畫上圓下方圍屏二扇,傳旨將圓光山下換花卉一張,著徐揚畫圓光花卉,下換山水一張著王炳畫，其換下郎世寧畫馬鹿二張裱掛軸二軸。
二十三年(1758) 七月十二日	太監胡世傑傳旨著郎世寧畫開屏孔雀大畫一軸補景著方琮、金廷標合筆用白絹畫。
二十三年(1758) 七月十四日	太監胡世傑傳旨著郎世寧用白絹畫八駿馬手卷一卷，通高一尺，起稿得時由報帶去呈覽。

二十三年（1758）七月二十三日	由報帶去如意館郎世寧畫得八駿圖紙稿一張呈覽奉旨將第三匹改畫正面的，其餘准畫，改得時即將此一匹稿子發來呈覽。
二十三年（1758）七月二十九日	將郎世寧畫得馬稿一張持進太監胡世傑呈覽奉旨照樣准畫。
二十三年（1758）九月二十九日	首領桂元交出郎世寧紙畫菊花一張傳旨著裱掛軸一軸。
二十三年（1758）十月初三日	太監胡世傑傳旨瀛臺寶月樓著郎世寧等眉月軒畫西洋式璧子隔斷線法畫一樣畫。
二十三年（1758）十月初四日	太監胡世傑傳旨瀛臺聽鴻樓下東墻著郎世寧、方琮用白絹畫叢薄行詩意。
二十三年（1758）十月十四日	太監胡世傑傳旨畫舫齋後金板墻著郎世寧用白絹畫大閱圖大畫一幅。
二十三年（1758）十月二十四日	太監胡世傑傳旨著郎世寧、金廷標做從前畫過準噶爾貢馬圖另起手卷稿得時持赴南苑呈覽准時著色畫。
二十三年（1758）十一月二十五日	首領桂元交出郎世寧絹畫八駿橫披一張傳旨郎世寧畫八駿橫披畫一張裱手卷三卷。
二十四年（1759）三月初十日	太監胡世傑交出瑪瑙盒蓋二件，瑪瑙片二塊、珊瑚人一件、西洋法瑯盒一件，傳旨著郎世寧畫樣呈覽，奉旨瑪瑙片配做瑪瑙盒一對交法瑯處成做。
二十四年（1759）三月十三日	太監胡世傑交出郎世寧絹畫夜景大畫一張，傳旨著鑲藍綾邊托貼。
二十四年（1759）三月二十二日	太監胡世傑傳旨五福堂桃花春一溪樓下南稍間板墻著郎世寧起通景畫稿急速就畫。
二十四年（1759）六月十六日	首領董五經交出御題郎世寧宣紙橫披畫一張，傳旨著交如意館裱手卷一卷。
二十四年（1759）六月十七日	太監胡世傑傳旨瑪瑺小臉像手卷著郎世寧放長再畫一卷。
二十四年（1759）六月十八日	太監胡世傑傳旨郎世寧、金廷標合畫天鵝大畫一張著交造辦處在寶相寺倒座樓上去貼。
二十四年（1759）六月三十日	太監胡世傑傳旨多稼軒東稍間對玻璃鏡西墻一面著郎世寧起通景畫稿。

二十四年（1759）閏六月二十五日	首領桂元交出御題郎世寧宣紙橫披畫宣紙花卉繪各一張，傳旨著將郎世寧橫披畫裱手卷一卷，花卉畫裱掛軸一軸。
二十四年（1759）九月二十五日	太監胡世傑傳旨著郎世寧畫和雞大畫一幅。
二十四年（1759）十月十九日	太監胡世傑傳旨畫舫齋著郎世寧照霍雞尺寸用白絹畫青羊一幅，補景著方琮畫。
二十五年（1760）二月初七日	太監胡世傑交出郎世寧舊絹方元斗方二張，傳旨著交如意館裱天元地方掛軸一軸。
二十五年（1760）二月十九日	首領桂元交出郎世寧絹畫花卉圓光一張斗方一張，傳旨將郎世寧花卉圓光畫一張斗方畫一張，俱用耿絹挖嵌裱掛軸。
二十五年（1760）三月二十一日	太監胡世傑傳旨新建水法西洋樓門內八方亭棚頂著郎世寧等畫西洋畫。
二十五年（1760）四月十八日	太監胡世傑傳旨著郎世寧起伊犁人民投降追取霍集占首級黑水河打仗阿爾楚爾打仗獻俘郊勞豐澤園筵宴，共畫七張，用絹畫。
二十五年（1760）五月二十五日	太監胡世傑傳旨郎世寧畫得霍雞、青羊大畫二張著金廷標用白絹照尺寸另畫二張。
二十五年（1760）六月初十日	太監胡世傑交出玻璃盞八件傳旨著郎世寧配蓋起西洋畫樣稿俟候呈覽。同日，起得西洋畫花樣玻璃盞蓋稿一件呈覽奉旨著交造辦處照樣用銀台鈒鍍金成做。
二十五年（1760）八月初八日	太監胡世傑傳旨新建水法十一間樓後殿西洋式棚頂三間連墻窓戶頂門桶著郎世寧等畫通景畫。
二十五年（1760）八月初十日	郎中白世秀等將玻璃盞八件佩得銀鍍金台鈒蓋持進。
二十五年（1760）八月十四日	首領桂元交郎世寧宣紙八駿圖橫披畫一張傳旨著交如意館裱手卷一卷。
二十五年（1760）八月十七日	太監胡世傑傳旨萬方安和殿內著郎世寧畫黑猿大畫一幅，樹石著金廷標畫，高一丈二尺四寸，寬五尺。
二十五年（1760）八月十七日	太監胡世傑傳旨同樂園殿內著郎世寧照洋猴畫畫一幅，樹石著金廷標畫，高三尺五寸，寬三尺。

二十五年（1760）十月二十三日	太監胡世傑交出郎世寧畫青羊、霍雞畫傳旨裱掛軸。
二十五年（1760）十一月初三日	郎世寧畫得萬方安和黑猿畫一幅呈覽奉旨交造辦處托貼。
二十五年（1760）十一月初三日	首領桂元交出郎世寧絹畫一張，瑞樹圖冊頁一套，黃繡緞片大小十六片傳旨著將郎世寧絹畫裱掛軸一軸，黃繡緞片心裱歲軸十六軸，瑞樹圖冊頁收拾蟲蛀處。
二十五年（1760）十一月二十日	太監胡世傑傳旨將郎世寧所畫青羊、霍雞先取來在畫舫齋原處貼，俟金廷標青羊、霍雞畫得時將郎世寧所畫青羊、霍雞換下裱掛軸。
二十五年（1760）十二月初六日	太監胡世傑傳旨著郎世寧、張為邦、張廷彥用絹畫大畫一幅，畫得時裱掛軸。
二十六年（1761）正月初九日	太監胡世傑交出郎世寧等絹畫大掛軸三軸傳旨著交啟祥宮改做。
二十六年（1761）正月二十五日	太監胡世傑交出郎世寧等絹畫大畫一幅傳旨托紙。
二十六年（1761）三月二十五日	太監胡世傑傳旨著郎世寧起雪獵稿一張張叢薄行稿另行改畫一張，得時用絹即畫。
二十六年（1761）四月初九日	員外郎安泰等面奉諭旨新建水法十一間等處原來西洋毯子著郎世寧等仿畫。
二十六年（1761）五月十二日	員外郎安泰等面奉諭旨新建水法十一間樓下明間內西進間週圍墻連棚頂俱著郎世寧起稿畫通景畫。
二十六年（1761）五月二十九日	太監胡世傑傳旨著郎世寧、艾啟蒙畫油畫四幅，得時做紫檀木西洋式掛屏四件。
二十六年（1761）六月初九日	太監胡世傑傳旨現畫油畫掛屏四件著照尺寸再添畫油畫掛屏一件。
二十六年（1761）十月十七日	太監胡世傑傳旨郎世寧原畫孔雀大畫一幅照秀清村竹密山齋西進間北墻尺寸畫，畫得時交造辦處托貼。
二十六年（1761）十月十九日	太監胡世傑傳旨著郎世寧畫虢貍狗照杜羅斯一樣畫法成做，得時在水法陳設。
二十六年（1761）十二月十八日	太監胡世傑傳旨著郎世寧、張為邦恭畫皇太后御容。

二十七年(1762)五月初五日	太監胡世傑傳旨十一間樓南北進間著郎世寧等起稿畫西洋式棚頂墻壁俱畫通景畫。
二十七年(1762)六月十一日	太監胡世傑傳旨將郎世寧起得得勝圖小稿十六張著姚文瀚仿畫手卷四卷。
二十七年(1762)十月二十五日	太監如意傳旨金廷標起稿著郎世寧用白絹畫御容一幅。
二十七年(1762)十月二十九日	太監如意傳旨著郎世寧用白絹照安佑宮聖容畫世宗皇帝聖容一幅，得時裱掛軸。
二十八年(1763)二月十八日	太監如意傳旨著郎世寧畫關防絹畫。
二十八年(1763)三月十五日	太監如意傳旨著郎世寧畫鷴雉絹畫一幅。
二十八年(1763)三月十五日	裱得郎世寧畫世宗皇帝聖容一幅掛軸奉旨著配囊，造辦處配楠木匣子糊軟裡子盛裝。
二十八年(1763)四月二十五日	太監榮世泰傳旨接秀山房澄練樓樓下南間南墻著郎世寧畫得御容。
二十八年(1763)五月十二日	首領董五經交出御題郎世寧畫馬一張傳旨著裱手卷。
二十八年(1763)九月二十六日	首領董五經交出郎世寧畫愛烏罕四駿手卷一卷傳旨著交如意館配袱發往南邊。
二十八年(1763)九月二十九日	太監胡世傑交出郎世寧畫鷴雉絹挑山一張傳旨交啟祥宮裱掛軸。
二十九年(1764)二月十九日	首領董五經交出郎世寧群馬畫一張傳旨裱掛軸。
二十九年(1764)四月初四日	首領董五經交出郎世寧畫鷴雉掛軸一軸傳旨交如意館配囊。
二十九年(1764)四月初十日	首領董五經交出郎世寧畫群馬畫掛軸一軸傳旨交如意館配囊。
二十九年(1764)五月初二日	太監如意傳旨著郎世寧畫白鷹絹畫一幅，方琮畫樹石。
二十九年(1764)七月初五日	首領董五經交出郎世寧畫白海青畫一張傳旨裱掛軸。

二十九年（1764） 七月十二日	太監胡世傑交線法景合牌畫片一分傳旨玉玲瓏館照殿九間西六間著郎世寧照合牌畫片放大稿線法有應改處更改准時用絹畫一分其應用壁子木片隨工辦理銅片活計如意館成做。
二十九年（1764） 十月二十五日	太監胡世傑傳旨平定伊犁等處得勝圖十六張著郎世寧起稿得時呈覽陸續交粵海關監督轉交法郎西雅國著好手人照稿做銅板其如何做法即著郎世寧寫明一併發去。
二十九年（1764） 十月二十五日	首領董五經交郎世寧絹畫白海青掛軸一軸傳旨著配囊。
三十年（1765） 正月初五日	喀爾喀多羅貝勒阿約爾進白鷹一架，同日奏事太監高昇傳旨著郎世寧畫圖。
三十年（1765） 正月初九日	郎世寧、姚文瀚合起得白鷹畫稿一張呈覽奉旨准畫。
三十年（1765） 四月二十二日	太監胡世傑交出郎世寧絹畫白海青一張傳旨裱掛軸。
三十年（1765） 五月十七日	圓明園總管大臣三五傳旨玉玲瓏館新建殿五間著郎世寧畫西洋線法畫。
三十年（1765） 五月十七日	太監胡世傑傳旨西洋人郎世寧等四人起得勝圖稿十六張著丁觀鵬等五人用宣紙照原稿著色畫十六張。
三十年（1765） 六月十六日	郎中德魁傳諭將西洋人郎世寧等四人畫得得勝圖稿十六張內先畫得四張，並漢字旨意帖一件、信帖一件、西洋字帖四件交太監胡世傑呈覽奉旨著交王常貴交軍機處發往粵海關監督方體浴遵照辦理。
三十年（1765） 七月初六日	太監榮士泰傳旨含經堂現安時樂鐘一架著如意館照樣配做一件裡面安轉盤活動人物。同日，郎世寧畫得紙樣一張交太監胡世傑呈覽奉旨活動人物著席澄源做。
三十年（1765） 七月初七日	太監胡世傑傳旨郎世寧現起鶴齋東五間內殿線法畫稿著伊另起不要走過人去。
三十年（1765） 十一月初八日	太監胡世傑傳旨養心殿西暖閣三希堂向西畫門著金廷標起稿，郎世寧畫臉，得時仍著金廷標畫曲尺。

三十年（1765）十一月初十日	太監如意傳旨玉玲瓏館鶴安齋東五間中間八方棚頂照郎世寧小稿樣准畫，其花盆著畫八樣花，東五間殿前西稍間八方門著畫油畫。
三十一年（1766）八月十二日	首領董五經交出山心精舍無地方郎世寧絹畫一張傳旨交如意館裱掛軸一軸，在京內呈進。
三十一年（1766）十一月十九日	首領董五經交出郎世寧雪板牧歸一軸傳旨著配囊。
三十一年（1766）十二月二十二日	首領董五經交出郎世寧畫馬絹畫一張傳旨著裱掛軸。
三十二年（1767）三月初二日	首領董五經交出郎世寧白猿絹畫一張奉旨裱掛軸一軸。
三十二年（1767）六月十二日	首領董五經交出郎世寧畫白猿掛軸一軸傳旨著配囊。
三十二年（1767）七月初四日	首領董五經交出郎世寧八駿圖掛軸一軸傳旨著配囊。
三十二年（1767）十一月初五日	太監胡世傑交出郎世寧畫大馬掛軸三軸傳旨著安德義照郎世寧畫法配畫大馬五幅。
三十四年（1769）六月二十日	太監胡世傑交出八駿馬小稿八張，傳旨著安德義照此小稿放大先畫此八駿，俟駕幸熱河有好馬再選二匹，配畫十駿。

資料來源：《清宮內務府造辦處檔案總匯》，1-32 冊，中國第一歷史檔案館、香港中文大學文物館合編。

郎世寧來華供職內廷的藝術創作活動，多見於《活計檔》，根據《活計檔》製作簡表，較易查閱。郎世寧設色畫百駿馬，牧放郊野，平岡淺草，各極其態。原畫款：「雍正六年歲次戊申仲春，臣郎世寧恭繪。」查閱簡表可知，雍正二年（1724）三月初二日，怡親王允祥諭著郎世寧畫百駿圖一卷。雍正十三年（1735）十一月十四日，內務府司庫常保等將著郎世寧畫得百駿圖一卷呈進。乾隆十三年（1748）五月初九日，太監胡世傑交出百駿圖一卷，傳旨著郎世寧用宣紙畫百駿手卷一卷，樹、石著周昆畫，人物著丁觀鵬畫。百駿圖手卷，由郎世寧畫馬，補景分別由周昆畫樹、石，丁觀鵬畫人物，屬於一種合筆畫。

八駿圖，設色畫烟柳坡陀，散馬八匹，牧者二人。《郎世寧作品專輯》繪畫年月不詳。查閱簡表可知，雍正九年（1731）二月二十二日，宮殿監副侍蘇培盛交出八駿馬畫一張，傳旨著托裱，於二月二十三日送進圓明園。乾隆二十三年（1758）七月十四日，太監胡世傑傳旨著郎世寧用白絹畫八駿馬手卷一卷，通高一尺。同年七月二十三日，郎世寧畫得八駿圖紙稿一張呈覽，奉旨將第三匹改畫正面的，其餘准畫，改得時即將此一匹稿子呈覽。同年十一月二十五日，首領桂元交出郎世寧絹畫八駿橫披一張，傳旨著裱手卷三卷。乾隆二十五年（1760）八月十四日，首領桂元交出郎世寧宣紙八駿圖橫披畫一張，傳旨著交出如意館裱手卷一卷。由《活計檔》的記載，可以了解八駿圖的繪製時間及其經過。

據《郎世寧作品專輯》記載郎世寧所繪十駿圖的繪製時間在乾隆八年癸亥（1743）。查閱《活計檔》記載，乾隆八年（1743）三月初三日，司庫郎正培面奉上諭著郎世寧畫十駿大畫十副，不必佈景，起稿呈覽。同年五月十二日，太監張明傳旨著郎世寧畫十駿手卷一卷，佈景著唐岱畫。乾隆十二年（1747）十一月初一日，太監胡世傑傳旨將準噶爾噶爾丹策楞進貢的馬著郎世寧、王致誠、艾啟蒙各畫馬一匹。乾隆十三年（1748）三月二十八日，太監胡世傑交出宣紙二十張，傳旨著郎世寧將十駿馬圖收小用宣紙畫冊頁，樹、石著周昆畫，花卉著余省畫，也是一種合筆畫。乾隆三十二年（1767）七月初四日，首領董五經交出郎世寧八駿圖掛軸一軸，傳旨著配囊。《活計檔》對郎世寧繪畫駿馬的過程，記載較詳盡。

北亞遊牧民族，愛好草原，也愛好自然界的飛禽走獸。《郎世寧作品專輯》記載，乾隆二十三年（1758），郎世寧設色畫二孔雀，一開屏立於畫下；一舉步回顧。園中湖石玲瓏、玉蘭、牡丹、梅花盛放。《活計檔》記載，乾隆二十三年（1758）七月十二日，太監胡世傑傳旨著郎世寧畫開屏孔雀大畫一軸，補景著方琮、金廷標合筆用白絹畫。乾隆二十六年（1761）十月十七日，《活計檔》記載，太監胡世傑傳旨郎世寧原畫孔雀大畫一幅照秀清村竹密山齋西進間北墻尺寸畫，畫得時交造辦處托貼。由《活計檔》的記載可知孔雀開屏大畫是一種合筆畫，郎世寧畫孔雀，補景是由方琮、金廷標合筆用白絹畫。

乾隆二十九年（1764），歲次甲申，因霍罕即浩罕獻白海青，乾隆皇帝命郎世寧圖畫。《活計檔》記載，是年七月初五日，首領董五經交出郎世寧畫白海青一張，傳旨裱掛軸。同年十月二十五日，首領董五經交出郎世寧絹畫白海青掛軸一軸，傳旨著配囊。乾隆三十年（1765）四月二十二日，太監胡世傑交出郎世寧絹畫白海青一張傳旨裱掛軸。由《活計檔》的記載，存世郎世寧絹畫白海青掛軸，至少有二軸。

科爾沁達爾漢親王策旺諾爾布、喀爾喀多羅貝勒阿約爾等先後進貢白鷹，乾隆皇帝俱命郎世寧圖畫。據《活計檔》記載，乾隆二十二年（1757）正月初五日，太監張良棟持出郎世寧畫白鷹一軸，配做冊頁。同年十月十四日，太監胡世傑傳旨著郎世寧用宣紙畫白鷹一架。十一月初九日，太監胡世傑傳旨鷹架簾子錦袱俱著姚文瀚畫。乾隆二十九年（1764）五月初二日，太監如意傳旨著郎世寧畫白鷹絹畫一幅，方琮畫樹、石。乾隆三十年（1765）正月初五日，喀爾喀多羅貝勒阿約爾進白鷹一架。同日，奏事太監高昇傳旨著郎世寧畫圖。同年正月初九日，郎世寧、姚文瀚合起得白鷹畫稿一張呈覽，奉旨准畫。院藏白鷹畫，設色畫白鷹立韝簾上，就是郎世寧和姚文瀚的合筆畫，郎世寧畫鷹，鷹架簾子錦袱是姚文瀚畫的。

院藏郎世寧畫青羊圖一軸，設色畫塞山古樹，下有青羊二隻，躑躅岩壁間，繪畫年月不詳。據《活計檔》記載，乾隆二十四年（1759）十月十九日，太監胡世傑傳旨畫舫齋著郎世寧照霍雞尺寸用白絹畫青羊一幅，補景著方琮畫。乾隆二十五年（1760）五月二十五日，太監胡世傑傳旨郎世寧畫得霍雞、青羊大畫二張，著金廷標用白絹照尺寸另畫二張。同年十月二十三日，太監胡世傑交出郎世寧畫青羊、霍雞，傳旨裱掛軸。十一月二十日，太監胡世傑傳旨將郎世寧所畫青羊、霍雞先取來在畫舫齋原處貼，俟金廷標青羊、霍雞畫得時將郎世寧所畫青羊、霍雞換下裱掛軸。由《活計檔》記載可知，存世青羊圖，有郎世寧所畫青羊圖，也有金廷標所畫青羊圖。

院藏郎世寧畫白猿圖，設色畫翠柏丹楓，白猿靜坐樹下，繪畫年月不詳。據《活計檔》記載，乾隆十九年（1754）四月初四日，太監胡世傑交出宣德御筆白猿圖一軸，傳旨著交郎世寧將白猿臨下。乾隆三十二年（1767）三月初二日，首領董五經交出郎世寧白猿絹畫一張，奉旨裱掛軸一軸。同年六月十二日，首領董五經交出郎世寧畫白猿掛軸一軸，傳旨著配囊。郎世寧遵旨臨摹明朝宣德皇帝御筆白猿圖，設色絹畫，裱成掛軸。

郎世寧擅長畫油畫，《活計檔》記錄了作畫用的高麗紙及各種顏料。除繪畫外，郎世寧對工藝製作，也頗有表現，觀窰三足爐也遵旨按破處找補顏色。萬年歡陳設遵旨更改做法。金胎法瑯鐘表、金胎法瑯盒，遵旨按西洋樣款起稿配做座子。遵旨將珊瑚人照西洋樣式配做陳設，玻璃盞遵旨配蓋。郎世寧確實是一位多才多藝稱職的宮廷藝術家。

五、郎世寧與得勝圖銅版畫的繪製

在乾隆皇帝自我標榜的「十全武功」中，最具意義的還是乾隆二十年（1755）至乾隆二十四年（1759）進行的平定準噶爾及回部兩次戰爭。明末清初，西域以天山為限，分為南北兩路，北路為準噶爾所據，南路為回部所據。康熙年間（1662-1722），準噶爾噶爾丹汗崛起，聲勢日盛，屢次侵犯喀爾喀、哈密，窺伺青海，潛兵入藏。康熙皇帝御駕親征，未能直搗巢穴。雍正皇帝籌備多年，悉力進勦，卻遭和通泊之敗。乾隆初年，準噶爾內亂，篡奪相尋，乾隆皇帝乘機大張撻伐，清軍兩路並進，長驅深入，蕩平準噶爾，改伊里為伊犁，以寓犁庭掃穴，功成神速之意。回部之役，則為準噶爾之役的延長。五年之間，清軍掃平天山南北兩路，式廓二萬餘里。乾隆皇帝用兵西北固然是繼述康熙、雍正兩朝未竟之志，同時通過這兩次戰爭，使清朝進一步加強了西北邊防和鞏固了國家統一，促進了多民族國家的向前發展。

西域軍事告蕆後，乾隆皇帝感念出征將士百死一生為國宣力，不能使其泯滅無聞，於是詳詢軍營征戰形勢，令供職內廷的西洋畫家結構丹青，描繪戰役圖稿樣十六張，交由粵海關發往法蘭西，以銅版畫的形式表現出來。戰圖畫面採用全景式構圖，場面寬廣遼闊，結構複雜，人物眾多，刻畫入微，其描寫景色，明暗凹凸，投影透視等技法，充分反映了歐洲銅版畫製作的高度水平，這是中西文化交流史上的一件盛事。海峽兩岸現存檔案中含有頗多涉及西域得勝圖銅版畫繪製的史料，相當珍貴。院藏得勝圖銅版畫，共兩套。據善本書目記載，《平定回疆圖》，一套共三十四幅，另一套存十三幅，乾隆年間銅版紙本墨印。回疆指天山南路回部，得勝圖包括天山南路回部和北路準部，善本書目作《平定回疆圖》，有待商榷，原編各圖，順序錯誤，圖文不合，圖文順序，應據原版順序調整。

圖版貳 平定伊犁受降御題詩文

平定伊犁受降
秉時命將定條枝
天佑人歸捷報馳無戰有
征安絕域壺漿簞食迎王
師據副將軍阿睦爾撒納等奏稱大兵至伊犁部眾持羊酒迎犒者絡繹載道婦孺歡呼如出水火自出師以來無血刃遺鏃之勞數邊掃穴實古所未有
兩朝締搆敢云繼百世寧
綏有所思好雨優霑土宇
拓敬心那為慰心移
乙亥仲夏月中澣作
御筆

圖版叁 平定伊犁受降圖

國立故宮博物院舊藏

圖版 壹　平定伊犂受降圖

平定伊犁受降
乘時命將定條枝
天佑人歸捷報馳無戰有
征安絕域壺漿簞食迎王
師據副將軍阿睦爾撒納等奏稱大兵至伊犁部眾持羊酒迎犒者絡繹載道婦孺歡呼如出水火自出師以來無血刃遺鏃之勞數邊掃穴實古所未有
兩朝締構敢云繼百世寧
綏有所思好兩優霑土宇
拓斂心那為慰心移
乙亥仲夏月中澣作
御筆

Estampe n° 1. « ON REÇOIT LA SOUMISSION DE L'ILI »
(0,899 × 0,521. — M.G. 17011)

原版順序

圖版肆　格登鄂拉斫營御題詩文

格登鄂拉斫營

阿玉錫者伊何人準噶爾屬司牧臣其法
獲罪應剄劓何不即斬犯厥尊徒步萬里
來向化育之塞外
先朝恩（事在雍正十一年）薩拉爾來述其事云即波
中勇絕倫拊鈴近西未及戩直進手奪無
遺述台見賜銀權侍衛即命先驅清漠塵
我師直入定伊犁達瓦齊聚近萬軍鼓其
螳臂欲借一依山據淖為營屯我兩將軍（阿睦爾撒納 薩拉爾）重諮議以此衆戕玉石焚廟謨本
欲安絕域撻伐毋乃違皇仁健卒掄選二
十二回阿玉錫統其羣回巴圖濟尔噶爾（去年投誠封郡王納墨庫屬之章京也）及察哈什副以進（此人乃我師至伊犁新投誠之宰桑）阿玉錫喜回國當廿五人氣廖青旻
銜枚夜襲覘賊向如萬祖父貽兕孫大聲
策馬入敵壘厥角披靡相蹦奔降者六千
五百騎阿玉錫手大纛寨達瓦齊携近千
騎脫走喙息僅難存荊軻孟賁一夫勇絕
以藉甚人稱論神勇有如阿玉錫知方亦
復知報恩令我作歌壯其色千秋以後斯
人聞

乙亥季夏月上澣作御筆

圖版伍　格登鄂拉斫營圖

國立故宮博物院舊藏

圖版 貳　格登鄂拉斫營圖

格登鄂拉斫營
阿玉錫者伊何人準噶爾屬司牧臣其法
獲罪應剉割何不即斬犯厥尊徒步萬里
來向化賚之塞外
先朝恩事在乾隆十一年 薩拉爾來述其事云即彼
中勇絕倫持銳近面未及發直進手奪無
遺述台見賜銀擢侍衛即令先驅清漢虞
我師直入定伊犂達瓦齊聚近萬軍故其
恃險欲借一依山據淖為營屯我兩將軍
阿睦爾撒納薩拉爾 重諮議以此衆戕玉石焚廟謀奔
欲安絕域撻伐毋乃違皇仁健卒掄選二
十二曰阿玉錫統其羣曰巴圖濟爾噶爾
去年投誠林斯王部黑羣角之事宜之 及察哈什副以進此人乃我所玉伊卑
新投誠之宰桑 阿玉錫喜曰固當廿五人氣虜青史
銜枚夜襲覘賊向如萬祖父睢兒孫大聲
策馬入敵壘厥角披靡相蹂躪齊降去六千
五百騎阿玉錫手大纛寨達瓦齊擒近千
騎脫走嗟息嗟誰存荆軻孟賁一夫勇徒
以藉甚人稱論神勇有如阿玉錫知方忘
復知報恩今我作歌壯生色千秋以後斯
人聞
乙亥季夏月上澣御筆

Estampe n° 2. « ON FORCE LE CAMP [ÉTABLI] A GADAN-OLA »
(0,899 × 0,522. — M.C 17010)

原版順序

圖版 陸 和落霍澌之捷御題詩文

和落霍澌之捷

今春我師勦逆夷首戕賓和落霍澌斬將搴旗早報捷酬勞領賚已有差即令生解俘囚至回逻赫特寧桑伊散秩大臣曾授職乃敢倡亂如鵂鶹而詢彼所致敗故咋舌惟歎天奪其魄衆猶有千餘騎覘知我寡設計奇輜重遠行誘我逐層層伏賊據險巇官軍四百始馳至少騎示弱山之陽我進彼乃蠭涌集銳礮如雨循環施我軍曾無一傷者百靈擁護信有之衝鋒突入矢齊發賊乃喪膽紛離披鹿據隴種各逃命大縱大膊張軍威殲彼屍僵近四百負傷逋者數無計是誠天助額手慶奮勇要亦資人爲向幸軍者其人誰超勇親王家聲貽將軍策布登扎布為超勇親王額駙策棱之子其兄成袞扎布襲封親王策布登扎布以奮勇著績爵封郡王亦賜號超勇

戊寅孟秋月作御筆

圖版 柒 和落霍澌之捷圖

國立故宮博物院舊藏

圖版肆 和落霍澌之捷圖

和落霍澌之捷

今春我師勦逆夷首戎賓和落霍澌斬將搴旗早報捷酬勞須賚已有差即令生解俘囚至曰渥赭特宰桑伊散秩大臣曾授職乃敢倡亂如鴟鴞西詢彼所致敗故咋舌惟歎天奪其彼衆稍有千餘騎覘知我寡設計奇輜重遠行誘我逐層層伏賊摽險巇官軍四百始馳丞少騎示弱山之陽我進彼乃蠭涌集銃礮如雨循環施我軍曾無一傷者百靈擁護信有之銜鋒突入矢齊發賊乃喪膽紛離披鹿搖隴種多逃命大騾大騁張軍威殲彼屍僵近四百負傷遁者數無訾是誠天助額手慶奮勇要名資人為問率軍者其人誰超勇親王家聲貽

將軍策布登扎布為超勇親王額駙策棱之子其兄成袞扎布襲封親王策布登扎布以奮勇著績爵封郡王亦賜號超勇

戊寅孟秋月作御筆

Estampe n° 4. « LA VICTOIRE DE KHORGOS »
(0,889 × 0,517. — M.G. 17008)

原版順序

圖版捌　鄂壘扎拉圖之戰御題詩文

鄂壘扎拉圖之戰

以誠馭詐致相輕（阿逆窮蹙哈薩克勢將就縛乃以譎計緩師將軍達爾黨阿不審虛實按兵待獻遂失事會而厄魯特宰桑之從征者既心輕將帥所爲因復同謀變亂）哈薩繞迴譎變生戊巳駐營携少卒（時兆惠爲副將軍駐兵濟爾哈朗所攜不過偏師鎮守伊犂等處而已猝值叛賊全集因以少擊衆全軍而出）幢幪巀嶭阻前程直何畏曲中宵出一可當千衆賊驚竟得全師逢接騎整軍復入大功成

丙戌孟春月上澣補詠

御筆

圖版玖　鄂壘扎拉圖之戰圖

國立故宮博物院舊藏

圖版 叁　鄂壘扎拉圖之戰圖

鄂壘扎拉圖之戰

以誠馭詐狡相輕阿逆竄跡哈薩克勢將就縛乃以譎計緩師將軍達爾黨阿不審虛實按兵待獻遂失事會而厄魯特宰桑之從征者既心輕將帥所為因復同謀變亂哈薩繞迴譎變生戊巳駐營攜步卒時兆惠為副將軍駐兵濟爾哈朗所攜不過偏師鎮守伊犁等處而已猝值叛賊全集因以少擊衆全軍而出幢幟無辟阻前程直何畏曲中宵出一可當千衆賊驚竟得全師逢援騎慭軍復入大功成

丙戌孟春月上澣補詠

御筆

Estampe n° 3. « LE COMBAT D'OROÏ-JALATU »
(0,892 × 0,510. — M.G. 17009)

原版順序

圖版拾　庫隴癸之戰御題詩文

庫隴癸之戰
威弧有事射天狼三
穴窮追那許藏鋌險
賊人雖鼠竄擣巢士
氣正鷹揚五更直襲
屯營寨兩騎先收牧
馬羊兆惠於奪險攻賊時分遣侍衛扎延保校尉厄魯特達什車楞二人收其牧羣以拔賊不能脫以
少勝多張撻伐將軍
誠勇著旂常
丙戌孟春月補詠
御筆

圖版拾壹　庫隴癸之戰圖

國立故宮博物院舊藏

圖版　伍　　庫隴癸之戰圖

庫隴癸之戰
威弧有事射天狼三
穴窮追那許藏鋌險
賊人雖鼠竄擣虛士
氣正鷹揚五更直襲
屯營寨兩騎先收牧
馬羊兆惠於壽陰攻賊時分遣侍衛扎延保技識厄魯特達什車楞二人收其牧羣以故賊不能脫以
少勝多張撻伐將軍
誠勇著旂常
丙戌孟春月補詠
御筆

Estampe n° 5. « LE COMBAT DE KHURUNGUI »
(0,892 × 0,519. — M.G. 17007)

原版順序

圖版拾貳　烏什酋長獻城降御題詩文

烏什酋長獻城降

執渠早是被恩榮（先是達瓦齊自格登窮竄霍集斯伯克奉軍檄設計縛獻錄功褒賞）畏逼遷隨尚近情（霍集斯伯克與小和卓木均係回目特為所强懾因附和觀釁罪在可宥）識順料伊將倒戟（嘗與軍機大臣籌畫軍情曾諭及霍集斯伯克有擒獻達瓦齊一節我軍至其地彼或降順比大兵既近伊果趂擒小和卓木計圖擒縛因為潛覺遁去遂率衆投款軍門）翦兇匪我頋佳兵申明昧雉霜嚴令（庫車之圍逆酋唾手就殲而失律者貽誤因令將軍兆惠往代就途次執失律之臣明示顯戮軍威大振）疊見牽羊肉袒迎天祐人歸速底績越因兢業凜虧盈

戊寅九秋作御筆

圖版拾參　烏什酋長獻城降圖

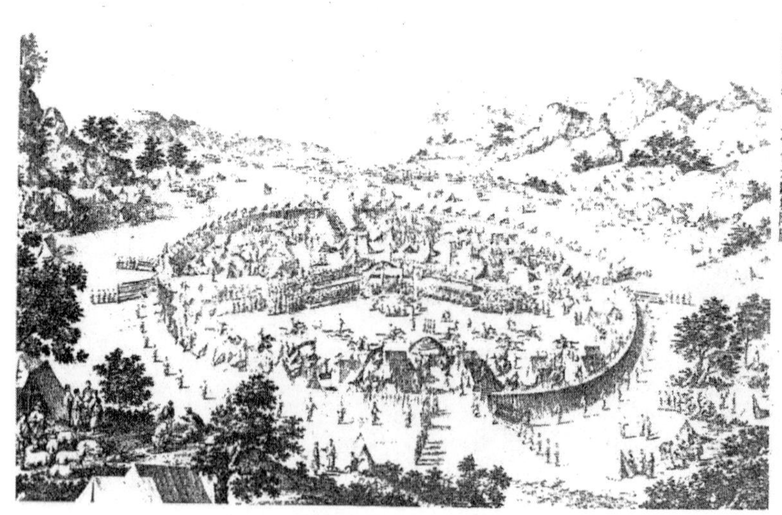

國立故宮博物院舊藏

圖版 陸　烏什酋長獻城降圖

烏什酋長獻城降
執渠早是被恩榮
先是逋寇霍集斯伯克奉軍檄設計縛獻錄功褒賞
畏逼還隨尚近情
霍集斯伯克與小和卓木均係回目特為所強脅因附和
識順料伊將倒戟
當與覲霍罪在可宥軍檄大目籌畫軍情曾諭及霍集斯伯克有擒獻逋寇一節我軍至其地彼或降順比大兵既近伊果慫恿小和卓木計圖擒縛因為覺遁去遂率衆投款軍門
翦兇匪我顧佳兵
中明昧雖霜嚴令
庫車之圍逞首唾手就獲而失律者貽誤因令將軍兆惠往代我逸次執失律之目明示顯戮軍威大振
疊見牽羊肉袒迎
天祐人歸速蕆績
越因兢業凜持盈
戊寅九秋作御筆

Estampe n° 6. « LE CHEF D'US [TURFAN] SE SOUMET AVEC SA VILLE »
(0,907 × 0,522. — M.G. 17006)

原版順序

圖版拾肆　黑水圍解御題詩文

黑水圍解

喀喇烏蘇者唐言黑水同去年我軍薄細穴殘

勢之未難稱雄築壘黑水待圍解詎人力也

天眷憐明瑞馳驛踰月到（敘事承恩以明瑞孝賢皇后姪也今以副都統領兵行間為）

（前錄自四京周以狀圍情狀自軍奇未投京路萬五千里旅馳踰月而至）面詢其故悚予衷蜂

賊張甄數無萬三千餘人守從容害米濟軍軍

氣壯莫肯方趣山鞠翦引水灌我我預備（逆細等泉消我）

（營營將軍兆惠等預閘溝引支入河爲轉資異同）及資衆飲圍益豐銃不中人

中營樹何堂析骸薪材充著木銃鐵獲萬億（賊餘）

（高就枕鉛丸叢集營樹上我軍所木爲薪木中得鉛丸萬億即取以擊賊龍賊築其）壘以擊賊賊計窮

先是營內所穿井圍將解乃督其中開言爲之

悵諸匪賓鞠躬既復爲之感

天眷信深崇敬讀

皇祖實錄該所載曾聞我

太宗時明四鎮兵來我正值大霧彌霧〻敵旋

火礮樹皆燬都統艾塔往視攻四

奏敵礮止傷樹我兵無一傷矣可匪今伊

昔蒙

帝佑覲揚

前烈勵予沖詎人力也

天憫憐大清寰海欽皇風

己卯孟夏月上澣作御筆

圖版拾伍　黑水圍解圖

國立故宮博物院舊藏

圖版 柒 黑水圍解圖

黑水圍解
喀喇烏蘇者唐言黑水同去年我軍薄拙穴賊
營之未雖稱雄築壘黑水待圍解詎人力也
天恃傑明瑞馳驛踰月到 [illegible] 西詢其故悚予衷棘
戟張甑數無萬三千餘人守從容禾濟軍軍
氣壯奠肯勞翹山鞠蔚刊水漾我我預備 [illegible]
[illegible] 及資衆歆用益豐銳不中人
中營樹何豐折髑蔣材充著木銳鐵獲萬億 [illegible]
[illegible] 翻以擊賊賊計窮
先是營內所掌并圍時錐乃發其中聞言為之
悵諸臣實鞠躬既復為之感
天眷信深崇敬讀
皇祖實錄讀所載曾聞我
太宗時明四從兵來我正值大霧弥雺：敵施
火礮樹暗燬部伏艾塔往視攻田
奉敵礮止傷樹我兵曾無傷矢弓國今伊
昔蒙
帝佑覲揚
前烈勵予沖詎人力也
天恃惟大清家海欽皇風
己卯孟夏月上澣作御筆

Estampe n° 7. « LA LEVÉE DU SIÈGE DE LA RIVIÈRE NOIRE » (KHARA-USU)
(0,896 × 0,520. — M.G. 17005)

原版順序

圖版拾陸　呼爾滿大捷御題詩文

呼爾滿大捷

我師萬里外馬力實難繼況深入賊巢主
客勢誠異以此被所圍固守鼓衆氣豈忍
罪輕進惟奬勤王事上年十月十三日之役將軍兆惠直薄葉爾奇木城僅以四百
餘人衝勦賊衆二營往又遭遠馬乏轉有接鄰賊深溝高壘遠力將守賊不欲犯其累程況賊有大遠人來莫能以待試為然
議將從快惱大背業之論何以爲詩集事是以屢詔策勉而趣諸軍剋日赴援再三督援師速
進以接濟亦不待督責敵愾人同勵奉督爲書舒赫
德於阿克蘇先聞賊攻擾年益督讀路兵先至來星旋往營而將軍伯富德等所統滿洲索倫察哈爾及綠營兵亦迅速至
參贊出阿里衮以次解馬濟師一時軍聲士氣為之益振屈指數居諸兵廝臨陣
地爭勝在俯仰所關信非細中夜不安寢
亟盼佳音至忽傳驛致章秉燭披衣視慶
戰五日夜斬將搴旗幟副將軍富德參贊
及軍士同心成巨功殲賊數千騎富德奏于拼木年正
月初六日統兵行至呼爾滿地方遇賊騎五千餘追襲將戰五日四夜會參贊阿里袞等解馬匹至合兵衝陣殲賊無滿
戰賊手將人餘惠爾傷亡甚而遁適大和卓木勝中館傷賊家舞之入城且謝罪四哈什哈爾教已近將軍
營通信卒達四時將軍兆惠營中聞礮聲知援兵已至乃為兵邀戰將賊營焚燬數處出陣
戰手餘人生擒五十餘人獲器械無算並遠賓四兵合二人自軍門持牘相聞富德因附以入奏頑細百
計攻官軍一意備以此歷三月無恙皆寧
謐先是將軍兆惠掘取援兵劄五營中有餘糧可支二三月馬疑斛計自後細審或用雲梯或用泱水皆為我兵
先覺應手設之而營中所備甚嚴故固守經遠時不人皆有國恩至是馳報自將軍下逮介士並懽躍如故云相商
夾擊策一舉期功遂四月竊寀業今朝始
慶慰殷心念衆勞額手感
天賜佇待捷音馳國朝威遠被
己卯仲春月中澣作御筆

圖版拾柒　呼爾滿大捷圖

國立故宮博物院舊藏

圖版 捌　呼爾滿大捷圖

呼爾滿大捷
我師萬里外馬力實艱繼況深入賊巢主
客勢誠異以此被所圍固守鼓衆氣豈思
罪姑逭惟冀勤王事
再三賚援師速
遣以援濟亦不待賚責議慎人間勵
屈指數居諸兵廠旌渡
地爭勝在俯仰所聞信非細中夜不安寢
亟盼佳音至忽傳驛致章秉燭披衣視麼
戕五日夜斬將搴旗幟副將軍富德承贊
及軍士同心成巨功殲賊數千騎
已近將軍
營通信卒達四
頑細百
計殺官軍一意備以此歷三月無恙皆寧
謐
相商
夾擊策一舉期功遂四月宵寐縈今朝始
慶慰殷心念衆勞額手感
天賜佑待援音馳國朝威遠被
己卯仲春月中澣作御筆

Estampe n° 8. « LA GRANDE VICTOIRE DE QURMAN »
(0,897 × 0,520. — M.G. 17004)

原版順序

圖版拾捌　通古思魯克之戰御題詩文

通古思魯克之戰
兩回酋苦困步車得地
宜思庶翦除赤翟蜂屯
助白翟儔如狼頑庇禁
如渡河騎本五百耳肯
鄭賊將二萬餘守壘竟
同援兵返時副將軍富德來命領兵在道因命速進赴援而參贊大臣阿里袞所解巴里坤馬匹刻期至軍營遂大敗賊人兆惠等全軍以出然計我師拒據守險已及百日矣忠
誠迴懷益欷歔
丙戌孟春上澣御詠
御筆

圖版拾玖　通古思魯克之戰圖

國立故宮博物院舊藏

圖版　玖　通古思魯克之戰圖

通古思魯克之戰
兩回酋昔困莎車得地
忘恩應翦除赤翟蜂屯
助白墨傷如狼顧底榮
如渡河騎來五百耳背
郭賊將二萬餘守壘竟
同援兵返時副將軍富德來命領兵在道因命速進赴援而參贊大臣阿里袞所辦巴里坤馬亦剋期至軍營遂大敗賊人兆惠等全軍以出然計我師據守險已及百日矣忠
誠迴懷益欽歎
丙戌孟春上澣御詠
御筆

Estampe n° 9. « LE COMBAT DE TONGUZLUQ »
(0,899 × 0,522. — M.G. 17012)

原版順序

圖版貳拾　霍斯庫魯克之戰御題詩文

霍斯庫魯克之戰

回城既定進追兇雙耳山前竄跡逢（回語霍斯庫魯克者華言雙耳也）賊已六千撲據嶺兵纔九百仰攻峯遮回安集延逃路直躡拔達山去蹤將卒同心奮敵愾千秋國史勒勳庸

丙戌孟春月補詠

御筆

圖版貳壹　霍斯庫魯克之戰圖

國立故宮博物院舊藏

圖版 拾　霍斯庫魯克之戰圖

霍斯庫魯克之戰

回城既定進追兇雙耳山前竄跡逢（回語霍斯庫魯克者華言雙耳也）賊已六千撲探嶺兵繞九百仰攻峯遮回安集延逃路直躡拔達山去縱將卒同心奮敵愾千秋國史勒勳庸

丙戌孟春月補詠

御筆

Estampe n° 10. « LE COMBAT DE QOS-QULAQ »
(0,896 × 0,521. — M.G. 17013)

原版順序

圖版貳貳　阿爾楚爾之戰御題詩文

阿爾楚爾之戰
霍斯庫魯遁餘竄
合旅窮追玉水源
蕃部勤王隨契苾
時布魯特皆隨軍為嚮道 旗軍勵
志定堅昆蚩尤所
恃依重險風后究
同握八門健銳營
兵精火器雪山倏
作陸渾原
丙戌孟春補詠
御筆

圖版貳叁　阿爾楚爾之戰圖

國立故宮博物院舊藏

圖版拾壹　阿爾楚爾之戰圖

阿爾楚爾之戰
霍斯庫魯遁餘寇
合族窮追玉水源
蕃部勤王隨契苾
時布魯特皆隨軍爲嚮道
旗軍勵志定堅昆出允阿
恃依重險風后究
同握八門健銳營
兵精火器雪山倏
作陸渾原
丙戌孟春補詠
御筆

Estampe n° 11. « LE COMBAT D'ARCUL »
(0,917 × 0,520. — M.G. 17014)

原版順序

圖版貳肆　伊西洱庫爾淖爾之戰御題詩文

伊西洱庫爾淖尔之戰

三交三勝武維雄霍斯庫魯克阿尔楚尔及此凡三戰皆以少勝衆黠鼠徒嗟五技窮一線沿溪進魚貫千尋列巘突蠶叢遊魂釜底雖潛脫馳檄天涯竟定功藏事追思臨事慎指畫詠以勵深衷

丙戌孟春月禱詠

御筆

圖版貳伍　伊西洱庫爾淖爾之戰圖

國立故宮博物院舊藏

圖版拾貳　伊西洱庫爾淖爾之戰圖

伊西洱庫爾淖尔之戰

三交三勝武維雄（霍斯庫魯克阿尔楚尔及山凡三戰皆以少勝衆）黠

鼠徒嗟五技窮一綫

沿溪進魚貫千尋列

嶂突蠶叢遊魂釜底

雖潛脫馳檄天邊竟

定功藏事追思臨事

慎持盈永以勵深衷

丙戌孟春月御詠

御筆

Estampe n° 12. « LE COMBAT DE YESIL-KOL-NOR »
(0,882 × 0,508. — M.G. 17015)

原版順序

圖版貳陸 拔達山汗納款御題詩文

拔達山汗納款

深入殲渠逃望風情
知三窟已途窮素茲
識早獻馘順笑彼悔
遲跋扈雄和衆永看
兩部定成功速在五
年中 西師之役始於乙亥春準噶爾汗達瓦齊即於是秋就擒各部款附詢是辯理回部收城服衆距今遂首授首馘計藏事未踰五年

天恩如山昭優貺保
泰孫殷慎勅躬
己卯仲冬上澣作
御筆

圖版貳柒 拔達山汗納款圖

國立故宮博物院舊藏

圖版拾叁　拔達山汗納款圖

拔達山汗納款

冞入殲渠遁望風情知三窟已途窮素茲識早獻馘順笑彼悔遲跋扈雄和衆永看兩部定成功速在五年中西師之役始於乙亥春準噶爾汗達瓦齊即於是秋就擒各部款附嗣是辦理回部收城服衆迨令逆首授首統計蔵事未踰五年天恩如此昭優貺保泰孫殷慎勅躬

己卯仲冬上澣作

御筆

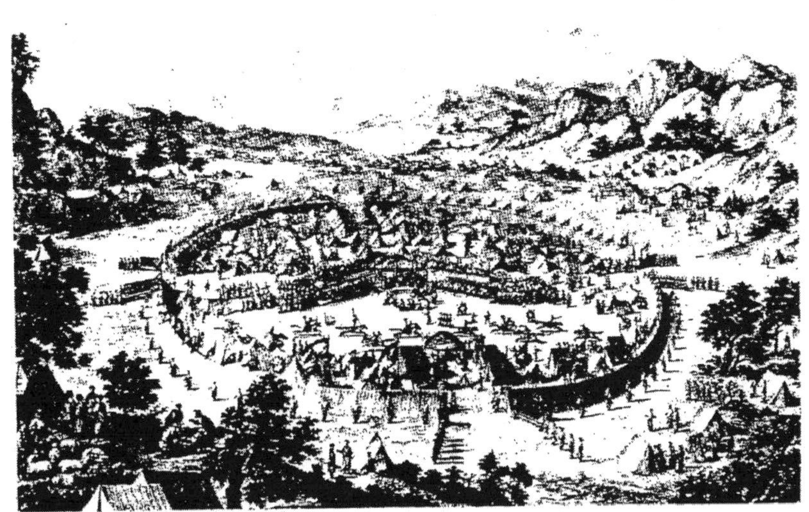

Estampe n° 13. « LE KHAN DE BADAKHSAN DEMANDE A SE SOUMETTRE »
(0,905 × 0,519. — M.G. 17016)

原版順序

圖版貳捌　平定回部獻俘御題詩文

平定回部獻俘
酋首霍占未月囊傾
心素坦款天閶理官
訊問寧須試驃騎窮
追實可藏西海永清
武保定午門三御典昭
詳從今更願無斯事
休養吾民共樂康
庚辰孟春月上澣
御筆

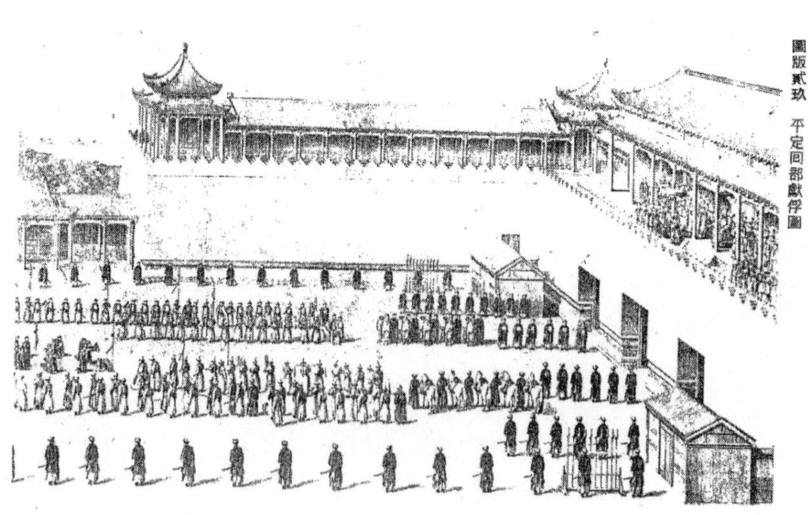

圖版貳玖　平定回部獻俘圖

國立故宮博物院舊藏

圖版拾肆　平定回部獻俘圖

平定回部獻俘
酋首霍占末月竄傾
心素坦款天閶理官
淵問寧須試驃騎窮
追實可臧西海永清
武保定午門三洽典昭
詳從今更願無斯事
休養吾民共樂康
庚辰孟春月上澣
御筆

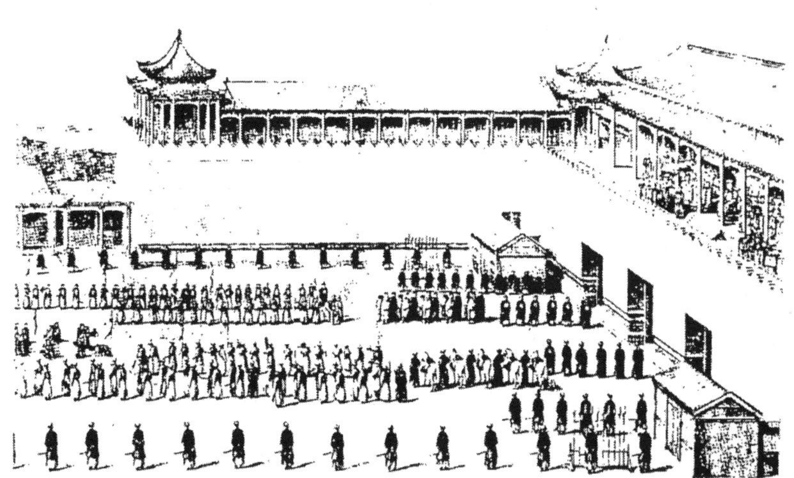

Estampe nº 14. « ON OFFRE [A L'EMPEREUR] LES PRISONNIERS [FAITS LORS] DE LA PACIFICATION DES TRIBUS MUSULMANES »
(0,896 × 0,522. — M.G. 17017)

原版順序

圖版叁拾　郊勞回部成功諸將士御題詩文

郊勞回部成功諸將士
京縣郊南祝勞軍
圖壇陳
壽謝成勳出師本意聊嘗試西陲之役始以厄魯特諸台吉率衆款附請兵甚力我喀爾喀牧圉勢不可以錯處滋患無寧及其銳而偏師嘗試特計因其地以撫之故　福旗令將之與縣未舉行語具乙亥告成碑記茲準夷既平而回部諸部以次戡定寶荷　上蒼　宗社鴻庥非敢謂先時逆覩及此也
奏凱今朝
備禮文韡甲戢戈罷征伐論功行
賞策忠勤郊前抱見詢經歷國朝舊制凡出征將領成功還者行抱膝見禮以示優異今亦遵行
一疇五年戚
以欣　同心萬里那睽違畢竟歡
言賦采薇勇將歸來兼福將徽衣
著渴解戎衣湯稱偃武脩文日恐
即嬉文恬武樂飲至寧誇暢和樂
持盈益勵慎幾微
庚辰仲春下澣御筆

圖版叁壹　郊勞回部成功諸將士圖

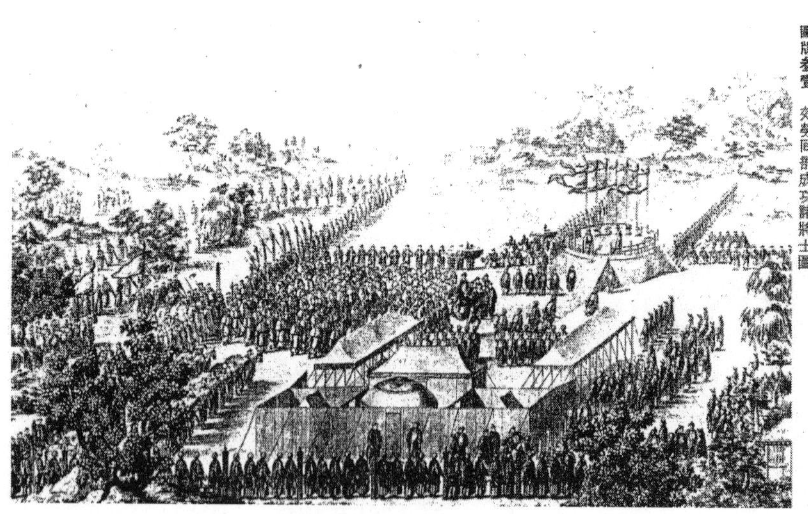

國立故宮博物院舊藏

圖版拾伍　郊勞回部成功諸將士圖

郊勞回部成功諸將士
京縣郊南親勞軍
圓壇陳
壽謝成勳出師本意聊嘗試 西陲之役始以
无魯特請台吉辛衆款附請兵甚力我嘆不容斂
圖替不可以錯底溫忠無寧及其餘而偏師嘗試
特計因其地以撫之拉 福額令將之與縣來舉
行諸具乙亥吉成碑記茲準夷既平而回中諸部
以次我定肯府 上蒼
社鴻麻非敢謂先時逆料及此也 宗 奏凱今朝
備禮文釋甲投戈罷征伐論功行
賞策勳勤郡前抱見詢經歷 國朝舊制凡出
征將領成功還者行抱膝見
禮以示優異今仍遵行 一疇五年底
以欣 同心萬里郵睽違畢竟欲
言賦采薇勇將歸來並福將歡衣
著得解戎衣湯稱偃武脩文日恐
即婧文恬武嬉斂玉寧誇暢和樂
持盈益勵慎幾微
庚辰仲春下澣作御筆

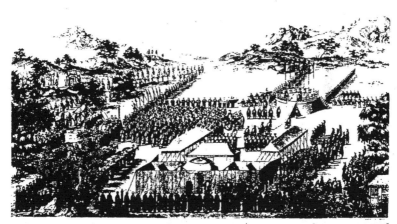

Estampe n° 15. « [L'EMPEREUR SE REND] DANS LA BANLIEUE POUR PRENDRE [PERSONNELLEMENT] DES NOUVELLES DES OFFICIERS ET DES SOLDATS QUI SE SONT DISTINGUÉS DANS LA CAMPAGNE CONTRE LES TRIBUS MUSULMANES »
(0,896 × 0,525. — M.G. 17018)

原版順序

圖版叁貳　凱宴成功諸將士御製詩八章

圖版叁叁　凱宴成功諸將士圖

國立故宮博物院舊藏

圖版拾陸 凱宴成功諸將士圖

Estampe n° 16. « [L'EMPEREUR] OFFRE UN BANQUET DE VICTOIRE AUX OFFICIERS ET SOLDATS QUI SE SONT DISTINGUÉS »
(0,890 × 0,514. — M.G. 17019)

原版順序

得勝圖原版十六幅，每幅左下方以法文標明各圖名稱，其中各戰役地名，與漢文讀音相近。依次為「伊犁」（Ili）、「格登鄂拉」（Gadan-ola）、「和落霍澌」（Khorgos）、「鄂壘扎拉圖」（Oroï-Jalatu）、「庫隴癸」（Khurungui）、「烏什」（Us）〔Turfan〕、「黑水」（Khara-usu）、「呼爾滿」（Qurman）、「通古思魯克」（Tonguzluq）、「霍斯庫魯克」（Qos-Qulaq）、「阿爾楚爾」（Arcul）、「伊西洱庫爾淖爾」（Yesil-kol-nor）、「拔達山」（Badakhsan）、「回部」（Tribus-Musulmanes）。國立故宮博物院舊藏《平定回疆圖》左下方因裱貼黃綾遮蓋法文，以致順序錯亂圖文不合。

清軍征討準噶爾期間，準噶爾降將相繼款關內附。乾隆皇帝在熱河避暑山莊召見準噶爾吉台、降將。乾隆十九年（1754）七月，郎世寧等人奉命前往避暑山莊為降將等人油畫臉像。乾隆二十年（1755）二月，郎世寧等人為輝特台吉阿睦爾撒納等畫成油畫臉像十一幅。為了便於說明，可將乾隆年間平定天山南北路得勝圖銅版畫繪製過程列出簡表如後。

乾隆年間平定西域得勝圖銅版畫繪製過程簡表

時　間	大事紀要
二十年（1755）七月二十七日	總管太監王常貴傳旨著郎世寧畫愛玉史油畫臉像一幅。
二十年（1755）七月二十八日	郎世寧奉旨畫愛玉史得勝營盤圖大畫一幅，再將愛玉史臉像畫跑馬扎鎗式宣紙手卷一卷。
二十年（1755）八月初三日	太監胡世傑傳旨正大光明殿內東墻上著郎世寧用白絹畫愛玉史等得勝圖橫披大畫一張。
二十年（1755）八月初九日	郎世寧遵旨畫得愛玉史臉像畫跑馬扎鎗式宣紙手卷一卷進呈。
二十年（1755）十月十七日	達瓦齊解送至京行獻俘禮。

二十年（1755） 十一月二十八日	太監胡世傑傳旨愛玉史得勝圖橫披大畫，不必用壁子，畫得著鑲三寸邊貼東墻上。
二十一年（1756） 四月初一日	郎世寧奉命畫達瓦齊油畫臉像。
二十二年（1757） 正月初六日	傳旨瀛臺聽鴻樓下西墻貼郎世寧絹畫得勝圖一張。
二十二年（1757） 六月	阿睦爾撒納兵敗竄入俄羅斯，清軍再定準噶爾。
二十四年（1759） 六月十七日	太監胡世傑傳旨瑪瑺小臉像手卷著郎世寧放長再畫一卷。
二十四年（1759） 九月初九日	清軍平定天山南路回部。
二十五年（1760） 三月初十日	太監胡世傑傳旨瑪瑺得勝圖著貼在紫光閣。
二十五年（1760） 四月十八日	郎世寧奉命起稿畫伊犁人民投降、追取霍集占首級、黑水河打仗、阿爾楚爾打仗、獻俘、郊勞、豐澤園筵宴，共畫七張，用絹畫。
二十七年（1762） 六月十一日	太監胡世傑傳旨將郎世寧起得得勝圖小稿十六張，著姚文瀚仿畫手卷四卷。
二十八年（1763） 十一月初六日	太監胡世傑交西洋銅版畫二十八張傳旨著交啓祥宮揭托。
二十九年（1764） 十月二十五日	太監胡世傑傳旨，平定伊犁等處得勝圖十六張，著郎世寧起稿，得時呈覽，陸續交粵海關監督轉交法蘭西，著好手人照稿刻做銅版。
三十年（1765） 五月十七日	太監胡世傑傳旨郎世寧等四人起得得勝圖稿十六張，著丁觀鵬等五人用宣紙依照原稿著色畫十六張。
三十年（1765） 五月二十六日	傳旨將郎世寧畫得愛玉史詐營稿一張，王致誠畫得阿爾楚爾稿一張，艾啓蒙畫得伊犁人民投降稿一張，安德義畫得庫爾滿稿一張，先行發交粵海關作速刻做極細銅版，得時每版用整紙先刷印一百張，隨同銅版一同交來。

三十年（1765）七月	得勝圖稿四張發交法蘭西商船承領回國。
三十年（1765）	是年，廣東十三行與法蘭西印度公司訂立刊刻銅版契約。
三十一年（1766）二月初九日	內廷交出安德義等續畫得勝圖四張，即：伊西洱庫爾之戰、烏什酋長獻城降、拔達山汗納款、黑水圍解各一張，發交粵海關辦理。
三十一年（1766）五月二十一日	內廷交出艾啓蒙等續畫得勝圖四張，即：霍斯庫魯克之戰、通古思魯克之戰、庫隴癸之戰、和落霍澌之戰各一張，發交粵海關辦理。
三十一年（1766）十月初六日	內廷交出續畫得勝圖四張，即：鄂壘扎拉圖之戰、平定回部獻俘、郊勞、凱宴回部成功將士各一張，發交粵海關監督辦理。
三十一年（1766）	內廷先後三次交出得勝圖十二幅，由粵海關監督發交法蘭西船領回。
三十三年（1768）七月二十六日	傳諭兩廣總督李侍堯等查明得勝圖尚未依限辦竣緣由。
三十四年（1769）	是年，法蘭西名匠布勒佛（B.L. Prevost）刻得平定伊犁受降銅版。勒巴（La Bas）刻得格登鄂拉斫營銅版。
三十五年（1770）九月初五日	兩廣總督李侍堯等奏明法蘭西商船來華帶到銅版畫張數。
三十五年（1770）十月二十八日	庫掌四德等將粵海關送到第一次圖版畫愛玉史詐營圖二百張，阿爾楚爾圖四張、伊犁人民投降圖二十八張、原發圖稿二張，交太監胡世傑呈覽，奉旨仍用原隨夾板木箱裝好交啓祥宮收貯。同日，兩廣總督李侍堯等奉上諭阿爾楚爾圖、伊犁人民投降圖印足兩百張，連銅版一併送繳。
三十五年（1770）	是年，聖多米（Saint Aubin）刻得呼爾滿大捷銅版，勒巴（La Bas）刻得鄂羅扎拉之戰銅版、凱宴成功諸將士銅版。
三十五年（1770）	是年，法蘭西商船來華帶到得勝圖銅版畫二百三十二張，原稿二張。
三十六年（1771）七月	法蘭西商船來華帶到得勝圖銅版畫五百四十三張，原稿三張，移送造辦處轉為奏繳。

三十六年（1771）十一月十九日	法蘭西商船送到第二次銅版畫阿爾楚爾圖一百三十一張，伊犁人民投降圖一百二十張，鄂壘扎拉之戰圖一百三十一張，阿爾楚爾之戰圖二十九張，凱宴回部圖一百三十二張。
三十六年（1771）十二月初九日	庫掌四德等將粵海關送到阿爾楚爾圖十五張，伊犁人民投降圖五十八張，鄂壘扎拉之戰圖六十七張、凱宴回部圖六十六張、呼爾滿圖六十六張、原稿一張，繕寫清單交胡世傑呈覽。
三十六年（1771）十二月二十二日	庫掌四德等持交粵海關監督德魁送到阿爾楚爾圖七十七張、黑水圍解圖一百張，平定回部獻俘圖九十八張、原稿一張、阿爾楚爾圖銅版一塊、鄂壘扎拉之戰圖銅版一塊、黑水圍解圖銅版一塊、金邊玻璃平定回部獻俘圖畫一面。
三十七年（1772）七月二十八日	法蘭西商船來華帶到銅版畫共三百七十五張，原稿二張，銅版三塊。
三十七年（1772）八月十九日	法蘭西商船來華帶到銅版畫共一百八十五張，銅版四塊。
三十八年（1773）五月初三日	庫掌四德等持進粵海關送到銅版七塊，每樣壓印紙圖十張內每樣各得好圖二張，不真圖八張。
三十八年（1773）十二月十九日	庫掌四德等持進粵海關送到平定回部獻俘圖一百三十四張，原稿一張，銅版一塊；拔達山汗納款圖二百二十七張，原稿一張，銅版一塊；郊勞圖二百二十九張，原稿一張，銅版一塊；伊西洱庫兒之戰圖五十八張，原稿一張。
三十九年（1774）八月	法蘭西商船來華帶到銅版畫共二百二十九張，銅版一塊，原稿一張，圖樣四張。
四十年（1775）九月	法蘭西商船來華帶來銅版畫四樣，共三百五十八張，銅版二塊，原稿二張。
四十一年（1776）八月	法蘭西商船來華帶到銅版畫共四百三十張，銅版二塊。

資料來源：《內務府造辦處各作成做活計清檔》，北京，中國第一歷史檔案館；《清中前期西洋天主教在華活動檔案史料》，北京，中華書局，2003年10月。

我國隋唐時期，已有版畫藝術的創作，此後隨著印刷技術的發展，版畫藝術也不斷進步，它所用的材料多為木質。銅版畫是歐洲的一種版畫，已經有六百年的歷史，它所用的金屬材料，是以銅為主。它在材料的要求、刻製的方法及印刷技術等方面都比木刻版畫更為複雜，難度更大。歐洲早期銅版畫主要的製作方法，是在光滑平整的銅版上先塗抹一層防止腐蝕的蠟，然後用刀或針刻劃出畫面的形象，再用酸性的腐蝕液腐蝕，經過刻劃的地方，形成凹線，在凹線內填入油墨，經過壓印機將油墨印在紙上，其成品就是銅版畫。銅版畫作品以其細密變化的線條組成畫面，具有獨特的風格。

由於銅版畫材料的稀少及其價格的昂貴，銅版畫傳到中國以後，只在宮廷內部採用，在民間並未普遍推廣。康熙年間（1662-1722），西方傳教士將歐洲的銅版畫藝術帶來了中國，隨著傳教士在宮廷供職，銅版畫藝術形式也為內府所採用。康熙五十八年（1719），清廷頒發《皇輿全覽圖》，這是我國地理學史上第一部標有經緯線的全國地圖，由意大利傳教士馬國賢攜往歐洲，製成銅版，共四十一幅。

乾隆皇帝一年中在北京紫禁城只住三個月左右，其他時間，除了到熱河避暑山莊，秋獮木蘭外，乾隆皇帝大部分時間多在圓明園度過。耶穌會士蔣友仁（Michel Benoist，1715-1774）指出，圓明園的意思是完美明淨的庭園。在圓明園入口處有一座如意館，是清朝和歐洲畫家、工藝家創作藝術的地方。乾隆十二年（1747），乾隆皇帝看到一幅有噴泉的圖畫後，便要郎世寧向他解釋。乾隆皇帝決定在圓明園建造一幢意大利式樣的西洋樓來裝點花園，並建造新的水法。所以要郎世寧找一位能製造噴泉的歐洲人，郎世寧便推薦蔣友仁，乾隆皇帝令郎世寧和蔣友仁一道畫出它的圖樣。郎世寧、蔣友仁知道中國人是用十二生肖動物象徵一天中的十二個時辰，所以決定用十二生肖造型建造一座永不停息的水鐘，讓每個生肖造型在各自象徵的兩個小時裡噴出水來。夜間十一點至次日上午一點子時，由生肖鼠造型噴水。上午一點至三點丑時，由生肖牛造型噴水。上午三點至五點寅時，由生肖虎造型噴水。上午五點至七點卯時，由生肖兔造型噴水。上午七點至九點辰時，由生肖龍造型噴水。上午九點至十一點巳時，由生肖蛇造型噴水。上午十一點至下午一點午時，由十二生肖造型同時噴水。下午一點至三點未時，由生肖羊造型噴水。下午三點至五點申時，由生肖猴造型噴水。下午五點至七點酉時，由生肖雞造型噴水。下午七點至九點戌時，由生肖狗造型噴水。下午九點至十一點亥時，由生肖豬造型噴水。以十二生肖計年、計日、計時，是我國文化特色。圓明園西洋樓的新奇，使西洋人看起來不像西洋建築，中國人看起來不像中國建築。

水法房大殿三間，即諧奇趣正殿，為西洋式建築，始建於乾隆十二年（1747），迄乾隆十五年（1750）基本完成，從是年六月起開始繪製室內壁畫。次年六月二十九日，太監胡世傑傳旨命郎世寧仿西洋銅版畫手卷二卷款式，為諧奇趣正殿三間、東西梢間四間、遊廊十八間、東西亭子二間、頂棚連牆，起通景畫稿。郎世寧參考歐洲銅版畫，於十一月三十日起得通景畫稿小樣四張，由王致誠照稿放大。

在得勝圖正式繪製以前，西洋畫家已奉命繪畫準噶爾降將的肖像。乾隆十八年（1753）十月二十一日，杜爾伯特台吉策凌等率領部眾，由額爾濟斯河起程款關內附。乾隆十九年（1754）五月十二日，乾隆皇帝在承德避暑山莊接見，冊封策凌等降將。為記錄這件重大的政治活動，王致誠奉命前赴避暑山莊為策凌等畫油畫肖像，在五十天中，共畫了油畫十二幅。乾隆十九年（1754）七月，輝特台吉阿睦爾撒納等降將先後投誠。郎世寧、艾啓蒙等奉命前往熱河行宮，次年二月初六日畫得阿睦爾撒納等降將油畫臉像十一幅。乾隆二十年（1755）五月十四日夜斫達瓦齊大營奏功，七月二十八日，郎世寧奉命畫阿玉錫油畫臉像一幅。七月二十九日，郎世寧又奉命畫〈愛玉史得勝營盤圖〉大畫一幅，愛玉史即阿玉錫的同音異譯。其後又將阿玉錫臉像畫跑馬扎槍式宣紙手卷一卷，此即〈阿玉錫持矛盪寇圖〉，原圖現藏臺北國立故宮博物院。這是一幅肖像式的作品，郎世寧以他擅長的寫眞技法，精細、眞實地刻畫了一個蒙古族巴圖魯即勇士的形象。堅毅勇敢的阿玉錫全身戎裝，持矛躍馬向前衝殺。郎世寧捨去了作品全部背景，一方面富於我國傳統繪畫的特色，另一方面又能凸顯阿玉錫如入無人之境的生動畫面。達瓦齊被俘後，由將軍班第派兵押解入京，乾隆二十年（1755）十月十七日，解送至京，行獻俘禮。乾隆皇帝以達瓦齊雖係有罪之人，究屬一部台吉，特加優容，降旨免交刑部，加恩封為親王，賜第京師，帶領其子及舊屬居住。乾隆二十一年（1756）四月初一日，乾隆皇帝命郎世寧畫達瓦齊油畫臉像。據《內務府造辦處各作成做活計清檔》記載，乾隆二十二年（1757）正月初六日傳旨瀛臺聽鴻樓下西牆用郎世寧絹畫〈得勝圖〉一張，其高寬不足，著王方岳用絹接補，找匠速辦。乾隆二十四年（1759）六月十七日，太監胡世傑傳旨瑪瑺小臉像手卷著郎世寧放長再畫一卷。乾隆二十五年（1760）三月十七日傳旨現畫瑪瑺得勝圖著在紫光閣貼。臺北國立故宮博物院現藏郎世寧作品〈瑪瑺斫陣圖〉，描繪瑪瑺在呼爾滿戰役中一箭中敵要害的英姿，此圖似即貼在紫光閣的〈瑪瑺得勝圖〉。

乾隆十八年（1753）以來，西洋畫家所繪準噶爾降將油畫肖像及〈阿玉錫持矛盪寇圖〉、〈瑪瑺斫陣圖〉等，雖然未經製成銅版畫，但因其間多次使用〈得勝圖〉字樣，而對後來平定準噶爾、回部戰圖的命名，起了很大的作用。乾隆二十四年（1759），清軍剿滅霍集占等大小和卓木的叛亂勢力，天山南北路收入清朝版圖，取得徹底的勝利後，又為宮廷畫院的創作帶來了新課題。西陲軍事告蕆後，乾隆皇帝即敕撰方略，又命內廷西洋畫家繪製戰圖，稱為《平定伊犁回部得勝圖》，簡稱得勝圖，《石渠寶笈續編》題為《平定伊犁回部戰圖》。康熙年間歐洲銅版畫傳入清宮後，首先是用來製作地圖的，到了乾隆年間（1736-1795），始以銅版畫藝術形式表現歷史事件，製作了一系列描繪征戰的組畫，得勝圖就是其中一組描繪平定準噶爾及回部的銅版畫。

清軍平定天山南北路後，西洋畫家奉命繪畫平定西域得勝圖。乾隆二十五年（1760）四月十八日，郎世寧奉命起稿畫伊犁人民投降等圖共七張。乾隆二十七年（1762）六月十一日，姚文瀚奉命將郎世寧起得得勝圖小稿十六張仿畫手卷。乾隆二十九年（1764）十月二十五日，平定伊犁等處得勝圖十六張，命郎世寧起稿呈覽。乾隆三十年（1765）五月十七日，郎世寧等四人起得得勝圖稿十六張，命丁觀鵬等五人用宣紙依照原稿著色畫十六張。得勝圖稿樣呈覽審閱，奉旨准畫後，始正式繪畫，然後陸續交由粵海關，分批送往歐洲製作銅版畫。

平定西域得勝圖十六張的名稱，據《石渠寶笈續編》的記載依次為：一平定伊犁受降；二格登鄂拉斫營；三鄂壘扎拉圖之戰，四和落霍澌之捷；五庫隴癸之戰；六烏什酋長獻城降；七黑水圍解；八呼爾滿大捷；九通古思魯克之戰；十霍斯庫魯克之戰；十一阿爾楚爾之戰；十二伊西洱庫爾淖爾之戰；十三拔達山汗納款；十四平定回部獻俘；十五郊勞回部成功諸將士；十六凱宴成功諸將士。其先後順序及標題，與法蘭西原刻銅版順序相合。中國第一歷史檔案館編印《乾隆西域戰圖秘檔薈萃》所載戰圖順序頗有出入。

平定西域得勝圖的漢字名稱，起初因同音異譯，並未規範。乾隆三十年（1765）五月二十六日，《內務府造辦處各作成做活計清檔》記載，將郎世寧畫〈愛玉史詐營稿〉、王致誠畫〈阿爾楚爾稿〉、艾啓蒙畫〈伊犁人民投降稿〉、安德義畫〈庫爾滿稿〉各一張，奉旨先行發交粵海關作速刻做極細銅版。其中〈愛玉史詐營〉即〈格登鄂拉斫營〉，〈阿爾楚爾〉即〈阿爾楚爾之戰〉，〈伊犁人民投降〉即〈平定伊犁受降〉，〈庫爾滿〉即〈呼爾滿大捷〉。乾隆三十一年（1766）二月初九日，內廷交出續畫得的戰圖包括：〈伊西洱庫爾之戰〉、〈烏什酋長獻城降〉、〈拔達山汗納款〉、〈黑水圍解〉各一張，其中〈伊西洱庫爾之戰〉即〈伊西洱庫爾淖爾之戰〉。同年五月二十一日，內廷交出續畫得戰圖包括：〈霍斯庫魯克之戰〉、〈通古思魯克之戰〉、〈庫隴癸之戰〉、〈和落霍澌之戰〉各一張。十月初六日，內廷交出續畫的戰圖包括：〈鄂羅扎拉圖之戰〉、〈平定回部獻俘〉、〈郊勞〉、〈凱宴回部成功將士〉各一張，其中〈鄂羅扎拉圖之戰〉即〈鄂壘扎拉圖之戰〉，〈郊勞〉即〈郊勞回部成功諸將士〉，〈凱宴回部成功將士〉即〈凱宴成功諸將士〉。銅版畫刊刻刷印完成送京裝裱御製詩文後，得勝圖十六張的名稱才正式作了規範。

平定西域得勝圖的圖樣送達法蘭西後，受到法蘭西藝術界的重視。法蘭西皇家藝術院院長侯爵馬利尼（Marigny）命柯升（C. N. Cochin）主其事。柯升先後挑選雕版名手勒巴（J. R. Le Bas）、聖多米（A. de Saint Aubin）、布勒弗（B.L.Prevost）、蕭法（P. P. Choffard）、郎納（N. de Launay）、德尼（F. D. Nee）等人分別開雕。銅版畫主要是以線條來表現原畫的層次、立體感和深遠感。

乾隆年間，法國會雕刻銅版的工匠，雖然不下四百人，但能刻得勝圖銅版的名手不過六、七人。現存得勝圖銅版畫，多注明鐫刻人名及年分，其中布勒弗（B. L. Prevost）刻的是〈平定伊犁受降〉（1769）、〈霍斯庫魯克之戰〉（1774）;聖多米（Saint Aubin）刻的是〈呼爾滿大捷〉（1770）、通古思魯克之戰（1773）；郎納（De Launay）刻的是〈伊西洱庫爾淖爾之戰〉（1772）；勒巴（La Bas）刻的是〈格登鄂拉斫營〉（1769）、〈鄂壘扎拉圖之戰〉（1770）、〈凱宴成功諸將士〉（1770）、《黑水解圍》（1771）、〈和落霍澌之捷〉（1774）;蕭法（Choffard） 刻的是〈拔達山汗納款〉（1772）、〈烏什酋長獻城降〉（I774）;阿里默（J. Aliament）刻的是〈庫隴癸之戰〉、〈阿爾楚爾之戰〉；馬斯克立業（L. J. Masquelier）刻的是〈平定回部獻俘〉；德尼（F. D. Nee）刻的是〈郊勞回部成功諸將士〉（1772）。

平定準部回部得勝圖銅版畫是屬於冊頁的形式，同時將各重要戰役採用全景式的構圖，在一個畫面上充分表現出一個戰役的規模與全貌，得勝圖銅版畫不僅具有史料價值，同時也富於藝術價值。圖一〈平定伊犁受降〉，所繪內容為乾隆二十年（1755）二月清軍乘準噶爾內訌長驅深入，翻山越嶺，大敗達瓦齊，於五月師至伊犁，沿途厄魯特及纏頭回民望風納款，牽羊攜酒，迎叩馬前。清軍騎兵隊由山谷進入中央空地，厄魯特及回民在兩旁跪迎。畫面近景繪降人牽牛羊駱駝侍立，前一排降人跪地高舉火鎗，另一邊跪迎降人或雙手捧降表，或雙手捧哈達獻財物，並繪樂隊吹奏琴鼓喇叭等樂器。畫面遠景繪厄魯特降眾或牽拉馬匹駱駝步行來歸，或船載羊隻貨物渡河而來，畫面遠近明暗，表現了立體感。御製詩中「乘時命將定條枝，天佑人歸捷報馳；無戰有征安絕域，壺漿簞食迎王師。」所描述的文字，與畫面是相合的。

圖二〈格登鄂拉斫營〉，所繪內容為清軍深入伊犁後，達瓦齊率領萬餘人移駐伊犁西南的尚圖斯，後負格登鄂拉，前臨泥淖，箚營堅守。乾隆二十年（1755）五月十四日夜清軍派遣降人翼領喀喇巴圖魯阿玉錫等帶領士兵二十二人往探達瓦齊大營。阿玉錫奮勇突入，往來衝殺，放鎗吶喊，達瓦齊全營驚潰，自相蹂躪。畫面右部繪阿玉錫等人由山口向敵營衝擊情形，遠景繪清軍大隊繞山策應包圍情形，近景繪放鎗射箭施砲厮殺場面。御製詩中有「大聲策馬入敵壘，厥角披靡相躪奔，降者六千五百騎，阿玉錫手大纛搴；達瓦齊攜近千騎，駾走喙息嗟難存」等句，可知戰況的激烈，阿玉錫的神勇絕倫。畫面描繪勇士阿玉錫在山間行進，衝殺敵人等情景，筆法細膩，同時把接應的清軍主力也組織在同一個畫面上，突破了時空的限制。

乾隆三十年（1765）六月十六日奉旨將漢字旨意帖一件、西洋字帖四件，連同四張得勝圖稿令王常貴交由軍機處發往粵海關監督方體浴遵照辦理。據稱兩廣總督李侍堯擬將得勝圖稿樣寄到英國，因當時耶穌會駐華會長費伯爾（P. J. Louis Le Febvre）寓居廣州，力言法國藝術冠絕歐洲，乃決定將圖樣寄往法國，由廣東十三行與法國印度公司接洽承辦，雙方訂立契約，其全文如下：

> 廣東洋行潘同文等公約託咈囒哂國大班吁咈哩、嘁咖嘲等，緣奉督關憲二位大人鈞諭：奉旨傳辦平定準噶爾回部等處得勝圖四張，刊刻銅板等由。計發郎世寧畫愛玉史詐營稿一張、王致誠畫阿爾楚爾稿一張、艾啓蒙畫伊犁人民投降稿一張、安德義畫庫爾瑞稿一張，併發依大理亞國番字二紙，西洋各國通行番字二紙到行，轉飭辦理。今將原圖畫四張，番字四紙，一併交與大班吁咈哩、嘁咖嘲，由咱啷船帶回貴國，煩交公班嚱，轉託貴國閣老照依圖樣及番字內

寫明刻法，敬謹照式刊刻銅板四塊，刻成之後，每塊用堅實好紙印刷二百張，共計八百張，連銅板分配二船帶來，計每船帶銅板二塊，印紙每樣一百張，共四百張，並將原發圖樣四張，番字四紙，準約三十三年内一併帶到廣東，以便呈繳。今先付花邊銀五千兩作定，如工價不敷，俟銅板帶到之日，照數找足。倘風水不虞，其工價水腳，俱係我行坐賬。立此約字一樣二紙：一交大班吁㘚哩帶回本國照辦，一交坐省大班呅咖嘲收執存據，兩無貽悮。此係傳辦要件，務須雕刻功夫精緻，如式辦就，依期帶到，越速越好。此約。大班吁㘚哩、呅咖嘲二位收照。乾隆三十年月日，潘同文、顏泰和、陳廣順、邱義豐、蔡聚豐、陳源泉、蔡逢源、張裕源、陳遠來、葉廣源[5]。

前引契約原文存於法國巴黎國家圖書館。七月初十日，粵海關將原圖樣發交大班送往法國巴黎刊刻銅版。乾隆三十一年（1766），粵海關又先後奉文三次，續發圖樣十二張，四次發到圖樣共十六張，陸續發交洋行商人轉付法國商人帶往法國承辦，照樣刊刻，並將第一次圖樣四張定限於乾隆三十四年（1769）刻印銅版畫帶回粵海關，其餘十二張，分別於三十五、六、七等年分限呈繳。

依照契約規定，第一次圖樣四張定限於乾隆三十四年（1769）刻印銅版畫帶回粵海關，但法蘭西並未依限呈繳，兩廣總督李侍堯、粵海關監督德魁再三查詰，並飭令行商潘振承等詢問法蘭西大班，據稱，因刊刻銅版匠工精細，其所印墨色深淺，亦有區別，內地紙墨油水不合應用，難以印刷。

法蘭西名匠只有四、五人會做得勝圖銅版畫，以致不能如期

5 方豪著《中西交通史》（臺北，中華大典編印會，民國 57 年 7 月），第五冊，頁 43。

呈繳。承辦得勝圖銅版畫的鐫工首領柯升於〈寄京書信〉中，對銅版的鐫刻及印刷曾作說明，節錄一段內容如下：

> 其一，中國紙張易於起毛，以之刷印圖像，難得光潔，且一經潤濕，每每粘貼板上，起時不免破碎，即或取用洋紙，浸潤尤須得法，太濕則淫溢模糊，太乾則搴印不真。至於調色之油，最難熬製，倘不如法，萬難浸入，銅板細紋，必致模糊。所用顏色，並非黑墨，惟取一種葡萄酒渣，如法鍊成，方可使用。若用別項黑色，不惟搴印不真，且易壞板。再者，板上敷摸油色，既用柔軟細布擦過，全在以手掌細細揉擦，務相其輕重均匀，陰陽配合，方稱如式，此等技藝，不惟生手難以猝辦，即在洋數百匠人演習多年，內中亦不過四、五人有此伎倆。況此板鏤刻精細，若遇巧匠，每板或可刷印千餘張，其板尚能修理。一經生手，搴印既難完好，且易於壞板。倘將細紋磨平，或將銅板擦傷痕跡，其板反成廢棄。種種緣故，非敢故為鋪張[6]。

由柯升〈寄京書信〉可知銅版畫不能如期呈繳的種種緣故，同時也有助於了解得勝圖銅版畫製作的過程。其銅版鏤刻精細，刷印最難，中國紙張易於起毛，取用洋紙，必須浸潤得法；所用顏料，並非黑墨，而是採用一種葡萄酒渣鍊成的顏料，熬製艱難；銅版上敷摸油色，須以手掌細細揉擦，輕重均勻，陰陽配合，銅版畫製作技藝的艱難，必須經過長期訓練才有這種技倆。聶崇正撰〈乾隆平定準部回部戰圖和清代的銅版畫〉一文已指出，從清朝宮廷銅版畫看，都是採用刀或針刻劃後以酸性溶液腐蝕的方法，線條細勁柔和，畫面物體的明暗，均用變化多端、粗細複雜

6 《軍機處檔・月摺包》，第 2771 箱，80 包，13155 號，銅板柯升寄京書信。

的線條來表現。以粗而準確的線條描繪物象的輪廓和亮部，以細密規則平行線、網狀線表現物象的暗部，中間色調則用細點或虛線來表現[7]。銅版畫主要是以線條來表現原畫的層次、立體感和深遠感。

法國正式開始分批呈繳得勝圖銅板畫是在乾隆三十五年（1770），是年秋，法國商船到達廣東，將印成銅版畫二百三十二張呈繳。同年十月二十八日，內務府檔案記載收到得勝圖數目如下：

> 庫掌四德、五德將粵海關送到第一次愛玉史詐營圖二百張；阿爾楚爾圖四張；伊犁人民投降圖二十八張，隨原發圖稿二張，其阿爾楚爾圖原稿留洋刷印未交來，特進交太監胡世傑呈覽，奉旨：仍用原隨夾板木箱裝好，交啓祥宮收貯。欽此[8]。

由引文可知內務府檔案與兩廣總督李侍堯等咨文的記載是相合的，銅板畫送京後交啓祥宮收貯。德魁等以此項銅版畫逾限兩年尚未如約呈繳，恐係法國商人趕辦不力，曾再三查問行商，據法商表示委實因刊刻銅版，匠工精細，其所印墨色深淺，亦有區別。銅板雕刻，其工極細，紙張油墨，亦需講究，確非鐫版工匠故意違限。平定西域得勝圖銅版畫包括兩個部分：其中圖畫十六幅在法蘭西鐫刻刷印；各圖御題詠詩及御製序文、大學士傅恆等識跋計十八張，則在內廷木刻刷印，然後將圖畫與詩文分別裝裱成冊，其圖畫與詩文都可當史料看待。

自乾隆三十年（1765）內務府造辦處傳辦刊刻得勝圖銅版畫，至乾隆三十九年（1774）銅版鐫刻竣工刷印銅版畫連同圖稿運達北京，前後歷時十年之久。乾隆四十九年（1784），乾隆皇帝諭令

---

7 聶崇正撰〈乾隆平定準部回部戰圖和清代的銅版畫〉，《文物》，1980年，第四期，頁61。

8 《內務府造辦處各作成做活計清檔》，乾隆三十五年十月二十八日記事。

將得勝圖銅版畫冊，分送全國各地行宮及寺院等處保存並陳設。其餘畫冊，後來陸續散出清宮。據法國吉美博物館（Masee Guimet）的介紹，目前歐洲尚存完整的得勝圖銅版畫共四套，殘缺者一套，另外零散者分藏於私人手中，此外，日本東洋文庫也收藏完整得勝圖銅版畫一套。得勝圖冠以御題序行書。序文開端指出「西師定功於己卯，越七年丙戌戰圖始成，因詳詢軍營征戰形勢，以及結構丹青有需時日也。」歲次己卯，相當於乾隆二十四年（1759），是年清軍平定回部西域軍事告蕆的年分。歲次丙戌，相當於乾隆三十一年（1766），所謂「戰圖始成」，是指內廷西洋畫家所畫得的十六張得勝圖稿樣。其間因詳詢軍營征戰形勢，以及起稿繪畫，有需時日，所以經過七年戰圖始成。序中又稱，「夫我將士出百死一生，為國宣力，賴以有成，而使其泯滅無聞，朕豈忍為哉！是以紫光閣既勒有功臣之像，而此則各就血戰之地，繪其攻堅斫銳，斬將搴旗實蹟，以旌厥勞而表厥勇。」乾隆皇帝製作得勝圖的宗旨，就是要記錄將士征戰實蹟，以旌其勞而表其勇。得勝圖銅版畫，在風格上雖然西洋畫的味道十分濃厚，惟其描繪的內容，卻是中國的歷史事件，西洋畫家郎世寧等人都奉旨准畫後才正式作畫，反映了乾隆皇帝的高度藝術品味。銅版畫和御題詩文配套裝裱成冊。後來內廷又再製作冊頁式得勝圖銅版畫，將御題詩印在畫面上方，而刪略了詩中的敘事文，這組銅版畫，可以稱為宮藏再版平定西域戰圖。此外，還有宮裱繪龍平定西域戰圖。得勝圖銅版畫冊頁末幅為大學士傅恆等諸大臣跋。跋文內云，「茲冊復因事綴圖，或採之奏牘所陳，或徵諸諮詢所述，凡夫行間之奮敵愾冒矢著勞勩者，悉寫其山川，列其事蹟，傳其狀貌，繼自今恭撫斯圖，皆得按帙而指數之。」從冊首御製序文，幀端御製詩及冊末跋文的記述，可以了解平定西域得勝圖銅版畫製作原委及其時代意義。其後內廷畫家又奉命在北京製作《平定兩金川得勝圖》、《臺灣戰圖》、《廓爾喀戰圖》、《安南戰圖》等等戰圖銅版畫。

六、結　語

風格是藝術史研究的主題，不同的時代和環境，可以產生不同風格的藝術。歐洲文藝復興時期，有一部分畫家嘗試在平面的畫幅上更眞實地表現出自然界立體的藝術效果，於是將光學、物理學、測繪學、幾何學等自然科學運用在繪畫創作上，繪畫藝術與自然科學的結合，於是產生了與中國傳統繪畫技巧迥異的焦點透視法。明末清初，隨著耶穌會傳教士的來華，西方透視學也傳入了清朝內廷。郎世寧等西洋畫家採用焦點透視法作畫，景物深遠，立體感強，引起清代朝野的注意。郎世寧等人是在歐洲接受的美術教育，熟練掌握了以油畫為主的西洋畫法。他們初入清朝內廷後，面臨著一個陌生的新環境，他們首先必須認眞學習中國傳統的繪畫技巧及掌握中式筆墨紙張的特性，應用中國筆墨、顏色、紙絹等工具材料作畫，彩線兼施，既富於立體感，又突出了線的作用，取得了中國工筆畫的效果。郎世寧以西洋畫寫實的技巧畫中國畫，以顏色表達生氣，適度地改變了西洋油畫的繪畫技巧，創造出了盛清諸帝能夠接受的繪畫新體，可以詮釋為中體西用思想在宮廷繪畫發展的表現形式。郎世寧的宮廷繪畫作品，是為清朝皇帝創作的，是以中學為體的藝術創作。

盛清時期，中西藝術在相互接觸過程中，有選擇、改造、融合，也有排斥、拒絕、揚棄。盛清諸帝在中體西用的思想基礎上對西洋藝術通過選擇、改造，而豐富了富有特色的宮廷繪畫。探討盛清時期的宮廷繪畫，不能忽視中西藝術交流的過程，盛清諸帝接受西學的價值，並未揚棄中學的價值，而使盛清宮廷成為融合中西藝術的歷史舞臺。平定西域得勝圖銅版畫明顯地反映了西洋畫的風格，又恰當地運用了中國傳統繪畫的表現法，戰圖畫面採用全景式構圖，在一個畫面上充分表現出一個戰役的規模與全貌，創作的題材是清朝的歷史舞臺。得勝圖稿樣在內廷由乾隆皇帝策劃主導，銅版的鐫刻，銅版畫的印刷，都在法蘭西進行，而詠詩序跋則在內廷木刻刷印裝裱。因此，平定西域得勝圖銅版畫的藝術作品，不僅是西洋藝術家的集體創作，而且也是中西文化的融合，能被乾隆皇帝所接受的藝術創作，反映了清初以來中西文化交流的中體西用。

折衝尊俎—清朝總理各國通商事務大臣表體例初探

中外交涉，辦理洋務，是清朝政府在列強壓力下面臨的困擾，清朝中央政府如何調整政策設立新機關？任命哪些官員處理洋務？以化解危機，是值得重視的問題。咸豐十年（1860）八月初八日，清文宗北狩。同年十二月初三日，欽差大臣恭親王奕訢、大學士桂良、戶部左侍郎文祥奏陳通籌全局酌辦章程六條，其中第一條即請設立總理各國事務衙門。其要點如下：

> 京師請設立總理各國事務衙門，以專責成也。查各國事件，向由外省督撫奏報，彙總於軍機處。近年各路軍報絡繹，外國事務，頭緒紛繁，駐京之後，若不悉心經理，專一其事，必致辦理延緩，未能悉協機宜，請設總理各國事務衙門，以王大臣領之。軍機大臣承書諭旨，非兼領其事，恐有歧誤，請一併兼管，並請另給公所，以便辦公，兼備與各國接見。其應設司員，擬於內閣、部院、軍機處各司員章京內，滿漢各挑取八員，輪班入直。一切均倣照軍機處辦理，以專責成。俟軍務肅清，外國事務較簡，即行裁撤，仍歸軍機處辦理，以符舊制[1]。

由引文可知舊制規定，各國事件，向由各省督撫奏報，彙總

1 《籌辦夷務始末》(臺北，國風出版社，民國五十四年六月)，咸豐朝，卷七十一，頁 19。

於軍機處。為專一其事，另請倣照軍機處設立總理各國事務衙門，其規制，與軍機處大致相同。原奏奉硃批「惠親王、總理行營王大臣、御前大臣、軍機大臣妥速議奏，單併發。」咸豐十年（1860）十二月初九日，惠親王綿愉等遵旨將所擬章程公同詳閱，以恭親王奕訢等籌議各條按切時勢，奏請按照原議辦理[2]。十二月初十日，內閣奉上諭云：

> 惠親王等奏，會議恭親王奕訢等籌議各條，均係實在情形，請照原議辦理等語。京師設立總理各國通商事務衙門，著即派恭親王奕訢、大學士桂良、戶部左侍郎文祥管理，並著禮部頒給欽命總理各國通商事務關防，應設司員，即於內閣、部院、軍機處各司員章京內，滿漢各挑取八員，即作為定額，毋庸再兼軍機處行走，輪班辦事[3]。

恭親王奕訢等原奏內是「京師請設立總理各國事務衙門」，內閣奉上諭則改為「京師設立總理各國通商事務衙門」，增添「通商」二字。十二月二十四日，恭親王奕訢等遵旨奏明新設衙門未盡事宜，酌擬章程十條，開單呈覽，包括：擬建立衙署，以資辦公；司員分辦公事，以專責成；保送司員，應嚴行揀擇；司員輪班辦事，期無曠誤；官役人等，擬變通辦理；經費宜節，以杜浮濫；酌籌經費，以資支用；辦理稾案，事宜慎密；司員甄核，應歸覈實；認識外國文字，通曉語言之人，並學生等，應酌定薪水獎勵。其中建立衙署一款的內容如下：

> 查各衙門分司辦事，往往多者數百間，少者一百餘間，

---

2 《咸豐同治兩朝上諭檔》（桂林，廣西師範大學出版社，1999 年 3 月），第十冊，頁 711。

3 《宮中檔》（臺北，國立故宮博物院），13699 號，咸豐十年十二月初十日，內閣奉上諭。

方可敷用。房間既多，官役亦因之而增。此次總理衙門，義取簡易。查東堂子胡同，舊有鐵錢局公所，分設大堂、滿漢司堂，科房等處，儘足敷用，無容另搆。惟大門尚係住宅舊式，外國人後來接見，若不改成衙門體制，恐不足壯觀，且啟輕視。擬僅將大門酌加改修，其餘則稍加整理，不必全行改修，並由臣等自行估修，以期迅速而資節省[4]。

總理各國通商事務衙門，簡稱總理衙門，又稱總署或譯署，其辦公衙署，選在京師東堂子胡同，將舊設鐵錢局公所裝修成衙門體制。咸豐十一年（1861）正月初十日，法使布爾布隆（A. de Bourboulon）照會恭親王奕訢慶賀設總理各國事務衙門，其照會內容云：

為照會事：照得本大臣於上月二十七日接准貴親王來信一件，內開貴親王於十年十二月初十日奉上諭，京師設立總理各國事務衙門等因，並鈔錄諭旨前來。本大臣詳閱之餘，不勝欣悅。此實中外各國永敦睦好之最妙良法，本大臣甚為慶賀。蓋請此諭旨，實出貴親王之意。而諭內所設衙門，即命貴親王管理，大學士桂、戶部左侍郎文襄辦，本大臣更為忻喜。且前實賴貴親王之智，始獲平安，而辦理各國事務，迄今四月，又皆敦重友誼，細心商議，本大臣銘刻於心。即大學士桂、左侍郎文亦有才能友好之徵，本大臣亦甚在念。現在各國欽差大臣遵此諭旨，得以任便會晤總理各國事務大臣，或幫辦大臣，所大皇帝比眾大臣格外聽信者，故本大臣心中謂此實係萬全之策，必能永結和好。本大臣早來京師，面見貴親

4 《籌辦夷務始末》，咸豐朝，卷七十二，頁28。

> 王，述本大臣心中之意。再本大臣多為忻喜，與貴親王有相交接，且實際新正，得此好音，足為永久和好之先兆。專此照復，並頌年禧[5]。

除布爾布隆照會外，署理公使哥士耆（Kleczhowski）等人亦呈文慶賀並祈求永敦和好。總理衙門的設立，對於緩和中外緊張關係，確實產生了正面的作用。咸豐十一年（1861）二月初一日，禮部遵旨鑄造「欽命總理各國事務」關防一顆，恭親王奕訢揀派司員赴部領取，正式啟用。總理衙門對於改善中外關係，扮演了重要的角色。國立故宮博物院現藏清史館唐邦治纂輯《總理各國通商事務大臣表》，計一冊，是一種呈閱本，表中詳載總理衙門人事異動，頗具史料價值，已刊《清史稿》並未選印。原表稿本首頁有《輯總理各國通商事務大臣表例言》云：「本表輯例，略同軍機大臣表，不復贅述。總理衙門大臣上學習行走者祇一見，此與軍機大臣最差異者。」例言過於簡略，無從窺知總理衙門表纂輯體例。原表序文指出：

> 古者遐夷慕化，島衣卉服之徒，交會中都，其事則掌之懷方象胥，而分屬於司馬司寇，大都奴虜畜之，未有梯航狎至嚚然與我爭稱兄弟者也。海疆事興，戎索大紊，蹴踏我堂奧，污脅我冠裳，皇靈亦稍替矣。文宗創痛至深，別置一署，董理交涉諸務，斯為總理各國通商事務衙門，以習於夷事之親王大臣領之，規制略同辦理軍機處。然聲勢烜赫，樞府時若不及，馴至政刑文教，動與外交相牽掣，控縱偶乖，寖成大錯。自是當其事者，責益重而謗益集。庚子西狩以還，改為外務部，遂巍然踞

---

5 《道光咸豐兩朝籌辦夷務始末補遺》（臺北，中央研究院近代史研究所，民國七十一年五月），頁 567。

各部之首焉。茲表譯署諸臣，而外務部尚書，仍入之部院正卿表，亦各從其類也[6]。

序文中已指出總理衙門的規制，略同軍機處。因此，《總理各國通商事務大臣表》的體例，與軍機處大臣年表大致雷同，以編年體列表，以干支繫日。為便於查閱，可將干支查明日期列出簡表如後：

清朝總理各國通商事務大臣表

年　分	月　日	姓　名	史事紀要	備註
咸豐十年（1860）	十二月初十日	恭親王奕訢	命管理本衙門事務。	
	十二月初十日	桂良	以太子太保東閣大學士管理本衙門事務。	
	十二月初十日	文祥	以戶部左侍郎管理本衙門事務。	
咸豐十一年（1861）	十月	恭親王奕訢	加授議政王兼軍機大臣。	
	十月	桂良	兼軍機大臣。	
	十月	文祥	復兼軍機大臣。	
	三月十六日	崇綸	以前任倉場侍郎充本衙門幫辦大臣。七月，命與德意志國訂約。十月，補倉場侍郎。十一月，轉工部左侍郎。	
	三月十六日	恆祺	以頭品頂帶武備院卿充本衙門幫辦大臣。十月，遷內閣學士。	
	十月二十八日	寶鋆	以軍機大臣、戶部右侍郎在本衙門辦理事務。	
	十月二十八日	董恂	以戶部右侍郎在本衙門辦理事務。	
同治元年（1862）		恭親王奕訢		
		桂良	六月二十一日，卒。	
		文祥	正月，遷左都御史。閏八月，轉工部尚書。	
		寶鋆	正月，轉戶部左侍郎。二月，遷戶部尚書。	
		董恂	十二月，命出署三口通商事務大臣。	

6 《總理各國通商事務大臣表》（臺北，國立故宮博物院，清史館檔），220000119號。

同治元年（1862）		崇綸 恆祺	七月，轉戶部右侍郎。 六月，遷理藩院右侍郎，閏八月，轉刑部右侍郎。十一月，轉工部左侍郎。	
同治二年（1863）		恭親王奕訢 寶鋆 文祥 崇綸 董恂 恆祺 薛煥	 正月，往天津接署三口通商事務大臣。三月，還朝。 五月，命與丹麥國訂約。 四月初九日，以署禮部左侍郎在本衙門辦事。五月，授工部右侍郎。	
同治三年（1864）		恭親王奕訢 寶鋆 文祥 崇綸 董恂 恆祺 薛煥	七月，加賜其子一貝勒。 七月，加太子少保。 七月，加太子太保。 四月，以事降五級，仍留本衙門行走。九月，命與日斯巴尼亞國訂約。	
同治四年（1865）	 十月初三日 十一月初三日	恭親王奕訢 寶鋆 文祥 崇綸 董恂 恆祺 薛煥 徐繼畬 譚廷襄	三月初七日，奪議政王號，免一切差使。十六日，復故。 七月，出差。八月，還朝。十月，復出差。 九月，命與比利時國訂約。十一月，遷左都御史。 十二月初六日，終養。 以候補三品京堂在本衙門行走。 以刑部右侍郎在本衙門行走，旋轉工部右侍郎。	
同治五年（1866）		恭親王奕訢 寶鋆 文祥	 在差。二月，轉吏部尚書。五月，	

		董恂 崇綸 恆祺 譚廷襄 徐繼畬	還朝。 三月，轉兵部尚書。 十二月二十五日，卒。 三月，轉戶部左侍郎。九月，命與意大利國訂約。十一月，出署湖廣總督。 六月，遷太僕寺卿。	
同治六年（1867）		恭親王奕訢 文祥 寶鋆 董恂 崇綸 譚廷襄 徐繼畬 倭仁	 四月，轉戶部左侍郎。 在差。五月，還朝。十月，遷左都御史。十二月，轉刑部尚書。 正月，充管理同文館事務大臣。 三月二十一日，以弘德殿行走，文淵閣大學士在本衙門行走，旋疏辭，不許。四月，乞病。六月十二日，許罷值。	
同治七年（1868）		恭親王奕訢 文祥 寶鋆 董恂 譚廷襄 崇綸 徐繼畬	 六月，遷理藩院尚書。	
同治八年（1869）		恭親王奕訢 文祥 寶鋆 董恂 譚廷襄	 九月，病假。十二月，丁憂，給假穿孝百日。 六月，轉戶部尚書。七月，命與奧斯馬加國訂約。	
同治八年（1869）		崇綸 徐繼畬 毛昶熙 沈桂芬	 二月十五日，乞病，罷值。 十月初九日，以工部尚書在本衙門行走。 十月初九日，以軍機大臣、左都	

		成林	御史在本衙門行走。 十月初九日，以本衙門章京、光祿寺卿在大臣上行走。	
同治九年（1870）		恭親王奕訢 文祥 寶鋆 董恂 譚廷襄 毛昶熙 崇綸 沈桂芬 成林	 二月，給假歸葬。九月，還朝。 四月初四日，卒。 六月，命往天津會辦教案。八月，還朝。 四月，轉兵部尚書。 四月，轉大理寺卿。五月，病假。八月，命會辦天津教案。	
同治十年（1871）		恭親王奕訢 文祥 寶鋆 董恂 沈桂芬 毛昶熙 崇綸 成林	 二月，協辦大學士。 二月，轉工部尚書。	
同治十一年（1872）		恭親王奕訢 文祥 寶鋆 董恂 沈桂芬 毛昶熙 崇綸 成林	九月，賜其爵世襲罔替。 六月，授體仁閣大學士。 六月，轉吏部尚書。九月，晉太子太保。 加太子少保。 八月，轉吏部尚書。	
同治十一年（1872）		崇厚 夏家鎬	正月二十六日，以太子少保兵部左侍郎在本衙門行走。 正月二十六日，以本衙門章京、太常寺少卿在大臣上行走。六月，遷通政司副使。	
同治十二年（1873）		恭親王奕訢 文祥 寶鋆	 六月，給假歸葬。十一月，還朝。	

		毛昶熙		
		董恂	七月，病假。十月，銷。	
		沈桂芬		
		崇綸		
		崇厚		
		成林	正月，遷理藩院右侍郎。	
		夏家鎬		
同治十三年（1874）		恭親王奕訢		
		文祥	十二月，轉授武英殿大學士。	
		寶鋆	二月，協辦大學士。八月，轉兵部尚書。十二月，授體仁閣大學士。	
		毛昶熙		
		董恂		
		沈桂芬		
		崇綸		
		崇厚		
		成林	九月，轉理藩院左侍郎。十二月，轉工部右侍郎。	
		夏家鎬		
光緒元年（1875）		恭親王奕訢		
		文祥	十二月，病假。	
		寶鋆		
		毛昶熙		
		董恂		
		沈桂芬	正月，協辦大學士。	
		崇綸	九月初五日，卒。	
		崇厚		
		成林		
光緒元年（1875）		夏家鎬		
		郭嵩燾	十一月初四日，以新授出使英國大臣、署兵部左侍郎在本衙門行走。	
光緒二年（1876）		恭親王奕訢		
		文祥	五月初四日，卒。	
		寶鋆		
		沈桂芬		
		毛昶熙		
		董恂		

		崇厚 成林 郭嵩燾 夏家鎬 李鴻藻 景廉	十月二十三日，命署盛京將軍出值。 九月二十五日，赴使英任出值。 十月二十六日，以軍機大臣、工部尚書在本衙門行走。 十月二十六日，以軍機大臣、左都御史、署工部尚書在本衙門行走。	
光緒三年 （1877）		恭親王奕訢 寶鋆 沈桂芬 毛昶熙 董恂 李鴻藻 景廉 成林 夏家鎬	 二月，轉授武英殿大學士。 十月，命與日斯巴尼亞訂古巴華工條約。 九月十四日，以本生母憂免。 正月，轉工部尚書。	
光緒四年 （1878）		恭親王奕訢 寶鋆 沈桂芬 毛昶熙 董恂 景廉 成林	 五月十九日，以母憂免。 五月，轉戶部尚書。 十二月，轉吏部右侍郎。	
光緒四年 （1878）		夏家鎬 王文韶 周家楣	遷太樸寺卿。 七月二十三日，以軍機大臣、禮部左侍郎在本衙門行走。 七月二十三日，新授順天府尹在本衙門行走。	
光緒五年 （1879）		恭親王奕訢 寶鋆 沈桂芬 景廉 董恂 成林	 三月，晉太子太傅。 三月，晉太子太保。 五月，轉吏部左侍郎。八月十二日，卒。	

		王文韶 周家楣 夏家鎬 宗室麟書 崇禮	二月，轉戶部左侍郎。 五月十七日，給假。旋以母憂免。 二月，署刑部右侍郎。五月，轉太常寺卿。八月，署左副都御史。九月，遷宗人府府丞。 九月二十三日，以戶部左侍郎在本衙門行走。十一月，轉吏部左侍郎。 九月二十三日，以內閣學士在本衙門行走。	
光緒六年（1880）		恭親王奕訢 寶鋆 沈桂芬 景廉 董恂 王文韶 宗室麟書 崇禮 夏家鎬 李鴻藻	 七月，命與美國使臣續訂華工條約。 二月，命與德國使臣續修條約。十二月三十日，卒。 二月，命與德國使臣續修條約。 六月二十日，罷值。 十月，遷左都御史。 正月初八日，復以軍機大臣、署吏部尚書在本衙門行走。七月，命與美國使臣續訂華工條約。	
光緒六年（1880）		毛昶熙	十月十六日，復以服闋、吏部尚書在本衙門行走。	
光緒七年（1881）		恭親王奕訢 寶鋆 景廉 李鴻藻 宗室麟書 王文韶 崇禮 夏家鎬 左宗棠	 正月，補兵部尚書。六月，協辦大學士。 十月，轉理藩院尚書。 十月，遷戶部右侍郎。 四月，遷刑部右侍郎。 正月二十九日，以太子太保、二等恪靖侯、軍機大臣、東閣大學士在本衙門行走。八月，病假。	

		周家楣	九月初六日，授兩江總督，出值。 十月二十八日，復以服闋、順天府尹在本衙門行走。十二月，署左副都御史。	
光緒八年（1882）		恭親王奕訢 寶鋆 李鴻藻 景廉 宗室麟書 王文韶 崇禮 夏家鎬 周家楣 陳蘭彬	 正月，轉吏部尚書。 十一月初十日，乞養罷。 五月十二日，被劾免。 九月十四日，病罷。 正月，復授順天府尹。八月，署兵部右侍郎。九月，署兵部左侍郎。十二月，署戶部右侍郎。 三月初二日，以左副都御史在本衙門行走。	
光緒九年（1883）		恭親王奕訢 寶鋆 李鴻藻 景廉 宗室麟書 周家楣 陳蘭彬 吳廷芬 張佩綸	 六月，以事降調，仍留本衙門行走。七月，補內閣學士。八月，遷吏部左侍郎。十一月，遷兵部尚書。 二月，轉工部尚書。 正月十六日，以本衙門章京、宗人府丞在本衙門大臣上行走。 十一月初四日，以署左副都御史、侍講學士在本衙門行走。旋命往天津與總督李鴻章商辦事件。	
光緒十年（1884）		恭親王奕訢 寶鋆 李鴻藻 景廉 宗室麟書	三月十三日，命歸第養病。 三月十三日，休致。 三月十三日，免值。 三月十三日，免值。 三月，命佩帶本衙門印鑰。五月	

			二十八日，病免。	
		周家楣	七月十四日，免值。	
		陳蘭彬	七月十四日，免值。	
		吳廷芬	七月十四日，免值。	
		張佩綸	四月十四日，命往福建會辦海防出值。	
		貝勒奕劻	三月十七日，命管理本衙門事務。十月，晉封慶郡王。	
		周德潤	三月十七日，以內閣學士在本衙門行走。七月十四日，免值。	
		閻敬銘	三月二十四日，以軍機大臣、戶部尚書在本衙門行走。五月，協辦大學士。	
		許庚身	三月二十四日，以軍機大臣、刑部右侍郎在本衙門行走。	
光緒十年（1884）		張蔭桓	五月十五日，以開缺徽寧池太廣道賜三品卿銜在本衙門學習行走。旋授太常寺少卿。七月十四日，免值。	
		宗室福錕	閏五月初二日，以工部尚書在本衙門行走。	
		宗室崑岡	閏五月初二日，以理藩院尚書在本衙門行走。七月十四日，免值。	
		錫珍	閏五月初二日，以左都御史在本衙門行走。旋命往天津會議界務商約，並勘事。七月，還朝。八月，轉刑部尚書。	
		徐用儀	閏五月初二日，以工部右侍郎在本衙門行走。	
		廖壽恆	閏五月初二日，以內閣學士在本衙門行走。旋命往天津會議界務商約，並勘事。七月，還朝。八月，署工部左侍郎。十月，命往江西勘事。	
		鄧承修	八月初一日，以鴻臚寺卿在本衙門行走。	
光緒十一年（1885）		慶郡王奕劻	九月，命會辦海軍事務。	
		閻敬銘	十一月，受東閣大學士。	

		宗室福錕 錫珍 許庚身 徐用儀 廖壽恆 鄧承修 孫毓汶	十一月，協辦大學士，轉戶部尚書。 七月，命往臺灣勘事。 十二月，署兵部尚書。 二月，命往安徽勘事。十一月，遷兵部右侍郎。 三月，命往天津會辦中德詳約。七月，乞養，不許。旋命往廣西會辦滇越界務，遂出值。 六月十六日，以軍機大臣、工部左侍郎在本衙門行走。	
光緒十一年（1885）		沈秉成 續昌	六月十六日，以順天府尹在本衙門行走。 六月十六日，以開缺湖南按察使候補三品京堂在本衙門行走。十二月，遷內閣學士。	
光緒十二年（1886）		慶郡王奕劻 閻敬銘 宗室福錕 錫珍 許庚身 廖壽恆 孫毓汶 徐用儀 續昌 沈秉成 曾紀澤	二月，命在內廷行走。六月，命與英國使臣訂緬甸條約。 九月二十七日，罷值。 二月，轉吏部尚書。 六月，命同奕劻與英國使臣訂緬甸條約。 二月，遷內閣學士。 十一月十八日，以襲封一等毅勇侯、兵部左侍郎在本衙門行走，並幫辦海軍事務。	
光緒十三年（1887）		慶郡王奕劻 宗室福錕 錫珍 許庚身	五月，命與法國使臣續訂滇粵界務及商務專約。十月，命與大西洋國使臣續訂中葡條約。 二月，給假穿孝。 九月，轉兵部右侍郎，仍署兵部尚書。	

		曾紀澤 廖壽恒 孫毓汶 徐用儀 續昌 沈秉成	正月，轉戶部右侍郎。 正月，轉兵部左侍郎。 五月，命同奕劻與法國使臣續訂滇粵界務及商務專約。十月，命同奕劻與大西洋國使臣續訂中葡條約。 二月，遷禮部右侍郎。 閏四月，署刑部右侍郎。七月二十八日，授廣西巡撫，出值。	
光緒十四年（1888）		慶郡王奕劻 宗室福錕 錫珍 許庚身 曾紀澤 續昌 廖壽恒 孫毓汶 徐用儀	 七月，遷兵部尚書。 七月，轉吏部右侍郎。 七月，轉工部左侍郎。	
光緒十五年（1889）		慶郡王奕劻 宗室福錕 錫珍 許庚身 孫毓汶 曾紀澤 續昌 廖壽恒 徐用儀	正月，賜用四正龍補。 正月，加太子太保。 六月，病假。九月，卒。 正月，加太子少保。 正月，遷刑部尚書，加太子少保。 二月，命兼管同文館事務。 三月，轉戶部右侍郎。六月，轉戶部左侍郎。 二月，轉禮部右侍郎。 二月，轉兵部左侍郎，旋命兼管同文館事務。	
光緒十六年（1890）		慶郡王奕劻 宗室福錕 許庚身 孫毓汶 續昌 曾紀澤 廖壽恒	 九月，命往朝鮮諭祭。十二月，給假兩月。 閏二月，卒。 十一月，轉禮部右侍郎，旋轉戶	

		 徐用儀 張蔭桓	部左侍郎。 閏二月，轉戶部右侍郎。 閏二月初九日，復以太僕寺卿在本衙門行走。十二月，轉大理寺卿。	
光緒十七年（1891）		慶郡王奕劻 宗室福錕 許庚身 孫毓汶 續昌 廖壽恆 徐用儀 張蔭桓 崇禮 洪鈞	八月，命總理海軍事務。 七月，遷左副都御史。八月，署禮部右侍郎。 十一月十五日，復以戶部右侍郎在本衙門行走。 十一月十五日，以兵部左侍郎在本衙門行走。	
光緒十八年（1892）		慶郡王奕劻 宗室福錕 許庚身 孫毓汶 續昌 廖壽恆 徐用儀 崇禮 洪鈞 張蔭桓	 八月，授體仁閣大學士。 正月，病假。三月十八日，病免。 八月，轉吏部右侍郎。 六月，轉吏部右侍郎。八月，轉吏部左侍郎。 三月，轉戶部左侍郎。 六月，遷戶部右侍郎。八月，轉戶部左侍郎。	
光緒十九年（1893）		慶郡王奕劻 宗室福錕 許庚身 孫毓汶 徐用儀 廖壽恆 崇禮 張蔭桓 洪鈞	 十一月，卒。 十二月，轉兵部尚書。 八月，卒。	

光緒二十年（1894）		慶郡王奕劻	正月，晉封慶親王。十月，命幫辦討倭軍務。	
		宗室福錕	正月，賜戴雙眼花翎。	
		孫毓汶	正月，賜用紫韁。	
		徐用儀	正月，加太子少保。	
		廖壽恆	正月，加太子少保。四月，命往四川勘事。	
		崇禮	正月，加太子少保，旋遷理藩院尚書。八月十九日，授熱河都統，出值。	
		張蔭桓	正月，議敘。十一月，賜尚書銜。十二月，授全權赴日本議款。	
		宗室敬信	七月二十八日，以兵部尚書在本衙門行走。	
		汪鳴鑾	七月二十八日，以工部左侍郎在本衙門行走。	
		恭親王奕訢	九月初一日，復命管理本衙門事務，並總理海軍事務。十月，命督辦討倭軍務。十一月，復為軍機大臣。	
		榮祿	十一月十九日，以會辦討倭軍務、步軍統領、漢軍都統在本衙門行走。	
光緒二十一年（1895）		恭親王奕訢		
		慶親王奕劻	五月，命與法國使臣續訂商務界約專條。	
		宗室福錕	閏五月初四日，病罷。	
		榮祿	六月，授兵部尚書。	
		宗室敬信	六月，轉戶部尚書。	
		孫毓汶	五月，病假。六月初五日，病罷。	
		張蔭桓	在差，正月，召還。十二月，授全權與日本使臣議通商條約。	
		徐用儀	五月，命同奕劻與法國使臣續訂商務界約專條。	
		廖壽恆	五月，以事察議。六月初十日，轉倉場侍郎，尋免值。	
光緒二十一年（1895）		汪鳴鑾	六月，轉吏部右侍郎。十月十七日，革職。	
		翁同龢	六月十六日，以太子少保會辦討	

			倭軍務、軍機大臣、戶部尚書在本衙門行走。七月，命兼管同文館事務。	
		李鴻藻	六月十六日，復以太子少保會辦討倭軍務、軍機大臣、禮部尚書在本衙門行走。	
		吳廷芬	九月二十六日，復以新授宗人府丞在本衙門行走。十月，遷兵部右侍郎。	
光緒二十二年（1896）		恭親王奕訢	九月，命督辦軍務處王大臣與俄訂新約	
		慶親王奕劻		
		榮祿	四月，協辦大學士。	
		宗室敬信		
		翁同龢		
		李鴻藻	十月，協辦大學士，旋轉吏部尚書。	
		張蔭桓		
		吳廷芬	五月，吏部右侍郎。	
		李鴻章	九月十八日，以太子太傅一等肅毅伯、文華殿大學士在本衙門行走。	
光緒二十三年（1897）		恭親王奕訢		
		慶親王奕劻		
		李鴻章		
		榮祿		
		李鴻藻	七月，卒。	
		宗室敬信		
		翁同龢	八月，協辦大學士。	
		張蔭桓	二月，命往英國致賀其女主即位六十年慶典。	
		吳廷芬	二月，給假歸籍。八月十七日，罷。	
光緒二十三年（1897）		崇禮	二月二十日，復以太子少保病痊、熱河都統在本衙門行走。八月，署左都御史。	
		許應騤	二月二十日，以工部尚書在本衙門行走。七月，轉禮部尚書。	
		廖壽恆	七月初九日，復以太子少保、左	

			都御史在本衙門行走。八月，署兵部尚書。九月，轉刑部尚書兼署兵部尚書。	
光緒二十四年（1898）		恭親王奕訢	四月初十日，薨。	
		慶親王奕劻	五月，命與英國使臣訂威海衛租約。	
		李鴻章	二月，命與德國使臣訂膠澳租約。三月，命與俄國使臣訂旅順大連灣租約。七月二十一日，免值。	
		榮祿	四月，授文淵閣大學士。二十七日，授直隸總督，出值。	
		翁同龢	二月，命同李鴻章與德國使臣訂膠澳租約。四月二十七日，免。	
		宗室敬信	七月二十一日，免值。	
		崇禮	四月，授刑部尚書。五月，兼步軍統領。	
		許應騤	七月十九日，革職。	
		廖壽恆	二月，兼軍機大臣。五月，命同奕劻與英國使臣訂威海衛租約。八月，轉禮部尚書。	
		張蔭桓	三月，命同李鴻章與俄國使臣訂旅順大連灣租約。六月，命督辦礦務鐵路事。八月初九日，革職逮獄。	
		王文韶	五月初五日，復以軍機大臣、戶部尚書在本衙門行走。六月，命督辦礦務鐵路事。	
		裕祿	七月二十一日，以軍機大臣、禮部尚書在本衙門行走。八月十三日，授直隸總督，出值。	
光緒二十四年（1898）		徐用儀	八月十一日，復以吏部左侍郎在本衙門行走。	
		袁衵	八月十七日，以新授直隸布政使賜三品京堂在本衙門行走。	
		許景澄	九月十九日，以工部左侍郎在本衙門行走。	
		胡燏芬	九月二十六日，以開缺順天府尹候補侍郎在本衙門行走。十月初	

			三日，罷職。	
		桂春	十一月初四日，以甘肅按察使賜候補三品京堂在本衙門行走。尋遷太常寺卿。	
		趙舒翹	十一月初五日，以刑部尚書在本衙門行走。	
		聯元	十一月初五日，以安徽按察使賜候補三品京堂在本衙門行走。	
		裕庚	十一月二十一日，以太僕寺少卿在本衙門行走。	
光緒二十五年（1899）		慶親王奕劻		
		王文韶	十一月，協辦大學士。	
		廖壽恆	十一月，免軍機大臣。	
		崇禮		
		趙舒翹	十一月，兼軍機大臣。	
		徐用儀	五月，遷左都御史。十一月，轉兵部尚書。	
		許景澄	正月，命督辦津鎮及關內外鐵路。五月，轉吏部右侍郎。六月，署管理大學堂事。十一月，轉吏部左侍郎。	
		袁昶	二月，遷光祿寺卿。六月，轉太常寺卿。	
		桂春	遷內閣學士。	
		聯元		
		裕庚	五月初十日，授出使法國大臣，出值。	
		吳廷芬	五月初六日，復以署禮部右侍郎在本衙門行走。	
光緒二十六年（1900）		慶親王奕劻	七月，奔扈行在未及。八月，命回京便宜行事。閏八月，授全權大臣與聯軍各國議和。	
		王文韶	二月，加太子少保。七月，扈從行在。十月，授體仁閣大學士。	
		廖壽恆	五月十四日，免值。	
		崇禮	八月，命作為留京辦事大臣。十月，協辦大學士。	
		趙舒翹	七月，扈從行在。十二月二十五日，革職論死。	

		徐用儀	七月十七日，棄市。	
		許景澄	七月初三日，棄市。	
		吳廷芬	四月，遷左都御史。七月，未隨扈行在。八月，命在京留本衙門辦事。九月初五日，病免。	
		桂春	三月，授出使俄國、奧國大臣，未行。七月，遷禮部右侍郎，仍留本衙門行走。八月，隨扈行在，授右翼總兵，旋轉戶部左侍郎。	
		袁昶	七月初三日，棄市。	
		聯元	三月，授太常寺卿。四月，遷內閣學士。七月十七日，棄市。	
		端郡王載漪	五月十四日，命管理本衙門事務。七月，隨扈行在。八月，授軍機大臣。閏八月初二日，免值。	
		啟秀	五月十四日，以軍機大臣、禮部尚書在本衙門行走。八月，為日本兵營所執。十二月二十三日，革職逮問。	
		宗室溥興	五月十四日，以奉國將軍、工部右侍郎在本衙門行走。七月，扈從行在。八月，授護軍統領。	
光緒二十六年（1900）		那桐	五月十四日，以內閣學士在本衙門行走，旋遷理藩院左侍郎。八月，命作為留京辦事大臣，旋轉禮部右侍郎。九月，轉戶部右侍郎。	
光緒二十七年（1901）		慶親王奕劻	留京師議和。三月，命兼督辦政務大臣。六月初九日，改制，授外務部總理大臣。	
		王文韶	三月，兼督辦政務大臣。六月初九日，改制，授外務部會辦大臣。	
		崇禮	六月初九日，改制，罷值。	
		桂春	六月初九日，改制，罷值。	
		那桐	五月，命充出聘日本專使，加一品秩。六月初九日，改制，罷值。	

		宗室溥興	四月，命回京妥辦善後。六月初九日，改制，罷值。	

資料來源：《總理各國通商事務大臣表》，臺北，國立故宮博物院，清史館檔。

總理衙門從咸豐十年（1860）十二月初十日奏准設立至光緒二十七年（1901）六月初九日改制外務部止，歷經咸豐、同治、光緒三朝，共計四十年六個月。就制度層面而言，其規制雖然略同軍機處，惟其「聲勢烜赫，樞府時若不及」。內閣奉上諭，詔派恭親王奕訢、大學士桂良、戶部左侍郎文祥管理。其實，桂良、文祥只是襄辦。咸豐十一年（1861）十月，恭親王奕訢加授議政王兼軍機大臣。桂良、文祥亦兼軍機大臣。光緒十年（1884）三月，恭親王奕訢奉命歸第養病，貝勒奕劻奉命管理總理衙門事務，晉封慶郡王。光緒二十年（1894）正月，奕劻晉封慶親王。同年九月，復命恭親王奕訢管理總理衙門事務。總理衙門所設司員，是從內閣、部院、軍機處滿漢各司員章京內挑取。寶鋆是以軍機大臣、戶部右侍郎在總理衙門辦理事務。沈桂芬是以軍機大臣、左都御史在總理衙門行走。李鴻藻是以軍機大臣、工部尚書在總理衙門行走。景廉是以軍機大臣、左都御史、署工部尚書在總理衙門行走。王文韶是以軍機大臣、禮部左侍郎在總理衙門行走。左宗棠是以軍機大臣、東閣大學士在總理衙門行走。閻敬銘是以軍機大臣、戶部尚書在總理衙門行走。許庚身是以軍機大臣、刑部右侍郎在總理衙門行走。孫毓汶是以軍機大臣、工部左侍郎在總理衙門行走。翁同龢是以軍機大臣、戶部尚書在總理衙門行走。廖壽恆是以左都御史在總理衙門行走，仍兼軍機大臣。裕祿是以軍機大臣、禮部尚書在總理衙門行走。趙舒翹是以刑部尚書在總理衙門行走，兼軍機大臣。光緒二十六年（1900），啟秀以軍機大臣、禮部尚書在總理衙門行走。端郡王載漪奉命管理總理衙門，授軍機大臣。入值總理衙門人員，大多熟悉外國事務，態度較友好，對改善中外關係，產生了較正面的作用。

在總理衙門辦理事務的王大臣，辦理中外交涉事務，扮演了重要的角色。咸豐十一年（1861）七月，總理衙門幫辦大臣崇綸奉命與德意志國訂約。同治二年（1863）五月，幫辦大臣恆祺奉命與丹麥國訂約。同治三年（1864）四月，幫辦大臣薛煥奉命與日斯巴尼亞國訂約。同治四年（1865）九月，辦事大臣董恂奉命與比利時國訂約。同治五年（1866）九月，總理衙門行走譚廷襄奉命與意大利國訂約。同治八年（1869）七月，辦事大臣董恂奉命與奧斯馬加國訂約。同治九年（1870）六月，總理衙門行走毛昶熙奉命往天津會辦教案。同年八月，總理衙門行走成林奉命會辦天津教案。光緒元年（1875）十一月，總理衙門行走郭嵩燾奉命充出使英國大臣。光緒三年（1877）十月，總理衙門行走沈桂芬奉命與日斯巴尼亞國簽訂古巴華工條約。光緒六年（1880）七月，總理衙門辦事大臣寶鋆奉命與美國使臣續訂華工條約。同年二月，沈桂芬、景廉奉命與德國使臣續修條約。同年七月，總理衙門行走李鴻藻奉命與美國使臣續訂華工條約。光緒十年（1884）閏五月，總理衙門行走錫珍、廖壽恆奉命往天津同李鴻章與法國使臣會議界務商約。光緒十一年（1885）三月，總理衙門行走鄧承修奉命往天津會辦中德詳約。旋奉命往廣西會辦滇越界務。光緒十二年（1886）六月，管理總理衙門事務慶郡王奕劻、總理衙門行走孫毓汶奉命與英國使臣簽訂緬甸條約。光緒十三年（1887）五月，奕劻等奉命與法國使臣續訂滇粵界務及商務專約。同年十月，奕劻奉命與大西洋國使臣續訂中葡條約。光緒二十年（1894）十二月，總理衙門行走張蔭桓授權赴日本議款。光緒二十一年（1895）五月，總理衙門行走徐用儀奉命同奕劻與法國使臣續訂商務界約專條。光緒二十三年（1897）二月，張蔭桓奉命往英國致賀女王即位六十年慶典。光緒二十四年（1898）五月，奕劻奉命與英國使臣簽訂威海衛租約。總理衙門行走廖壽恆奉命會同奕劻與英國使臣簽訂威海衛租約。同年二月，總理衙門行走翁同龢會同李鴻章與德國使臣簽訂膠澳租約。同年三月，李鴻章奉命與俄國使臣訂旅順大連灣租約。張蔭桓奉命會同李鴻章與俄國使臣簽訂旅順大連灣租約。光緒二十五年（1899）五月，總理衙門行走裕庚授出使法國大臣。光緒二十六年（1900）閏八月，奕劻授全權大臣與聯軍各國議和。光緒二十七年（1901）五月，總理衙門行走那桐奉命充出聘日本專使。總理衙門除外國人往來接見外，其辦理事務王大臣在中外簽約議款等活動中，也扮演了不可忽視的角色。

總理衙門規制、與軍機處頗為雷同。查閱總理衙門大臣表，仍須對照軍機大臣年表。據軍機大臣年表記載，咸豐十一年(1861)十月初一日丙辰，恭親王奕訢復以管理總理各國通商事務衙門、親王加授議政王在軍機處行走，桂良以太子太保、文華殿大學士兼總理各國通商事務衙門大臣在軍機大臣上行走，文祥仍以戶部侍郎在軍機大臣上行走。同治八年（1869）十月，沈桂芬兼在總理各國通商事務衙門行走。光緒二年（1876）十月，李鴻藻兼在總理各國通商事務衙門行走，景廉兼在總理各國通商事務衙門行走。光緒四年（1878）七月，王文韶兼在總理各國通商事務衙門行走。光緒六年（1880）正月初八日丙子，李鴻藻以服闋、工部尚書、署吏部尚書在軍機大臣上行走，仍兼在總理各國通商事務衙門行走。光緒七年（1881）正月二十九日壬辰，左宗棠以太子太保、二等恪靖侯、東閣大學士在軍機大臣上行走，兼在總理各國通商事務衙門行走。據軍機大臣年表記載，光緒十年（1884）三月十三日戊子，閻敬銘以戶部尚書在軍機大臣上行走，兼在總理各國通商事務衙門行走。三月十八日癸巳，許庚身以刑部右侍郎在軍機大臣上學習行走，並在總理各國通商事務衙門行走。查閱總理衙門大臣表，閻敬銘、許庚身在總理衙門行走的日期是在三月二十四日己亥，其記載，與實錄相同，三月十三日戊子，是閻敬銘在軍機大臣上行走的日期，三月十八日癸巳是許庚身在軍機大臣上學習行走的日期，閻敬銘、許庚身在總理衙門行走的日期都是在三月二十四日己亥。軍機大臣年表記載，光緒十一年（1885）六月，孫毓汶在總理各國通商事務衙門行走。光緒十九年（1893）十二月初三日辛亥，徐用儀以總理各國通商事務衙門行走、吏部左侍郎在軍機大臣上學習行走，與實錄的記載相合，可補總理衙門大臣表的疏漏。光緒二十一年（1895）六月，軍機大臣年表記載，翁同龢、李鴻藻兼在總理各國通商事務衙門行走。光緒二十四年（1898）二月初十日甲子，廖壽恆以太子少保、總理各國通商事務大臣、刑部尚書在軍機處大臣上學習行走。同年五月初五日丁巳，王文韶復以戶部尚書在軍機大臣上行走、仍兼總理各國通商事務衙門行走。同年七月，裕祿署禮部尚書，兼在總理各國通商事務衙門行走。光緒二十五年（1899）十一月初十日，趙舒翹以總理各國通商事務大臣、刑部尚書在軍機大臣上學習行走。光緒二十六年（1900）五月，啟秀兼在總理各國通商事務衙門行走。大致而言，總理衙門大臣表與軍機大臣年表的記載，彼此是相合的，惟因其內容詳略不同，仍有相互補充之處。

總理衙門規制固然略同軍機處，總理衙門大臣表的纂修體例，也與軍機大臣年表雷同，編年繫日，以干支繫日。王大臣奉命入署辦事，俱詳載日期，其免值或罷值，憂免休致，病卒革逮等，多以干支繫日，便於查閱。其遷轉兼職，則繫月不繫日。以光緒十年（1884）為例，總理衙門大臣表記載，恭親王奕訢，三月戊子，命歸第養病；寶鋆，三月戊子，休致；李鴻藻，三月戊子，免值；景廉，三月戊子，免值；宗室麟書，三月，命佩帶本衙門印鑰。五月壬寅，病免等等，繫日或不繫日，體例嚴謹。

清史稿

軍機大臣年表上

軍機處名不師古。而絲綸出納。職居密勿。何其隆也。初祇秉廟謨商戎略而已。厥後軍國大計。罔不總攬。盖隱然執政之府矣。自高宗後百七十年。威命所寄。不於內閣而於軍機處。雖處之僚屬百爾執事且羨之憚之而況乎所謂大臣者哉中興之世破除祖制領以懿親遂因而不革或不幸據非其人折足覆餗悔且奚及詩曰赫赫師尹民具爾瞻不愆不忘率由舊章君子曰有國者不可以不慎遵先王之法而過者未之有也今詳著

《清史稿》〈軍機大臣年表（小序）〉（局部），清史館。

其人。庶後之考心腹股肱之佐。而究其時政化隆污消長之跡者。以覽觀焉。作軍機大臣表。

世宗雍正七年 六月始設軍機房

己酉 六月……

怡親王允祥 六月癸未命密辦軍需一應事宜十月賜加儀仗一倍

張廷玉 六月癸未以太子太保保和殿大學士命密辦軍需一應事宜十月晉少保

蔣廷錫 六月癸未以文華殿大學士命密辦軍需事宜十月加太子太傅

按實錄是年六月諭云師出有名事非得已兩路軍機朕籌算者久矣其軍需一應事宜交與怡親王大學士

《清史稿》〈軍機大臣年表〉稿本（局部），雍正七年（1729），清史館。

張廷玉蔣廷錫密為辦理王昶軍機處題名記先是雍

正七年青海軍事興始設軍機房領以親王大臣趙翼

簷曝雜記雍正年間用兵西北始設軍需房於隆宗門

内二人同述一事一稱軍機房一稱軍需房較然有異

竊以辦理軍機之名由此蜕嬗似以軍機房為得實況

諭旨中本有兩路軍機字樣

八年 庚戌

怡親王允祥 三月病 五月辛未薨

《清史稿》〈軍機大臣年表〉稿本（局部），雍正八年（1730），清史館。

利

完

唐邦治

總理各國通商事務大臣表

總理各國通商事務衙門大臣表稿本封面，清史館。

輯總理各國通商事務大臣表例言

本表編例略同軍機大臣表不復贅述總理衙門大臣上學習行走者祇一見此與軍機大臣最差異者

輯總理各國通商事務衙門大臣表例言稿本，清史館。

總理各國通商事務大臣表

古者遐夷慕化島衣卉服之徒交會中都其事以掌之懷方象胥而分屬於司馬司寇大都奴屬畜之未有梯航狎至齒然與我爭稱兄弟者也海疆事興戎索大紊蹴踏我堂奧污膺我冠裳皇靈亦稍替矣文宗創痛至深別置一署董理交涉諸務斯為總理各國通商事務衙門以習於夷事之親王大臣領之規制略同辦理軍機處然聲勢烜赫樞府時若不及馴至政文教化動與外交相牽掣控維偶乖寇成大錯胥是當其事者責益

總理各國通商事務衙門大臣表〈序〉，清史館。

重而務益集庚子西狩以還改爲外務部遂巍然踞各部之首焉

并表譯署諸臣而外務部爲另仍入之部院正卿表亦各從其

類也

文宗咸豐十年 十二月始設總理各國通商事務衙門後簡稱總理各國事務衙門或簡稱總理衙門

恭親王奕訢 十二月己巳命管理本衙門事務

桂良 十二月己巳以太子太保東閣大學士管理本衙門事務

文祥 十二月己巳以戶部左侍郎管理本衙門事務

十一年

總理各國通商事務衙門大臣表，咸豐十年（1860），清史館。

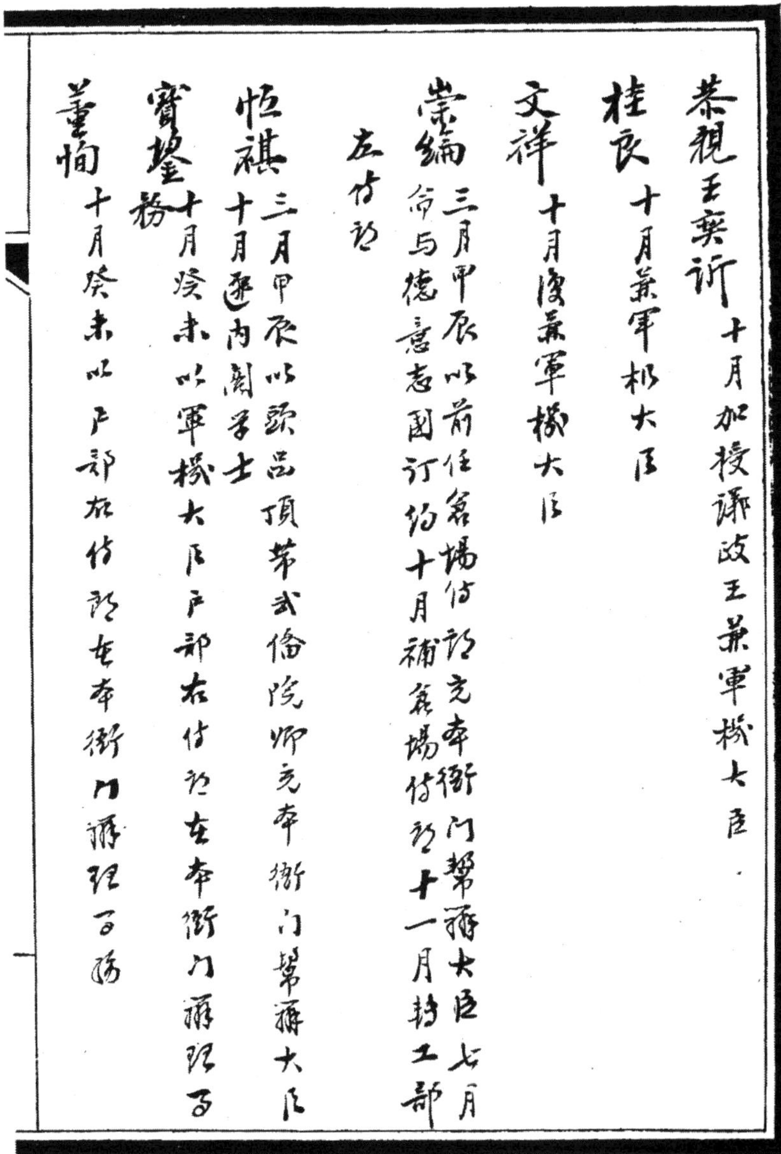

恭親王奕訢 十月加授議政王兼軍機大臣

桂良 十月兼軍機大臣

文祥 十月復兼軍機大臣

崇綸 三月甲辰以前任倉場侍郎充本衙門幫辦大臣 七月命與德意志國訂約 十月補倉場侍郎 十一月轉工部左侍郎

恒祺 三月甲辰以頭品頂帶武備院卿充本衙門幫辦大臣 十月遷內閣學士

寶鋆 十月癸未以軍機大臣戶部右侍郎在本衙門辦理事務

董恂 十月癸未以戶部左侍郎在本衙門辦理事務

總理各國通商事務衙門大臣表（局部），咸豐十一年（1861），清史館。

那桐 五月甲寅以內閣學士在本衙門行走旋遷理藩院左侍郎八月命作為留京辦事大臣旋轉禮部右侍郎九月轉戶部右侍郎

二十七年 六月改總理各國通商事務衙門為外務部

慶親王奕劻 留京師議和三月命兼督辦政務大臣六月癸卯改制授外務部總理大臣

王文韶 三月兼督辦政務大臣六月癸卯改制授外務部會辦大臣

崇禮 六月癸卯改制罷值

桂春 六月癸卯改制罷值

宗室溥興 四月命回京會辦善後六月癸卯改制罷值

總理各國通商事務衙門大臣表（局部），光緒二十七年（1901），清史館。